Erschienen im
Jubiläumsjahr 1997
bei Klett-Cotta

Karl Gebauer

Turbulenzen im Klassenzimmer

Emotionales Lernen
in der Schule

Klett-Cotta

Klett-Cotta
© J. G. Cotta'sche Buchhandlung Nachfolger GmbH,
gegr. 1659,
Stuttgart 1997
Fotomechanische Wiedergabe
nur mit Genehmigung des Verlags
Printed in Germany
Schutzumschlag: Dietrich Ebert, Reutlingen
Gesetzt aus der 10-Punkt-Garamond
von Fotosatz Janß, Pfungstadt
Auf holz- und säurefreiem Werkdruckpapier
gedruckt und gebunden von Ebner, Ulm

Die Deutsche Bibliothek – CIP-Einheitsaufnahme
Gebauer, Karl:
Turbulenzen im Klassenzimmer: emotionales Lernen
in der Schule / Karl Gebauer. – Stuttgart:
Klett-Cotta, 1997
ISBN 3-608-91853-1

Für
Felix und Max

„Die Pädagogik der Gegenwart ist ein Entwicklungsland, weil sie die Beziehungen bis heute unterbewertet."

(Kersten Reich, 1996)

Inhalt

V. Beziehungen als Grundlage für Selbstentwicklung

Dank

Meinen Kolleginnen Monika Nückel und Karla Ohlendorf-Cole danke ich herzlich für die gute Zusammenarbeit. Über mehrere Jahre hinweg haben wir jede Woche zwei Stunden miteinander an den Problemen in unseren Klassen gearbeitet. Wenn die Zeit nicht reichte, haben wir oft noch miteinander telefoniert. Zentrales Anliegen unserer Reflexionsarbeit war es, nicht nur die Verhaltensweisen einzelner Kinder zu verstehen, sondern auch die Dynamik des Zusammenwirkens einzelner Faktoren innerhalb der Klasse zu entdecken. Dabei haben wir auch immer über unsere Wirkung auf das Gesamtgeschehen gesprochen. Es war in unserem Team möglich, offen über Gefühle zu sprechen, die einzelne Kinder durch ihr Verhalten in uns auslösten. So kamen wir zu dem, was ich im Buch Affektarbeit der Lehrerin und des Lehrers nenne. Neue Formen des Umgangs mit den Schülerinnen und Schülern haben in dieser Runde ihren Ursprung.

Ein ganz herzlicher Dank gilt meiner Frau Beatrix. Während der intensiven Arbeitsphasen an diesem Buch hat sie wichtige familiäre Aufgaben allein bewältigt.

Einleitung

Immer mehr Lehrerinnen und Lehrer empfinden den Umgang mit verhaltensauffälligen Kindern als besonders schwierig und belastend. Die Situation im Klassenzimmer hat sich im Verlauf der letzten Jahre offenbar drastisch verändert. Natürlich gab es schon immer Kinder, die sich unkonzentriert verhielten, den Unterricht störten, Mitschüler und -schülerinnen oder ihre Lehrer ärgerten. In der Vergangenheit war es offensichtlich noch möglich, immer wieder ein Atmosphäre herzustellen, in der erfolgreiches Lehren und Lernen stattfinden konnte. Inzwischen häufen sich Berichte darüber, daß sich Lehrkräfte angesichts der problematischen Zustände in Schulklassen hilflos fühlen. Sie klagen darüber, daß ihre bisherigen methodischen Möglichkeiten nicht mehr ausreichen, um eine zufriedenstellende Unterrichtsarbeit zu leisten. Oft verfallen Lehrkräfte in Resignation und müssen aus gesundheitlichen Gründen frühzeitig pensioniert werden. Diesem persönlichen Lehrerschicksal stehen auf der anderen Seite viele Kinder mit ihren Schicksalen gegenüber. Zur Bewältigung ihrer Lebens- und Lernsituation brauchen sie dringend die Hilfe erwachsener Personen, die ihre Verhaltensweisen aushalten, interpretieren und pädagogisch angemessen darauf reagieren können. Die Lebensbedingungen heutiger Schülerinnen und Schüler verändern sich rasant, und sie spiegeln sich auch in deren schulischen Verhaltensweisen. Auffälliges Verhalten darf man den Kindern nicht zum Vorwurf machen. Denn es ist oft Ausdruck von Problemen, die sie aus dem häuslichen Bereich in die Schule hineintragen. Viele Kinder sind introvertiert oder aggressiv, weil sie sich mit Problemen auseinandersetzen müssen, die eigentlich ihre Eltern lösen müßten. Statistisch betrachtet, scheitern die meisten Ehen bereits nach fünf Jahren. Bei einer Scheidungsrate von 50 Prozent in Großstädten ist es ganz natürlich, daß viele Grundschulkinder lang andauernde Konfliktsituationen und Trennungen durchstehen müssen. Kinder erleben sich in solchen Situationen oft als hilflos und teilweise mitschuldig am Scheitern der Beziehung ihrer Eltern. Sie empfinden Trauer, Wut und Alleingelassensein. Die Beziehungsunsicherheit im familiären Bereich tragen sie in die schulische Situation hinein. Ihr introvertiertes oder aggressives Verhalten ist dann Ausdruck dieser ambivalenten Gefühle. Innere Turbulenzen werden in sozialen Interaktionen ausgelebt. Das Verhalten vieler Kinder verweist auf eine große Beziehungsunsicherheit. Damit verbunden ist oft eine Unterversorgung ihrer emotionalen Bedürfnisse nach Nähe und Geborgenheit. Allerdings sind dafür nicht nur oder gar ausschließlich Trennungsprobleme verantwortlich zu machen. Wenn zum Beispiel der Vater oder die Mutter vom Kind nicht als eigenständige Personen zu erkennen sind, weil sie sich nicht angemessen um die Erziehung kümmern, zu nachgiebig oder gar desinteressiert an der Entwicklung ihres Kindes sind, dann kann diese hier angesiedelte Beziehungsstörung auch zu auffälligem Verhalten in der Schule führen. Immer häufiger kommt es vor, daß sich die Eltern-Kind-Rolle umkehrt: Die Kinder müssen sich schon in einem sehr frühen Alter um ihre Eltern kümmern, weil diese vielleicht alkoholabhängig oder den allgemeinen täglichen Anforderungen, das Familienleben zu organisieren, nicht gewachsen sind. Auch wenn in diesen Situationen Mitarbeiter und Mitarbeiterinnen der Jugendämter unterstützend tätig werden, können sie oft nicht die grundlegende Vernachlässigung der Kinder in ihrer emotionalen Entwicklung beheben.

Nicht vergessen darf man in diesem Zusammenhang die vielen Kinder, die aus Kriegsgebieten kommen und mit ihren traumatischen Erlebnissen zwischen den anderen Kindern im Klassenraum sitzen.

Insgesamt hat in den Grundschulklassen eine starke Fluktuation der Schülerschaft eingesetzt. Diese wirkt sich natürlich auf die Selbst- und Sozialentwicklung der betroffenen Kinder und auch ihrer Mitschüler aus. Oft haben sich unter den Kindern einer Klasse gerade eben tragbare Beziehungen entwickelt, da kommt es wegen des Umzugs eines Kindes zu einem Bruch der Beziehung. Wie stark diese Fluktuation zur Zeit an vielen Schulen ist, will ich am Beispiel von zwei Klassen darstellen. Zu Beginn des Schuljahres 1995/96 gehörten zur damaligen Klasse 2b 21 Schülerinnen und Schüler. Eineinhalb Jahre später zählte die Klasse immer noch 20 Kinder. Allerdings sind in der kurzen Zeit neun Kinder dazugekommen, zehn Kinder haben die Klasse verlassen. In der Parallelklasse waren zu Beginn des genannten Zeitpunktes 22 Schülerinnen und Schüler. Am Ende des angegebenen Zeitraumes besuchten noch 21 Kinder die Klasse. In der Zwischenzeit waren fünf Kinder dazugekommen, sechs Kinder hatten die Klasse verlassen.

Allein diese äußeren Faktoren erfordern eine permanente Beachtung und Förderung der Kinder in ihren sozialen Bezügen. Damit rückt Beziehungsarbeit als Aufgabe ins Zentrum schulischer Pädagogik. Noch wird das Problem in seiner ganzen Tragweite nicht erkannt. Selbstentwicklung des einzelnen Kindes und die Beziehungen unter Kindern einer Schulklasse werden in der Pädagogik der Gegenwart zu stark vernachlässigt.

Wie Lehrerinnen und Lehrer im Rahmen ihrer Tätigkeit auch Beziehungsarbeit leisten können, soll dieses Buch zeigen. Es wird eine Dreispurpädagogik entwickelt, bei der Lehrerinnen und Lehrer neben der fachorientierten Lernspur immer auch die Beziehungs- und die Selbstentwicklungsspur eines Kindes im Blick haben.

So haben Klärungsdialoge im Anschluß an Konflikte

einen gleichrangigen Platz neben anderen Unterrichtsereignissen. Sie finden parallel dazu statt. Dieses Verfahren setzt eine flexible Unterrichtsorganisation voraus, bei der Schülerinnen und Schüler mit Formen selbständiger Arbeit vertraut sind.

Lehrerinnen und Lehrer finden in dem Buch viele Situationsbeschreibungen, die ihnen andere Wahrnehmungsperspektiven eröffnen und über Modellvorstellungen neue Zugänge für pädagogisches Handeln zeigen. Wie Distanz und Nähe erworben und angesichts immer schwierigerer Unterrichtssituationen praktiziert werden können, wird ausführlich geschildert.

Eltern erhalten durch Beschreibungen von konkreten Situationen und deren Analyse Einblicke in das komplexe Zusammenspiel unterschiedlicher Motive und Verhaltensweisen von Kindern im System Schulklasse.

Das neue pädagogische Handeln basiert auf Modellen, wie sie in den Konzepten der systemischen Therapie und einer konstruktivistischen Erkenntnistheorie beschrieben werden. Im Vordergrund steht immer die Gegenwartssituation. Die in ihr auftauchende Problematik wird über die Rekonstruktion der äußeren Abläufe (Interaktionen) und über die symbolische Darstellung innerer Wahrnehmungen bearbeitet. Gefühle wie Ärger, Wut, Zorn werden in „Meßbechern für Gefühle" sichtbar gemacht. So lernen Schülerinnen und Schüler, konstruktiv mit ihren inneren Turbulenzen umzugehen.

Emotionen sind die ständigen Begleiter unserer Beziehungen. Wenn in der Schule Konflikte bearbeitet werden, dann geht es immer um Beziehungsarbeit und um Arbeit mit und an den Emotionen. Emotionales Lernen ist kein isoliertes Ereignis, das über den Einsatz von bestimmten Materialien trainiert würde. Es ist eingebettet in die unterschiedlichen Situationen und findet in einem ganzheitlichen Zusammenhang statt. So geht es bei der Klärung von Konflikten nicht nur um die Rekonstruktion der äußeren Ereignisse, sondern auch um die Wahrnehmung der emotionalen Anteile. Es geht um ein tieferes Verstehen und um das Erkennen von Zusammenhängen des Handelns im individuellen Kontext eines Menschen und im sozialen Zusammenhang des Systems Schulklasse.

Eine wichtige Voraussetzung für die konstruktive Bearbeitung von emotionalen Problemen ist die eigene Affektarbeit der Erwachsenen. Die emotionale Souveränität, die Lehrer bei der Klärung von Konflikten ausstrahlen, wirkt sich positiv auf die Wahrnehmungs- und Verarbeitungsprozesse der Schülerinnen und Schüler aus. Zu ihren bisherigen Erfahrungen kommen neue Verarbeitungsmöglichkeiten hinzu.

Alle wichtigen Aspekte der Selbstentwicklung eines Menschen haben emotionale Anteile. Nur wenn sie integriert werden, können sich Kompetenzen entwickeln, die Lösungen für kommende Situationen bereithalten. Dies gilt auch für das System Schulklasse. Für die Atmosphäre einer Klasse ist es von entscheidender Bedeutung, ob Emotionen wahrgenommen, gewürdigt und bearbeitet werden.

Über einen Zeitraum von eineinhalb Jahren habe ich Prozesse der Selbst- und Sozialentwicklung in drei Schulklassen beobachtet, analysiert und angeregt. Wichtige Erfahrungen teile ich als Tagebuchnotizen mit, die ich aber immer interpretiere und in einen größeren Zusammenhang stelle.

Gleichzeitig wollte ich meine Erlebnisweisen, meine Interpretationen und mein eigenes Handeln kritisch reflektieren. Es ging mir um mein Selbst und um meine Interaktionen innerhalb des Klassen-Sozial. Ich war Handelnder, Beobachter und gleichzeitig kritischer Betrachter meines Beobachtens und Handelns. Zugegeben, ich habe mir keine leichte Aufgabe gestellt. Ich weise aber darauf hin, daß Lehrerinnen und Lehrer nie allein Vermittler von Sachinhalten sind und auch nicht sein können. Im Rahmen von Lernprozessen spielen die Selbst- und Sozialaspekte immer eine Rolle. Man steht dann vor der Entscheidung, ob man die einzelnen Selbste unreflektiert agieren und ihr Zusammenwirken im Klassen-Sozial einfach so geschehen läßt oder einer Betrachtung unterzieht und zum Gegenstand schulischen Lernens macht.

Im Rahmen seiner systemtheoretischen Studien kommt der Schweizer Erziehungswissenschaftler Xaver Büeler zu folgender Einschätzung: „Es zeichnet sich langsam ab, daß in einer sich permanent im Wandel befindlichen Gesellschaft die Fähigkeit zur Selbstorganisation auf allen Ebenen des Lebens wichtig werden wird. Für das System Erziehung könnte dies heißen, seine eigene Selbstorganisation stärker auf das Lernen des Lernens und auf die Unterstützung der Persönlichkeits- und Identitätsentwicklung auszurichten, während die Vermittlung von abprüfbaren Wissensbeständen eher in den Hintergrund rücken würde." (Büeler, 1994, S. 95)

I. Beziehung ist Arbeit

1. Entdeckung des Themas

Vor acht Jahren begann ich, intensiv über veränderte Verhaltensweisen unserer Schüler nachzudenken. Damals berichteten immer mehr Kolleginnen und Kollegen über Probleme während des Unterrichtsvormittags. Es war vor allem das soziale Verhalten vieler Schülerinnen und Schüler, das den Lehrern* zu schaffen machte. Wir alle beobachteten eine Zunahme von Unkonzentriertheit und Gewalttätigkeiten. Viele Konflikte wurden mit Lautstärke, mit der Androhung und auch Ausübung von körperlicher Gewalt gelöst. Dieses Verhalten unserer Schüler löste in uns Ärger, Unmut, Wut und oft auch das Gefühl von Hilflosigkeit aus. Diese Erfahrung war der Ausgangspunkt für die Arbeit an unseren Emotionen.

Inzwischen gibt es immer mehr Berichte in Tages- und Wochenzeitungen, in denen diese Entwicklung beschrieben wird. „Mehr verhaltensauffällige Kinder", so lautet der Titel eines Berichtes über einen Ärzte-Kongreß, in dem der Präsident des Verbandes für Kinderheilkunde und Jugendmedizin Deutschlands, Wolfgang Meinranken, mit der Äußerung zitiert wird, er sehe eine „beängstigende Entwicklung" mit Hinblick auf die Zahl der verhaltensauffälligen Kinder. Er teile mit den Berufskollegen den sehr sicheren Eindruck, daß der Anteil zunehmend größer werde (Frankfurter Rundschau, 2. 8. 1995).

---

* Ich habe lange überlegt, wie ich es mit der männlichen und weiblichen Form der Benennung von Personen halten soll. Die Lesbarkeit wird bei einer durchgehend doppelten Benennung beeinträchtigt. Ich werde mit allen Formen experimentieren, gemeint sind immer beide Geschlechter.

Aber nicht nur auf die auffälligen Verhaltensweisen der Kinder wird derzeit von ärztlicher Seite hingewiesen. Auch die Störungen der Sprachentwicklung hätten alarmierend zugenommen; dies geht aus einer Untersuchung der Mainzer Universitätsklinik hervor. „Der Anteil von Dreijährigen mit einer Sprachstörung habe 1982 noch bei vier Prozent gelegen und sei innerhalb von zehn Jahren auf 25 Prozent gestiegen" (Frankfurter Rundschau, 19. 6. 1995), heißt es.

Der Anstieg von Verhaltensauffälligkeiten, von Sprachstörungen und allgemeinen Lernproblemen in den Bereichen Schreiben, Lesen und Mathematik bedeutet für die tägliche Unterrichtsarbeit eine beträchtliche Zunahme der Belastungen, die Lehrerinnen und Lehrer bewältigen müssen. Nicht nur, daß sie dem Lernstand der einzelnen Kinder entsprechende Lernangebote machen müssen (innere Differenzierung), sie müssen auch mit den Verhaltensproblemen so umgehen, daß in der Klasse eine Atmosphäre entsteht, in der erfolgreiches Lernen möglich wird.

Jährlich führen wir eine Erhebung in der Schule über Art und Zahl der Probleme in den einzelne Lernbereichen durch. Zwei Kolleginnen schätzen unabhängig voneinander die Problemlage in einer Klasse ein. Sie benennen die Kinder, die Schwierigkeiten in den Bereichen Lesen, Schreiben, Mathematik, in der Motorik und in der Sprache haben. Danach werden Kinder mit Verhaltensauffälligkeiten und mit gesundheitlicher Beeinträchtigung aufgeführt. In den letzten Jahren ist zu beobachten, daß die Probleme in den Bereichen Lesen, Schreiben, Mathematik, Motorik und Sprache zwischen 20 und 22 Prozent liegen. Im Sozialverhalten werden die Probleme mit 30 Prozent angegeben. Im Bereich des Schreibens, der Mathematik und der Sprache ist die Tendenz steigend. Entscheidend ist, wie sich die Lehrkräfte gegenüber diesen hohen Anforderungen, die hinter den Zahlen sichtbar werden, in den konkreten Unterrichtssituationen verhalten werden. Das fängt bei der Vorbereitung von differenzierenden Lernmaterialien an und reicht bis in die innere Verarbeitung der komplexen Arbeitssituation.

Der Öffentlichkeit ist nur schwer klarzumachen, wie hoch diese Anforderungen sind. Konkret bedeutet dies: Die Lehrkräfte müssen bei ihrer Arbeit berücksichtigen, daß vielleicht vier bis fünf Schülerinnen oder Schüler der Klasse nicht oder nicht angemessen lesen und schreiben oder die mathematischen Aufgaben bearbeiten können. Sie brauchen individuelle Zuwendung und differenzierte Lernangebote. Natürlich müssen die übrigen Schüler, die ohne größere Lernprobleme den Unterrichtsstoff bewältigen, entsprechend ihren Fähigkeiten mit Lernmaterialien versorgt werden. Hier liegt auch nicht das eigentliche Problem. Schwierig wird es, weil verhaltensauffällige Kinder die Aufmerksamkeit der Lehrkräfte auf sich ziehen und deren Zuwendung brauchen. Durch ihr Agieren tragen sie oft zu Unterrichtsstörungen bei und lösen bei ihren Lehrern Ärger und Gefühle von Überforderung aus. Daraus ergibt sich für diese die zusätzliche Aufgabe, in ihrem eigenen Innern für Klarheit zu sorgen, denn eine überforderte oder verärgerte Lehrkraft kann in den seltensten Fällen gut unterrichten. Sie trägt vielmehr dazu bei, daß sich in der Klasse eine Atmosphäre des Unbehagens ausbreitet. Lehrkräfte, die unter diesen Bedingungen dennoch erfolgreiche Schularbeit machen wollen, müssen Beziehungsarbeit in den Mittelpunkt ihrer Tätigkeit stellen.

2. Belastungen für Lehrkräfte in bildungspolitisch mageren Zeiten

Wir dürfen nicht so tun, als könnten die Lehrkräfte dieses komplexe Arbeitsgebiet schon mühelos bewältigen. „Als stark belastend empfinden hessische Lehrerinnen und Lehrer …, daß sie zu wenig Möglichkeiten sehen, verhaltensschwierige Schülerinnen und Schüler zu fördern" (Bockhorst, 1996). Dieser Befund verweist einerseits darauf, wie dringend Aus- und Fortbildung von Lehrkräften in diesem Bereich sind, andererseits ist er ein deutlicher Wink an die bildungspolitisch interessierte Öffentlichkeit. Nach meiner Ansicht wird die Gesamtsituation der Kinder in der bildungspolitischen Diskussion nicht genügend berücksichtigt, ganz zu schweigen von den unzureichenden Rahmenbedingungen, unter denen gerade Grundschullehrerinnen und -lehrer ihre Arbeit tun müssen.

In einer kritischen Auseinandersetzung mit der Bildungspolitik der Gegenwart schreibt W. Dettling im Leitartikel der *ZEIT* zum Jahreswechsel 1996/97:

„Das aktuelle Bildungssystem bringt wahrscheinlich mehr junge Leute um ihre Zukunftschancen als die ganze Globalisierung." Als Perspektive fordert er „einen anderen Staat, der in die Kompetenzen der Menschen investiert; z. B. in Bildung und Ausbildung".

Noch eindringlicher appellieren die Wissenschaftler Wolfgang Frühwald, Wolf Lepenies, Reimar Lüst, Hubert Markl und Dieter Simon an alle gesellschaftlichen Gruppen, „die Prioritäten für die Zukunft richtig zu setzen". Zur Zeit marschieren nach ihrer Ansicht Politik und Wirtschaft Arm in Arm in die falsche Richtung. „Zur Zukunftssicherung wäre es zum gegenwärtigen Zeitpunkt notwendig, die Investitionen in Ausbildung und Forschung deutlich zu erhöhen. ... Weder die Globalisierung der Wirtschaft und der damit zunehmende Kostendruck noch die Anpassungsprozesse, die die europäische Einigung erfordert, rechtfertigen es, die Bildungs- und Forschungsinvestitionen zu reduzieren. ... Eine Politik, die der Ausbildung und Forschung keine Priorität einräumt, ... nimmt der Jugend das Vertrauen in die Zukunft und den Mut zum vorausschauenden Handeln" (Frankfurter Rundschau, 16. 1. 1997).

Auch die unzureichenden Rahmenbedingungen tragen zu den besonderen Belastungen der Lehrkräfte bei. Oft wird in diesem Zusammenhang unter dem Stichwort „Burnout" darauf hingewiesen, daß bei vielen Lehrerinnen die Energie für die Bewältigung der täglichen Arbeit schwindet.

Es fehlt auch nicht an wissenschaftlichen Untersuchungen zur Problematik der Belastungen von Lehrerinnen und Lehrern. A. Combe und S. Buchen vergleichen in ihrer Untersuchung diese Belastungen mit der Arbeit des Sisyphos, der dazu verurteilt wurde, einen Felsbrocken immer wieder den Berg hinaufzuwälzen, und immer wieder rollte der Fels vor seinen Augen in die Tiefe.

Im Grunde seien die Lehrkräfte einer Dauerspannung ausgesetzt. Sie äußere sich in dem Gefühl und der Erfahrung, daß die Erziehungsarbeit nie aufhöre, immer wieder neu und von vorn beginne. Sie erfordere von Lehrerinnen und Lehrern in den rasch wechselnden Situationen ständige physische und psychische Präsenz.

Zur Bearbeitung dieser spezifischen Belastung sei es wichtig, einen Ort der „Prozeßreflexion im Kollegium" zu haben. Hier fänden Fallbesprechungen statt, es werde Rückschau gehalten und Vergewisserung gesucht.

In der Untersuchung zur Belastung von Lehrerinnen und Lehrern wird darauf hingewiesen, daß gerade die affektive Abriegelung gegenüber der Lebendigkeit der Schule anstrengend und kräftezehrend sei. „Hier verstopfen sich Lehrerinnen und Lehrer Erfahrungsquellen, mit denen sie sich selbst regenerieren und selbst noch entwickeln könnten."

Wenn es gelänge, die Belastungen nicht nur quantitativ, sondern auch qualitativ zu sehen, dann könnte dies gerade für Lehrkräfte um fünfzig noch zu einer Veränderung ihrer Berufsbiographie führen. Bei dieser Arbeit würde sich eine unterstützende und schützende Öffentlichkeit, die in der Regel nicht vorhanden sei, positiv auswirken. Es sei doch paradox, daß der Lehrer oder die Lehrerin Standfestigkeit und Pioniergeist gegen eine dauernde und doch meist höchst pauschale Lehrerschelte bewahren müsse. Hier berühre sich der Rand der unterrichtlichen Tätigkeit mit dem Rand der bildungspolitischen Diskussion. Die ohnehin schwierige Sisyphos-Arbeit der Lehrerinnen und Lehrer werde noch dadurch erschwert, daß sie kein „gesellschaftlich öffentlich geschütztes Funktionsbild" hätten (Combe/Buchen, 1996).

3. Entlastungsmöglichkeiten durch Prozeßreflexion im Kollegium

Das Kollegium der Leineberg-Grundschule in Göttingen bearbeitet Alltagsbelastungen seit vielen Jahren in der allwöchentlichen Pädagogischen Gesprächsrunde. Daneben gibt es die Reflexionsarbeit in kleineren Teams von zwei bis drei Personen. Viele grundsätzliche Überlegungen, die in diesem Buch anhand von Beispielen dargestellt werden, verdanke ich auch den Reflexionen in einem solchen Team. Hier konnten wir immer wieder die unterschiedlichen Alltagsprobleme durchsprechen und überdenken. Insbesondere die emotional belastenden Situationen kamen in diesem Rahmen zur Sprache. Aus dieser Arbeit schöpfe ich einen wesentlichen Teil meiner Energie.

Im vorliegenden Buch möchte ich zeigen, wie man unter diesen schwierigen Ausgangsbedingungen dennoch pädagogisch sinnvoll arbeiten kann. Gerade weil ich mir der großen Zahl verhaltensauffälliger Kinder bewußt bin und durch meine Unterrichtspraxis täglich die große Belastung erlebe, habe ich mir vor einigen Jahren die Aufgabe gestellt, meine Arbeit an einer entscheidenden Problemstelle zu intensivieren. Ich wollte besser verstehen, was mir auffällige Kinder durch ihr Verhalten mitteilen. Schließlich wollte ich versuchen, mit Interesse an ihren Problemen zu arbeiten. Wir sollten ihr Verhalten als Herausforderung annehmen. Nun liegt es an uns, ob wir die erforderliche Kraft und Kompetenz haben, dieser Herausforderung in unserem Rahmen erfolgreich zu begegnen. Ich maße mir nicht an zu behaupten, daß diese Arbeit immer und überall gelingen könnte, dafür sind die Lebensbedingungen, unter denen viele Kinder aufwachsen, viel zu hart und die Rahmenbedingungen, die uns in der Schule zur Verfügung stehen, viel zu bescheiden. Aber ich glaube zeigen zu können, daß wir hinsichtlich einer notwendigen Beziehungsarbeit, bei der es um die Selbst- und Sozialentwicklung der einzelnen Kinder im System der Schulklasse und um ihre emotionale Sicherheit geht, auch in dieser schwierigen Situation Perspektiven haben. Emotionale Erziehung ist in der Pädagogik der Gegenwart allerdings noch eine vernachlässigte Dimension.

„Wir brauchen eine Trendwende, die den Pädagogen mehr als Künstler der Beziehungen zeigt …", fordert zum Beispiel der Erziehungswissenschaftler K. Reich (1996, S. 208).

Um Probleme, die sich heute in der Schule stellen, bearbeiten zu können, erweiterten wir nach und nach unsere pädagogische Konzeption. Dieser Prozeß erstreckte sich über mehrere Jahre.

Heute fasse ich das Konzept, das daraus hervorging, unter dem Begriff Dreispurpädagogik zusammen.

II. Konzept: Dreispurpädagogik – Arbeitsfelder und Arbeitsmethoden

1. Entwicklungsprozeß –
die Anfänge

Die Anfänge einer kritischen Konzeptreflexion liegen in der Mitte der siebziger Jahre. In der Göttinger Leineberg-Grundschule sollte jedem Kind ein Lernweg eröffnet werden, der seine mitgebrachten Erfahrungen, den Stil seines sozialen Umfeldes und seine individuellen Besonderheiten berücksichtigte. Um diesen Anspruch zu verwirklichen, mußten wir im Hinblick auf unser Selbstverständnis als Lehrer, unsere Einstellung zu den Kindern, die Unterrichtsorganisation und die Rahmenbedingungen von Unterricht umdenken. Wir sahen uns als Anwälte des Kindes, als Berater, als Helfer und als Organisatoren von individuellen Lernprozessen. Wir lösten starre Unterrichtsformen zugunsten einer flexiblen und offenen Organisation auf. Die Räume wurden umstrukturiert, und vielfältiges Spiel- und Lernmaterial stand den Kindern zur Verfügung.

Lerninhalte und Lernabläufe machten wir den Kindern in Form von Tagesabläufen durchsichtig. Aus ihnen ging hervor, ob sie allein, mit einem Partner oder in einer kleinen Gruppe einen Lerninhalt bearbeiten sollten. Schon nach wenigen Jahren verzeichneten wir positive Ergebnisse. Wir beobachteten bei den Kindern eine hohe Lernmotivation. Sie erwarben im Ansatz die Fähigkeit zu selbstbestimmtem Lernen, und sie begannen, ihr eigenes Lernen verantwortlich mitzusteuern.

In den wöchentlichen Teamsitzungen diskutierten wir Verlauf und Ergebnisse unserer schulreformerischen Arbeit. Unsere Überlegungen und Bemühungen wurden in der damaligen Zeit von einer bildungspolitisch hochmotivierten

Öffentlichkeit gestützt. Die veränderten Arbeits- und Lernformen riefen auch in den Medien ein großes Interesse hervor.

Über einen Zeitraum von 15 Jahren konnten wir eine erfolgreiche pädagogische Arbeit nachweisen. Zu Beginn der neunziger Jahre allerdings gerieten wir damit in eine Krise. Immer mehr Kinder zeigten Auffälligkeiten in ihrem Verhalten; Lernmotivation und Konzentration ließen nach. In gleichem Maße stiegen die Lernprobleme in den Bereichen Lesen, Schreiben, Mathematik. Wir beobachteten, daß die Kinder zunehmend Schwierigkeiten in ihrer Motorik und Sprachentwicklung hatten. Störungen des Unterrichts nahmen zu, ebenso Gewalttätigkeiten unter den Kindern. Diese Beobachtungen führten nach einer Situationsanalyse schrittweise zu einer konzeptionellen Veränderung (vgl. dazu: Gebauer, 1996, S. 15 ff.).

2. Konzeptioneller Neuansatz

Zunächst bemühten wir uns um Angebote und Lernformen, mit denen wir die motorischen Defizite ausgleichen und die Gewaltausbrüche unter den Kindern reduzieren können. Uns war aufgefallen, daß Jungen stärker als Mädchen ihre Konflikte über Gewaltanwendung zu lösen versuchten. Diese Erkenntnis veranlaßte uns, die Entwicklung der sexuellen Identität bei Jungen und Mädchen durch Arbeit in getrennten Gruppen zu unterstützen.

2.1. Körperarbeit

Als Alternative zu den oft abrupt ausbrechenden Gewalttätigkeiten ermöglichen wir unseren Schülerinnen und Schülern einmal in der Woche Ringkämpfe nach Regeln. Gekämpft wird auf einem Weichboden in einem dafür hergerichteten Flur. Die Kinder sollen sich in ihrer Kraft, in ihrer nachlassenden Kraft und auch in ihrer Schwäche erleben. Auch den Gegner können sie so erleben. Wir wollen ihnen nicht die für unser Überleben so dringend erforderliche Aggression wegtrainieren, sondern es geht um Selbstwahrnehmung und um Wahrnehmung des anderen. Es werden Nähe-Erfahrungen gemacht. Auf diese Weise kann körperliche Erfahrung zu einer sozialen Erfahrung werden.

In diesem Zusammenhang zitiere ich aus einem Gespräch, das Ingeborg Breuer mit dem amerikanischen Soziologen Richard Sennett zum Thema „Die Unbehaustheit unserer Körper" geführt hat. „Den Körper nicht als Gegner zu behandeln, sondern als Bedingung der Grenze und das Erspü-

ren der Grenze als ein Moment von sich selbst zu verstehen
… Und dieses Bewußtsein des eigenen Körpers als alternder,
als begehrender, als Kraft, all diese Momente des Selbstver-
stehens und auch der Selbsttranszendenz, können sehr sozial
sein. Der Mensch, der ein solcher Körper ist, ist nicht auto-
nom. So könnte unsere körperliche Erfahrung zu einer sozialen Erfahrung werden; die Menschen könnten dadurch
aufeinander aufmerksam werden" (Breuer, 1995).

Ringkämpfe ermöglichen Selbst- und Sozialerfahrung in
ganz intensiver Form. Wir konnten beobachten, daß manche
Schüler, die oft durch Lautstärke und Störungen auffallen,
sich nicht oder zunächst nicht an Ringkämpfen beteiligten.
Sie fühlten sich unsicher bezüglich ihrer körperlichen Kraft
und ihres Selbstbewußtseins. Hier offenbart sich für alle
sichtbar eine Schwäche, die sie in der Klasse durch Lautstärke
und ablenkendes Verhalten überspielen können. Auch eine
Niederlage in einem Kampf hinzunehmen, bei dem alle anderen Kinder der Klasse zuschauen, erfordert ein hohes Maß an
Frustrationstoleranz. Die Erfahrung zeigt, daß die überwiegende Mehrzahl der Schülerinnen und Schüler, denen wir dieses
Angebot machen, gern nach Regeln kämpft. Doch ich will
noch auf einen anderen Aspekt hinweisen: Wildheit und Kraft,
die Kinder in sich spüren, lösen auch Ängste aus. Wenn sie nun
wissen, daß diese Kräfte durch Regeln eingeschränkt werden,
können sie bis an die Grenze ihrer körperlichen Möglichkeiten gehen. Ringkämpfe in der Schule bringen Stärke- und
Schwäche-Erfahrungen mit der gesamten Skala der Emotionen. Übrigens kämpfen Mädchen genauso gern wie Jungen.

Ohne an dieser Stelle ausführlicher darauf einzugehen,
weise ich darauf hin, daß natürlich auch andere Formen der
Körperarbeit ihren Stellenwert haben. Dazu zähle ich Tänze,
Kletterübungen, akrobatische Aktionen und die unterschiedlichsten Formen von Körpermassagen, aber auch
sämtliche Mannschaftsspiele, darunter vor allem das Fußballspiel; für die Selbst-, Sozial- und Körperentwicklung eines

Kindes kann es eine entscheidende Bedeutung haben. Noch sind es überwiegend die Jungen, die dieses Spiel pflegen. Ich verweise auch auf das Seilspringen, das eher als typisches Spiel für Mädchen gilt. Hier werden vor allem Kondition, Geschicklichkeit und Phantasie geübt.

In jeder Klasse unserer Schule gibt es einen Korb mit unterschiedlichen Spielmaterialien, die jeder mit in die Pause nehmen darf. Im übrigen sind alle diese Spiele auch Teil des allgemeinen Unterrichtsgeschehens, und sie müssen es auch sein. Wenn man sie nur als Pausenfüller betrachtet, unterschätzt man ihre Bedeutung für die Selbst- und Sozialentwicklung der Kinder.

2.2. Ausflüge zu außerschulischen Lernorten

Einmal im Monat fahren wir nach Möglichkeit mit unseren Schülerinnen und Schülern in den Wald. Kein noch so schlechtes Wetter hält uns davon ab. Wenn wir – wie in einigen Märchen – die Kinder mit dem Hinweis in den Wald schicken, sie dürften sich von uns entfernen, müßten allerdings immer zu uns zurückfinden können, dann bleiben gerade die Kinder, die uns in der Schule durch ihre Gewalttätigkeit auffallen, meistens ganz in unserer Nähe. Einmal faßte ein Junge nach meiner Hand und fragte besorgt, ob ich denn jemals wieder aus diesem großen Wald herausfinden würde. Angst und Unsicherheit sind oft Ursachen für Gewalttätigkeit – das wird hier sehr anschaulich klar. Wenn wir mit unseren Schülern in den Wald fahren, ohne sie vorher mit den unterschiedlichsten Aufgabenstellungen einzuengen, dann eröffnen wir ihnen gewissermaßen einen unbegrenzten Spielraum, in dem sie ihre elementaren Spiel- und Aktionsbedürfnisse umsetzen und ausleben können. Wir besuchen außerschulische Lernorte, weil wir erkannt haben, daß viele Kinder nicht mehr über genügend Spielorte, Spielmöglichkeiten und Spielpartner an den Nachmittagen verfügen. Wenn wir ihnen diese Chance eröffnen, erkennen sie, daß wir ihre Grundbedürfnisse verstehen und ihnen helfen, diese umzusetzen, und sie sind uns dankbar dafür. Dies beruht auf dem eben skizzierten Zusammenhang. Die Dankbarkeit ist ein eindeutiger Hinweis auf das Gelingen von Beziehungen. In den Zeiten unserer pädagogischen Krise wandten sich viele Kinder auch gegen uns, ihre Lehrerinnen und Lehrer, indem sie unsere Anweisungen nicht mehr oder nur unzureichend beachteten. In diesen Situationen machten sie uns, auch wenn wir ihr Verhalten als Störungen bezeichneten, darauf aufmerksam, daß irgend etwas mit ihren Grundbedürfnissen nicht mehr in Ordnung war.

2.3. Arbeit in Jungen- und Mädchengruppen

Für Jungen und Mädchen ist dieses Angebot, das wir in einigen Klassen einmal in der Woche machen, in gleicher Weise wichtig. Die Gespräche in den Jungengruppen drehen sich um Vertrauen, Angst, Alpträume, Liebe, Sex, Umweltzerstörung und Krieg.

Die konkrete Arbeit in allen Jungengruppen führte immer dann, wenn es um sexuelle Identität ging, zu großer Unruhe. Danach wurde regelmäßig von den Jungen die Vertrauensfrage gestellt, Vertrauen untereinander und zu mir. Erst wenn die Vertrauensfrage geklärt war, waren sie bereit, über ihre innersten Anliegen zu sprechen. Nach einigen Monaten zeigte sich eine deutliche Kompetenzerweiterung in ihrem Sozialverhalten. Bezogen auf Gewaltprävention bei Jungen heißt das: Die Zuwendung und Anforderungen, die Jungen von einem Mann in Stärke- und Schwächesituationen erleben, sind für Veränderungen sozialer Verhaltensdispositionen von großer Bedeutung. Gewalttätige Auseinandersetzungen nahmen sichtbar ab; die Bereitschaft, in Klärungsgesprächen nach Lösungen zu suchen, wurde stärker. Die Jungen verstanden es mehr und mehr, sich von den Mädchen abzugrenzen. Erst auf der Grundlage neu erworbener Selbstsicherheit suchten sie neuen Kontakt zu den Mädchen.

Auch aus der Arbeit in den Mädchengruppen berichten meine Kolleginnen Positives. Im Rückblick kann ich festhalten, daß nach bestimmten Phasen sowohl von den Jungen als auch von den Mädchen der Wunsch geäußert wird, nun auch einmal während dieser Zeit etwas gemeinsam zu machen, obwohl sie doch die ganze übrige Zeit gemeinsam Unterricht haben. Jungen wünschen sich unter anderem, daß Mädchen mit ihnen Fußball spielen; Mädchen schlagen vor, gemeinsame Spiele am Springseil zu machen. Das Spiel „Jungen fangen die Mädchen – Mädchen fangen die Jungen" gehört hierher. Natürlich spielen sie das auch zu anderen Zeiten gemeinsam. Jungen und Mädchen wünschen sich gleichermaßen, Zeit für gemeinsame Gesellschaftsspiele zu haben. Auch hier wird ein Bedürfnis sichtbar, das in der traditionellen Pädagogik keinen entsprechenden Stellenwert hat. Die Kinder erleben, daß sie Wünsche haben, die auch von ihren Lehrern ernst genommen werden, indem sie sie erfüllen. Die Erfahrung, daß ihre Lehrerinnen und Lehrer nicht nur auf sachbezogenes Lernen Wert legen, sondern auch ihre Grundbedürfnisse respektieren und für Realisierungsmöglichkeiten sorgen, führt zu Akzeptanz und zu Dankbarkeit gegenüber ihren Lehrkräften. Gelingende Selbst- und Sozialentwicklung hat ihre Grundlage in gegenseitigem Verstehen, das auf Taten und nicht allein auf Worten aufgebaut ist.

2.4. Emotionales Lernen in Klärungsdialogen

Ich halte diese Form für das wichtigste Element meiner pädagogischen Arbeit. Gerade Konfliktsituationen machen es erforderlich, immer wieder die inneren und äußeren Abläufe zueinander in Beziehung zu setzen. Meistens werden diese Dialoge nur mit den beteiligten Kindern im Gruppenraum, auf dem Flur oder in der Sitzecke des Klassenraumes geführt. Der Lehrer befindet sich mit ihnen auf der Klärungsspur, während sich die übrigen Kinder der Klasse auf der Inhaltsspur bewegen, indem sie zum Beispiel Mathematikaufgaben üben. Hier sind offene Formen des Unterrichts, bei denen die Kinder Selbständigkeit und Selbstverantwortung gelernt haben, eine wichtige Grundlage. So können unterschiedliche Tätigkeiten gleichzeitig nebeneinander herlaufen, ohne daß dies als etwas Besonderes angesehen wird. Es ist wichtig, daß die erwachsene Person im Verlauf eines Klärungsdialogs eine gefühlsmäßige Nähe zu den Erlebnissen der Kinder gewinnt. Sie sollte nach- und mitfühlen können und sich gleichzeitig davor hüten, ihre eigenen Affekte unkontrolliert auf die Kinder auszuschütten. Lehrer, die nach Konfliktsituationen nicht mit Ärger, Wut oder Hilflosigkeit reagieren, sondern aus einer reflektierten Perspektive handeln, haben eine große Chance, den beteiligten Schülern zu helfen, selbst ihre inneren Turbulenzen unter Kontrolle zu bringen. An einem einfachen Beispiel will ich diesen Grundgedanken erläutern:

• Ein Meßbecher für Gefühle

Situation:
Mit den Kindern einer ersten Klasse wollte ich eine Schneeballschlacht machen. Ich nannte einige Grundregeln. Sie sollten mit dem Werfen der Schneebälle erst beginnen, nachdem wir zwei Mannschaften gebildet hatten. Doch einige Kinder hielten sich nicht daran. Sie rannten nach draußen und bewarfen sich mit Schneebällen. Im nächsten Augenblick schrie Tillmann* auf. Er hatte von Lennart einen Ball direkt

---

* Alle Namen im Buch sind geändert.

ins Auge bekommen. Daraufhin brach ich das Spiel ab. Die Kinder waren enttäuscht, und ich war verärgert. Tillmann hatte Glück gehabt. Sein Auge war nicht verletzt. Die Atmosphäre in der Klasse war gespannt und unruhig. Ich führte in eine mathematische Aufgabenstellung ein. Plötzlich brach zwischen Luisa und Christine ein heftiger Streit aus. Ich bat um Ruhe, hatte damit aber keinen Erfolg. Schließlich forderte ich Luisa auf, sich an einen Einzeltisch zu setzen. Darüber war sie empört. Sie befolgte die Anweisung und weinte.

Meine Gefühlslage:
Wäre ich wegen der Regelübertretung nicht so erregt gewesen, hätte ich sicher eine konstruktive Form der Klärung gefunden. Ich handelte aus Ärger. Zum Glück nahm ich dies sofort wahr. Ich konnte meine Affekte unter Kontrolle bringen, spürte mein Interesse an einer Klärung und konnte neutral an den Konflikt herangehen. Nach einer Weile führte ich mit Luisa und Christine ein Klärungsgespräch.

Gespräch:
Christine: „Also, Luisa hat gesagt, Annkathrin hätte in ihrem Mathematikheft einen Fehler. Das stimmte aber nicht."

Luisa: „Christine hat gesagt, ich hätte alles falsch. Sie hat mich beschimpft und böse Wörter gesagt. Sie wollte mir mein Heft wegnehmen."

Christine: „Luisa wollte mir zuerst alle Stifte wegnehmen."

Luisa: „Das stimmt nicht. Die anderen haben mir nicht geglaubt und haben mich ausgelacht. Sie haben gesagt, ich bin eine Vergesserin, obwohl ich das nicht bin."
Luisa weint bitterlich.

Ich: „Du bist jetzt ziemlich traurig. Oder wie sollen wir dazu sagen?"

Luisa: „Christine hat mir immer die Zunge rausgestreckt."

Ich: „Ich möchte einmal aufzeichnen, wie es euch jetzt geht. Ich zeichne hier einen Becher für deine Gefühle. Luisa, male hinein, wie es dir geht."

Luisa: „Mir geht es ganz blöd." Sie malt den Becher bis oben hin voll (vgl. Skizze 1).

Ich: „Christine male in deinen Becher, wie es dir geht."

Christine: „Ich fühle mich krank. Mir geht es schlecht."

Christine malt den Becher auch bis zum Rand voll.

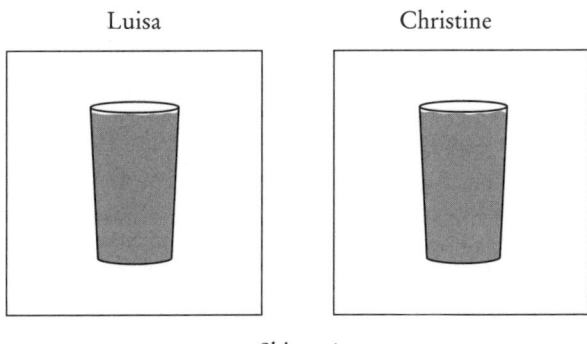

Skizze 1

Im Anschluß zeichne ich für beide Mädchen einen Meßbecher für den nächsten Tag.

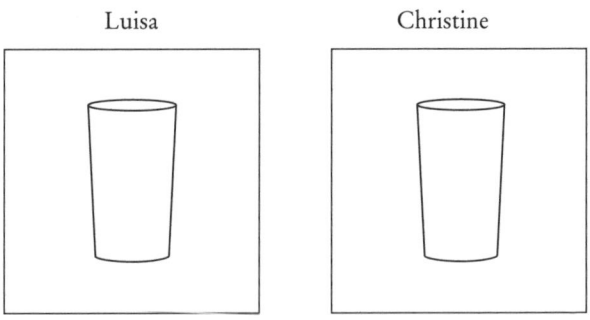

44

Ich: „Morgen treffen wir uns wieder. Wir werden sehen, wie es euch morgen geht." Beide Mädchen nicken.

Am nächsten Tag:
Ich bitte beide zu mir, schlage mein Tagebuch auf und frage: „Wißt ihr noch, was diese Zeichnungen bedeuten?"

Beide nicken und erklären nacheinander die jeweilige Bedeutung.

„Malt in die leeren Becher, wie es euch heute geht", sage ich.

Luisa greift zu ihrem Stift. Es erscheint unten auf dem Becherboden nur ein angedeuteter Strich. Christine tut es ihr gleich.

Luisa: „Mir geht es heute nicht mehr blöd. Wir haben uns gestern wieder vertragen."

Christine: „Ich fühle mich auch nicht mehr krank."

Ich: „Wie habt ihr das Vertragen gemacht?" Beide lachen, schauen sich an und sagen wie aus einem Munde: „Wir haben uns entschuldigt und die Hand gegeben."

Ich: „Das habt ihr gut gemacht."

Luisa: „Es hat sich ganz schön viel geändert seit gestern."

Ich: „Das kann man wohl sagen."

Reflexion:
Es zeigt sich, daß das Benennen und Aufzeichnen von Gefühlen einen lösenden Charakter hat. Die starken Gefühle der Kinder werden in einen Meßbecher gepackt. Die gegenseitigen Kränkungen werden auf einer symbolischen Ebene sichtbar gemacht. Nun weiß ich, wie es innen aussieht in Christine und Luisa. Sie wissen es auch. Mehr muß ich nicht über einen alltäglichen Streit wissen, bei dem die Feststellung, ein Mädchen habe einen Fehler gemacht, zu wilden Beschimpfungen führte. Der Wirklichkeitsraum ist genügend ausgeleuchtet; wichtiger ist es, den Möglichkeitsraum sichtbar zu machen. Der Streit auf der Beziehungsebene

rührt an das Selbstwertgefühl der Kinder. Die Art der Bearbeitung ist Arbeit am Selbst und an den sozialen Bezügen. Die Emotionen stehen dabei im Vordergrund. Mit den beiden Mädchen befinde ich mich auf der Selbst- und Sozialspur des Lernens, während sich die anderen Kinder auf der Inhaltsspur befinden. Sie lösen mathematische Aufgaben.

Gleich im Anschluß an das Klärungsgespräch haben sich die Mädchen gegenseitig entschuldigt. Luisa kann feststellen, daß sich „ganz schön viel geändert hat". Dabei schaut sie auf die Meßbecher. Beide Kinder strahlen diese Veränderung auch aus. Voraussetzung für die konstruktive Bearbeitung des Konfliktes war die Bearbeitung meiner Affekte.

Das Beispiel läßt die unterschiedlichen Komponenten des emotionalen Lernens sichtbar werden. Gleichzeitig verweist es auf neue Aufgabenstellungen der Schule hinsichtlich einer „emotionalen Erziehung" (Goleman, 1996, S. 347 ff.).

3. Vertiefung der pädagogischen Konzeption

Durch die Erweiterung unserer pädagogischen Konzeption hatten wir eine Lernatmosphäre geschaffen, in der erfolgreiches Lernen stattfinden konnte. Dennoch beunruhigten uns viele Verhaltensweisen der Kinder. Wir suchten nach Erklärungen für ihre oft merkwürdigen Reaktionen.

3.1. Szenisches Verstehen: der Lehrer als Regisseur

Wenn uns Kinder in ihrem Verhalten auffallen, wenn wir von Verhaltensauffälligkeiten sprechen, schwingt oft ein negativer Unterton mit. Das ist in vielen Fällen auch nachvollziehbar, denn es ist nicht einfach, wenn in einer Klasse mit 24 Schülerinnen und Schülern 6 in ihrem Verhalten auffällig sind. Psychologen und Ärzte sprechen gern von Symptomen, die hier sichtbar werden. Ich spreche von „Szenen" (Leber, 1986) der Kinder. Damit meine ich, daß sie wichtige Teile aus ihrem Leben immer wieder inszenieren. Wenn wir uns nicht in ihre Inszenierungen hineinziehen lassen, sondern als Regisseure aktiv werden, dann helfen wir ihnen bei der Entwicklung ihres Selbst. Unsere Aufgabe besteht darin, genau wahrzunehmen, was sie in Szene setzen, ihre Handlungen zu interpretieren und selbst Ideen einzubringen.

Mit dem Thema wird auf eine neue Aufgabe für Lehrerinnen und Lehrer hingewiesen. Der Lehrer als Vermittler von Inhalten nimmt Kinder vorwiegend unter dem Aspekt des schulischen Lernens wahr. Er organisiert Unterricht, führt in Themen ein und gibt Hilfestellungen bei Problemen. Er ermuntert Kinder, wenn sie glauben, die Aufgaben nicht lösen zu können, und er bewertet ihre Leistungen. Bei der Erfüllung dieser Aufgaben ist er in seiner didaktisch-methodischen Kompetenz gefordert.

Der Lehrer als Regisseur nimmt Szenen der einzelnen Kinder wahr, versucht sie zu verstehen, interpretiert sie und bringt selbst Spiel- und Handlungsideen ein. Er richtet seinen Blick nicht vorrangig auf schulische Inhalte und die Probleme oder Lernmöglichkeiten, die sie für Kinder bereithalten, sondern auf die Selbstentwicklung eines Kindes.

Aus unterschiedlichen Gründen nutzen immer mehr Kinder den Klassenraum als Bühne für ihre Inszenierungen. Szenen sind wichtige Ereignisse aus ihrem Leben. Bei ihren Aktionen (Inszenierungen) verwickeln sie Erwachsene in ihre Erlebnis- und Verarbeitungsstruktur. Sie bringen auch sogar einen Lehrer dazu, daß er sich fühlt, wie sich ein Kind selbst in einer wichtigen Lebenssituation gefühlt hat. Oder sie bringen ihn in eine Situation, in der er sich fühlt wie ein Erwachsener, der für das Kind eine wichtige Rolle spielt oder gespielt hat.

Szenen ereignen sich in den unterschiedlichsten Alltagssituationen. Will sich ein Lehrer ihnen nicht ausliefern, so ist eine aktive Haltung als Regisseur für einen konstruktiven Umgang hilfreich. Zur Aufgabe des Lehrer-Regisseurs gehört es auch, die Wirkungen im Blick zu haben, die das szenische Spiel einzelner Kinder bei ihren Mitschülern auslösen kann. Es gilt also die Dynamik einer Klasse zu beachten. Hier sind Lehrkräfte in ihrer gruppendynamischen Kompetenz gefordert.

Die Lehrkraft richtet ihren Blick auf die drei Lernspuren, auf fach-, sozial- und selbstbezogenes Lernen. Neu, so werden einige Leser denken, ist dieser Ansatz nicht, denn er ist in jedem Schulgesetz als allgemeine Aufgabenstellung formuliert. In diesem Zusammenhang möchte ich darstellen, was es heißt, wenn aus einem Gesetzesparagraphen pädagogisches Handeln wird. Es ist nicht von der Hand zu weisen, daß sich Lehrer primär als Vermittler von Unterrichtsinhalten sehen. Die pädagogische Beachtung und Förderung von Prozessen der Selbst- und Sozialentwicklung steht oft am Ende einer langen Strecke unterrichtlicher Arbeit. Das Entdecken von Szenen im unterrichtlichen Alltag ist davon abhängig, ob ein Lehrer überhaupt eine Wahrnehmungs- und Beobachtungshaltung hinsichtlich des szenischen Spiels hat.

Ich will diese Überlegungen an einem Beispiel deutlich machen:

Robert betätigt sich als „Hochspannungszerstörer"

In einer zweiten Klasse erlebte ich täglich Situationen, die mich und auch meine Kollegin ratlos machten. Es gab ständig eine diffuse Unruhe unter den Kindern. Ich vermochte nicht genau zu erkennen, was eigentlich vor sich ging. Teilweise waren es offene Aktionen, die ich sehen und wahrnehmen konnte, zum Teil spielten sich die Störungen aber auch verdeckt ab. Wenn es so schien, als sei Ruhe eingekehrt, entstand an irgendeiner Stelle bereits wieder ein Unruheherd. Kaum war in der einen Gruppe für Konzentration gesorgt, lachten an anderer Stelle bereits wieder andere. Meine Maßnahmen schienen keinen Erfolg zu haben. Auch in anderen Klassen hatte es zu Beginn meiner Tätigkeit manchmal Probleme gegeben. Schüler und Lehrer müssen sich natürlich erst einmal kennenlernen. Nach und nach gelang es dann immer, Inseln des Vertrauens zu schaffen. Es gab dann mehr und mehr Schüler, auf die ich mich verlassen konnte, die meine Anweisungen als sinnvoll und für sich als nachvollziehbar betrachteten.

Während in den anderen Klassen, in denen ich unterrichtete, viele Kinder von mir eine Hilfe für die Lösung ihrer

Probleme erwarteten und auch annehmen konnten, schien hier kein Bedarf zu bestehen. Offenbar waren sie sich selbst genug mit dem Lärm, den sie erzeugten, und mit der Unruhe, die sie um sich verbreiteten. Sie ignorierten mich und spielten ihr Spiel. Möglicherweise haben sie die Erfahrung gemacht, daß ihnen Erwachsene, auch ihr bisheriger Lehrer, nicht zu ihrem Recht verholfen haben und sich nicht um ihre Bedürfnisse nach Selbstentwicklung und Sozialkompetenz kümmerten. Es sah so aus, als sei keine Vertrauensbasis für Erwartungen an mich als Lehrer vorhanden.

Ich versuchte, die Situation dadurch zu bearbeiten, daß ich mich in die Rolle eines Regisseurs versetzte. Mit diesem inneren Bild gewann ich etwas Distanz zu den Ereignissen, die mich emotional belasteten. Ich begann, die einzelnen „Störungen" genau zu beobachten. Schon im Verlauf meiner Wahrnehmungen suchte ich nach Erklärungen für die Verhaltensweisen der Schüler. Mein Interesse richtete sich auf die Analyse der einzelnen Szenen. Würde ich besser verstehen, was die Kinder in ihnen zum Ausdruck brachten, dann könnte ich auch angemessen darauf reagieren, so läßt sich meine Hoffnung beschreiben. Ich begann mit Roberts „Hochspannungszerstörungen".

Situation:
Robert lanciert fast immer in der Sekunde, wenn Ruhe einzukehren scheint, eine Störaktion. Wenn ich durch allgemeine Hinweise und durch das Anschlagen der Klangschale (Zeichen für geforderte Aufmerksamkeit) deutlich gemacht habe, daß ich Konzentration von den Schülern erwarte, und wenn es insgesamt auch ruhig geworden ist, dann beginnt Robert vielleicht ein Gespräch mit seinem Tischnachbarn, oder er gibt einem Mitschüler an anderer Stelle des Klassenraumes ein mimisches oder gestisches Zeichen. Er wählt dazu einen Zeitpunkt, der durch hohe Konzentration gekennzeichnet ist. Es liegt ein hohes Maß an Spannung in der

Situation. Genau in diese Phase plaziert er seine Szene. Er hat blitzartig die Aufmerksamkeit aller Schüler und die des Lehrers gewonnen.

• Was bewirkt er damit?

Seine Mitschüler merken, daß er sich ganz offensichtlich den Anweisungen des Lehrers nicht beugt; er widersetzt sich. Viele Schüler nutzen die Chance, starten ebenfalls eine Stör-aktion. Bei mir ruft das Gesamtgeschehen Ärger und teil-weise auch Wut hervor. Ich sehe in der Handlungsweise eine Herausforderung und nehme sie an. Ich ermahne Robert er-neut zur Ruhe. Er hat seinen „Erfolg" gehabt: Für Sekunden stand er im Blickfeld aller Anwesenden.

• Wie ist das Verhalten zu interpretieren?

Ich gehe einmal von der Hypothese aus, es handele sich um eine überzogene Selbstbehauptung. „Ich entscheide selbst, wann ich aufpasse und mitmache. Das zeige ich deutlich meinen Mitschülern und dem Lehrer", so könnte es sich aus der Sicht des Schülers darstellen. Damit will er provozieren. Warum provoziert er? Im Grunde weiß er, daß er nicht stark genug ist, den Kampf gegen den Lehrer zu gewinnen. Sein Aufbegehren endet immer in einer Niederlage. Aber er hat den Triumph des Provokateurs. Alle Mitschüler haben seine Provokation miterlebt. Der Lehrer wurde laut, teilweise wü-tend, und er muß am nächsten und übernächsten Tag wieder mit Roberts Provokation rechnen. Ja, selbst am gleichen Tag hat Robert weitere Chancen für sein Vorgehen. Das Muster ist immer gleich: Aktion-Triumph-Niederlage.

- Was nützt ihm das? Warum tut er das?

Sein Verhalten verschafft ihm Aufmerksamkeit. Er wird von allen Schülern und von seinem Lehrer wahrgenommen. Wahrgenommen würde er auch, wenn er sich bei den mündlichen Mathematikaufgaben beteiligte. Alle könnten sehen, daß er die Aufgaben schnell und sicher lösen kann. Er beteiligt sich auch an dieser Aufgabenstellung, aber hier ist er nur ein Schüler unter vielen anderen. Er erhält wie sie eine inhaltsbezogene Anerkennung. Das ist es aber offensichtlich nicht, was er braucht. Im übrigen erfolgt die Anerkennung, nachdem er sich auf das vom Lehrer organisierte Lernen eingestellt hat. Er folgt also der vom Lehrer vorgegebenen Organisationsspur. Warum verweigert er sich hier nicht? Er könnte einfach nicht mitmachen, seine Hausaufgaben nicht erledigen, könnte andere Kinder während der Lernphase stören, sie in Konflikte hineinziehen, sie schlagen und anderes mehr. Das alles tut er nicht. Als lernender Schüler verhält er sich angepaßt. Ungenügende Lernleistungen kämen eventuell seinen Eltern zu Ohren, mag er denken. Konflikte mit anderen Kindern könnten auch zu seinen Ungunsten ausgehen. Robert fordert ganz eindeutig den Lehrer heraus. Ich unterstelle ihm folgenden Gedankengang:

- Wenn ich den Lehrer provoziere, wird mir das bei der Benotung nicht schaden. Er muß und wird mich angemessen beurteilen und meine guten Leistungen schätzen.
- Es ist mir egal, ob er mich mag.
- Es ist besser wenn er mich nicht mag, er wird mich doch nur enttäuschen.
- Wenn ich ihn wütend mache, zeigt er, wie hilflos er ist, das wird mir bei den anderen Kindern Anerkennung verschaffen.
- Zeitweise bin ich stärker als der Lehrer.

Reflexion:

Ich empfinde für Robert Sympathie. In seiner aufgeschlossenen Art erinnert er mich an Freunde meines Sohnes, teilweise erinnert er mich auch an meinen eigenen Sohn. Ich habe ihm einen Sympathievorschuß gegeben. Aber einem freundlichen Blick weicht er aus. Bei Gesprächen über inhaltliche Fragen wirkt er sachlich.

Kinder bringen Erwachsene oft in Situationen, die ihnen vertraut sind, die sie wiederholen müssen. Da können auch traumatische Erfahrungen im Hintergrund nachwirken. Angenommen, bei Robert besteht das folgende Muster: Vater kümmert sich zu wenig um mich, und er ist mit seinen Gedanken meistens ganz woanders. Ich muß mich sehr laut bemerkbar machen, damit er mich überhaupt wahrnimmt. Wenn ich ihn so stark gereizt habe, daß er mich wahrnimmt, dann wird er wütend, denn ich habe ihn bei seiner Arbeit unterbrochen. Vielleicht spielt er sogar mit mir, aber eigentlich möchte er sich lieber mit seinen eigenen Sachen beschäftigen. Ich bin enttäuscht. So geht das nun schon seit Jahren. So wird das immer weitergehen. Aber ich will, daß er mich wahrnimmt. Folge: Störung – unaufmerksames Spielen oder Tadel; ein Teufelskreis.

Könnte er dieses Muster in der Schule auch anwenden? Wenn ja, dann wäre es ein bereits automatisiertes Handeln. Er würde immer wieder eine Vaterfigur suchen, wäre von einer Enttäuschung schon von vornherein überzeugt und würde, damit sich die Ereignisse auch wiederholen, bereits bei seiner Suche die Enttäuschung gleich mitdenken.

Wenn das im geschilderten Beispiel so wäre, dann würde Robert auf mich Anteile seines Vaters projizieren. Wie gehe ich mit dieser Projektion um, die in der Form einer Provokation erfolgt? Offensichtlich ist der bisherige Mechanismus für Robert insofern befriedigend, als er ihn immer wiederholt. Auch ich muß etwas daran finden, denn durch mein routinemäßiges Verhalten sorge ich dafür, daß es sich immer wiederholt.

In einem eingehenden Gespräch mit Roberts Vater erfahre ich viele Einzelheiten aus dem Leben dieses Jungen. Es wird deutlich, daß er auch im außerschulischen Bereich Probleme mit anderen Kindern hat. Er hat keinen Freund. Seine Kontakte sind fast ausschließlich auf die Eltern ausgerichtet. Roberts Vater gibt mir einen Hinweis, der einige meiner Vermutungen bestätigt. Er hält es für sehr wahrscheinlich, daß Robert durch das provozierende Verhalten gegenüber seinem Lehrer bei seinen Mitschülern als Herausforderer erscheinen möchte. Robert könne aufgrund seiner Erfahrungen viel besser Erwachsene und ihre Reaktionen einschätzen als das Verhalten von Kindern. Ich freue mich, daß mir der Vater seine Ansichten mitteilt. Sie bestärken mich in meinen Vermutungen.

- Welche pädagogischen Konsequenzen sind zu ziehen?

Dringend erforderlich ist reflektiertes Handeln. Ich bin als Lehrer in meiner Lehrerrolle tätig, wenn ich für Ruhe und Konzentration sorge. Hier darf ich auch keine Abstriche machen. Ich bin gleichzeitig Mitspieler in einem szenischen Spiel, dessen Regisseur Robert ist. Seine Regiearbeit mag unbewußt ablaufen. Er jedenfalls bringt seine Szene ins Spiel. Verhalte ich mich wie beschrieben, so bin ich zwar auf der Handlungsebene der Lehrer, auf der Spielebene bin ich aber ein Mitspieler. Dabei verläuft mein Spiel auch weitgehend unbewußt. Nun ist es aber wichtig, Distanz herzustellen, die Abläufe auf den unterschiedlichen Ebenen zu interpretieren. Ich muß die Rolle des Regisseurs übernehmen. Vor allem darf ich auch nicht meine Anteile auf Robert projizieren. Wenn ich meine Sympathie für Freunde meines Sohnes auf Robert übertrage, dann muß ich dieses Gefühl überprüfen. Ich lege etwas in ihn hinein, was sich auf ganz andere Personen bezieht. Damit muß ich aufhören. Ich muß Robert realistisch gegenübertreten, muß ihn als eigene Person betrachten und wahrnehmen. Er fordert mich heraus. Als Herausforderer löst er in mir Ärger und Wut aus. Dies muß ich ihm mitteilen. Wir brauchen ein ganz normales Gespräch, und bei dieser Gelegenheit werde ich ihm mitteilen, was ich bei seinen Provokationen empfinde. Im Gespräch muß ich ihm deutlich machen, daß er lernen muß, sich als Schüler zu verhalten. Zuwendung und Zumutung, bezogen auf Roberts Selbst, darin besteht meine Aufgabe.

Damit ist pädagogisches Handeln formuliert. Da ich ihn schon oft vergeblich ermahnt habe, werde ich ihm aus der Blickrichtung des Regisseurs deutlich machen, daß ich seine Störszenen nicht mehr dulden werde.

Solange ich mich durch Roberts Verhalten emotional beeinflussen ließ, war ich seinem Spiel ausgeliefert. Spontan fällt mir ein, daß Robert ein „Hochspannungszerstörer" ist. Während in der Klasse Ruhe einkehrt, also ein Höhepunkt an Konzentration erreicht wird, platzt Robert mit seiner Szene hinein. Die Bezeichnung, die ich für Roberts Verhalten gefunden habe, gefällt mir. Mit dieser Mischung von Ernst und Humor müßte das Problem zu lösen sein.

Schneller, als ich gehofft hatte, änderte sich Roberts Verhalten. Wenn er zu einer Störung ansetzte, wurde in mir das Bild vom „Hochspannungszerstörer" wach. Es gab mir Distanz zum Ereignis und führte zu einer inneren Gelassenheit. Ich war der Regisseur, und Robert gab ich den Tip, sich von dem Signal der Klangschale hinüber in die Mathematikstunde tragen zu lassen. Dieses Beispiel macht deutlich, wie schwer es ist, wenn man als Lehrer nicht genügend Distanz zum szenischen Spiel der Kinder einhält. Für einen Außenstehenden mag dies merkwürdig klingen. Er mag denken, daß man solche Prozesse doch rasch und glasklar durchschauen müßte. Aber in der pädagogischen Arbeit braucht man zeitweise einen Kollegen oder eine Kollegin, damit man gemeinsam solche Prozesse durchschauen und bearbeiten kann. „Hochspannungszerstörer", das war eine Erfindung, die mir die erforderliche Distanz zurückgab, um dem Jungen sicher und gelassen gegenübertreten zu können.

Aus der Rückschau will ich anmerken, daß Robert bald danach in der Klasse zu einigen Schülern guten Kontakt bekam. Er hat inzwischen mit einem anderen Schüler enge Freundschaft geschlossen, und mit zwei weiteren Mitschülern spielt er regelmäßig zusammen. Er fühlt sich wohl in der Klasse, zeigt große Aufgeschlossenheit und hervorragende Leistungen in allen Bereichen. Auf seine Störaktionen konnte er deshalb auch verzichten.

3.2. Beziehungsarbeit

In allen Konfliktsituationen offenbart sich unter den beteiligten Schülern eine bestimmte Beziehungsproblematik. Wer Verhaltensauffälligkeiten konstruktiv bearbeiten will, muß sich um die Beziehungen innerhalb einer Klasse und innerhalb der Schule kümmern. Noch stellt die Schule ganz stark den Aspekt des inhaltlichen Lernens (Mathematik, Deutsch, Physik) in den Vordergrund. Wichtig wäre es, dem Beziehungslernen einen etwa gleich großen Stellenwert einzuräumen.

Während meiner Arbeit begebe ich mich nicht nur auf die sachorientierte Lernspur, sondern beobachte und reflektiere immer auch die Aktionen der Kinder untereinander und ihre Beziehungen. Ich begebe mich dann auf die Beziehungsspur. Dabei geht es immer auch um die Selbstentwicklung der beteiligten Kinder. Wo Selbstlernen stattfindet, befinde ich mich auf der Selbstspur. Wie Dreispur-Pädagogik konkret realisiert werden kann, beschreibe ich aus der Perspektive eines Lehrers, der für das mathematische Lernen in mehreren Klassen verantwortlich ist. Dabei begebe ich mich zusammen mit den Kindern, die in Konflikte verwickelt sind, immer wieder auf die Beziehungs- und Selbstspur. Arbeit an

Beziehungen ist stets auch Arbeit am Selbst und umgekehrt. In diesem Rahmen findet auch emotionales Lernen statt. Gerade in Konfliktsituationen zeigen Kinder Gefühle wie Ärger und Wut. Sie beschimpfen, treten und schlagen einander. Ihre Aktionen lösen in der Folge bei den Lehrkräften oft ebenfalls Ärger und Unzufriedenheit aus. Konflikte und damit auch alle sie begleitenden gefühlsmäßigen Äußerungen gehören zum Schulalltag. Es kommt darauf an, Gefühle wahrzunehmen, auszusprechen und an ihnen zu arbeiten. Gefühle sind die ständigen Begleiter unserer Beziehungen. Eine erfolgreiche Arbeit an den Beziehungen ist nur möglich, wenn wir die sie begleitenden Gefühle wahrnehmen und sie zum Inhalt schulischen Lernens machen.

3.2.1. Überlegungen zum Selbstverständnis und zu den Aufgaben der Lehrkräfte

Für Lehrerinnen und Lehrer heißt dies: Sie müssen zunächst einmal ihr Selbstverständnis darauf überprüfen, ob und in welchem Umfang sie Beziehungsprobleme überhaupt in ihre Arbeit übernehmen wollen – während ihrer Vorbereitung, in der konkreten Unterrichtssituation, in der nachbereitenden analytischen Arbeit.

Damit ist auch eine organisatorische Aufgabe für die Schulleitung und für den einzelnen Lehrer verbunden. Beziehungsprobleme brauchen zu ihrer Bearbeitung Raum und Zeit. Da es oft an Zeit mangelt, komme ich nicht umhin, Beziehungsfragen während des übrigen Unterrichts zu klären. Ich gehe mit den betroffenen Schülerinnen und Schülern auf die Klärungsspur (Beziehungsspur), während sich die übrigen Kinder in der Regel mit einer fachorientierten Aufgabe auseinandersetzen. Es gibt bei mir ein Nebeneinander von Beziehungs- und Inhaltsarbeit.

Gleichzeitig wird deutlich, daß eine solche Arbeit nicht nur Ansprüche an das Selbstverständnis und das methodisch-organisatorische Geschick des Lehrers stellt, sondern auch an sein pädagogisches Können. Es bedeutet, innerhalb einer Unterrichtsstunde von inhaltlichen Erklärungen in Beziehungsklärungen einzutreten und umgekehrt. Der Lehrer muß also flexibel reagieren können.

Auf der theoretischen Ebene ist es wichtig, ein Verständnis vom Selbst des Menschen zu haben (Stierlin, 1995). Nicht weniger wichtig ist es, Merkmale des Sozial einer Klasse zu kennen. Oft wird die Sozialentwicklung nur als ein Aspekt der Persönlichkeitsentwicklung angesehen. Dabei gerät leicht aus dem Blick, daß mit Sozial auch das Gesamt der Prozesse einer Gruppe gemeint ist. In diesem Sinne will ich hier von Sozial sprechen. Das Sozial beschreibt alle Aspekte, die für die Herausbildung eines sozialen Gefüges, etwa einer Schulklasse, von Bedeutung sind. Alle Personen (Selbste), die in einem System wirken, sind Teil dieses Systems. Schulische Pädagogik muß sich um die Persönlichkeitsentwicklung einzelner Schüler kümmern, und sie muß das Gesamt (Sozial) einer Klasse im Blick haben. In Anlehnung an Stierlins Selbstkonzept habe ich ein Sozialkonzept entwickelt. Die Dynamik von Prozessen der Selbst- und Sozialentwicklungen läßt sich mit diesen Konzepten charakterisieren. Man könnte allgemeine Merkmale einer Gruppe (Schulklasse) beschreiben. Das ist jedoch nicht meine Absicht. Jede Schulklasse ist einzigartig. Die Dynamik des Zusammenwirkens der einzelnen Selbste macht das Wesen des jeweils speziellen Klassen-Sozial aus (Guggenbühl, 1995, S. 112).

In einem gewissen Sinne kann man diese Dynamik als szenisches Spiel bezeichnen. In den Szenen einzelner Kinder drücken sich wichtige Erfahrungen und Verarbeitungsweisen aus. Ob ein Kind innerhalb einer Klasse eine Chance erhält, seine Szenen zu spielen, eventuell immer wieder zu spielen, das hängt von der Art der mitagierenden übrigen Selbste ab. Die szenischen Spiele einzelner Kinder sind ein Teil des Klassen-Sozial. Lehrerinnen und Lehrer können dabei leicht zum Spielball der Inszenierungen werden. Eine Schulklasse ist keine statische Größe. Das Agieren der Schülerinnen und Schüler untereinander und mit den Lehrkräften (Interaktionen) ist voller Dynamik. Diese kann destruktive und konstruktive Züge annehmen. Für die Regiearbeit der Lehrkräfte ist es wichtig, daß sie die destruktiven Anteile nicht verdrängen, sondern an ihnen arbeiten. Oft zeigen Schülerinnen und Schüler auch Verhaltensweisen, die wir nicht oder nur schwer verstehen. Hier ist Interpretationsarbeit erforderlich. Vor dem Hintergrund solcher Interpretationen sollten Lehrkräfte dann Impulse geben und ihre Wirkung auf das Selbst und das Sozial beobachten.

3.2.2. Perspektiven eröffnen

Hierzu gehören auch Entwürfe in die Zukunft. „Was müßte geschehen, damit ihr euch nicht immer wieder in Schlägereien verwickelt? Welche Form der Wiedergutmachung könnt ihr praktizieren? Welche Wünsche habt ihr gegenseitig?"

Es gilt, im Rahmen von Klärungsbemühungen Formen der Wiedergutmachung zu erörtern und zu praktizieren. Von der Wiedergutmachung profitieren Täter und Opfer, die Täter möglicherweise mehr als die Opfer.

Viele Probleme wiederholen sich. Aus ihnen muß der Lehrer zusammen mit den Kindern einen Ausweg suchen. Manchmal lasse ich die Kinder diese immer wieder auftauchenden Probleme, die ich hier als „Wiederholungsprobleme" bezeichnen möchte, auf einen Zettel schreiben. Die Kinder umkreisen das nun formulierte Problem mit einem Stift immer und immer wieder. Es handelt sich ja um ein Problem, aus dem es kein Entrinnen zu geben scheint. Sollte sich allerdings während der Umkreisungen eine Lösungsidee andeuten, dann dürfen sie mit Schwung auf dem Lösungspfeil herausfahren. Es ist der Blick in die Zukunft, der auf der Grundlage vorhandener Ressourcen neue Optionen eröffnet. Die Vorstellung, Entwürfe für die Zukunft zu machen, ist zur allgemeinen Alltagsbewältigung lebensnotwendig.

Bei der Bearbeitung von Konfliktsituationen müssen die Kinder und ich nicht immer sofort eine Lösung finden. Oft rate ich ihnen, darüber nachzudenken und aufzuschreiben, wie ein Lösung aussehen könnte. Deshalb trage ich auch immer mein Tagebuch mit mir, um wichtige Probleme und mögliche Lösungsansätze darin zu notieren. Die Kinder erleben, daß ich ihre Mitteilungen ernst nehme, daß ich auch darüber nachdenke und zu einem späteren Zeitpunkt wieder darauf zurückkomme.

Lehrerinnen und Lehrer sollten bei ihrer Arbeit das Hauptgewicht auf die Lösung des Problems legen. Es ist dann nur folgerichtig, daß die gesamte Ausrichtung des Gesprächs zukunftsorientiert ist und auf das Erklären und Interpretieren von Problemen so wenig Aufmerksamkeit gerichtet wird wie irgend möglich. Natürlich können und dürfen Elemente der Interpretation in der Praxis nicht völlig vermieden werden. Die Kinder selbst machen sich Gedanken über mögliche Ursachen für ihre Schwierigkeiten, und wir können nicht vermeiden, daß ein Teil unserer Ansichten über die Herkunft des Problems dem Kind auch dann vermittelt wird, wenn wir selbst das Thema mit voller Absicht ignorieren. Unsere Wortwahl, die Fragen, die wir stellen, und die Maßnahmen, die wir vorschlagen, enthalten unweigerlich Fragmente einer Erklärung. Die Erklärungen, die wir für ein Problem finden, legen unsere Perspektive auf die für eine Lösung geeigneten Maßnahmen bereits weitgehend fest. Manchmal enthalten Erklärungen Schuldzuweisungen und verursachen Scham. Aus diesem Grund sind manche Erklärungen anderen vorzuziehen, einfach weil sie die Zusammenarbeit und die schöpferische Produktivität fördern. Oft skizziere ich für die Kinder den Verlauf von Gewaltausbrüchen. Meine Skizzen finden sie manchmal so komisch, daß sie darüber lachen müssen. Lösungsansätze gedeihen in aufgelockerter Atmosphäre viel besser als in einer versteinerten. Manchmal fordere ich die Schüler auf, sich eine Zukunft vorzustellen, in der ihr spezifisches Problem nicht mehr vorhanden ist. Es geht um das Entwerfen von Traumbildern für eine hellere Zukunft. Es ist denkbar, daß ein Junge, der keine Kontakte in der Klasse hat, sich eine Zukunft entwirft, in der er einen Freund hat. Ein Mädchen, das immer wieder weinte und sich die Ursachen nicht erklären konnte, bat ich, darüber nachzudenken, was geschehen soll, damit es nicht mehr weinen muß. Nun muß man dem Kind Zeit lassen, darüber nachzudenken, vielleicht eine Nacht und einen Tag, vielleicht auch länger.

„Die Zukunft ist wahrscheinlich eines der dankbarsten Themen ... Sie ist ein Land, das niemandem gehört und deshalb allen denkbaren Ideen und Vorstellungen offensteht", heißt es bei Furman/Ahola (1995, S. 132).

3.2.3. Zusammenhänge erkennen

In der Schule gibt es viele Situationen, in denen Schüler – manchmal über mehrere Klassen verteilt – in eine Konfliktsituation geraten. Es kommt immer wieder vor, daß kleine oder ängstliche Kinder in einer kritischen Situation einen größeren Schüler (vielleicht den Bruder oder einen großen Freund) zu Hilfe rufen, statt die Hilfe gleichaltriger Mitschüler oder des Lehrers in Anspruch zu nehmen. Kommt ein größerer Schüler dem einen Kind zu Hilfe, so sieht sich nun das andere Kind genötigt, auch einen größeren Schüler um Hilfe zu bitten. Beide Seiten holen immer größere und stärkere Mitschüler. Der Konflikt eskaliert. Dies läßt sich vermeiden, wenn die beteiligten Kinder die Zusammenhänge erkennen und wenn klassenintern und klassenübergreifend daran gearbeitet wird.

3.2.4. Anregungen für neue Sichtweisen

Für das Arbeiten an den Szenen der Kinder sind für mich neben den Modellen der systemischen Psychologie (Furman/Ahola, 1995) die Ansätze aus der Erkenntnistheorie des Konstruktivismus von großer Bedeutung (Reich, 1996). Die Aufgaben von Lehrerinnen und Lehrern lassen sich vor diesem Hintergrund nicht mehr mit der Vermittlung von Unterrichtsinhalten und dem Agieren als Autoritätspersonen hinreichend charakterisieren. Sie liegen vielmehr in der Anregung zu neuen und anderen Sichtweisen, Fragehaltungen und Interpretationsweisen. Ein Lehrer als Regisseur bringt die einzelnen Selbste und ihre Szenen so miteinander in Kontakt, daß neue Versuche des Miteinander denkbar und schließlich praktizierbar werden. Dabei wird er selbst Spielsituationen der unterschiedlichsten Art schaffen. Dazu gehören traditionelle Gesellschaftsspiele, Spiele auf dem Hof, im Wald, auf der Wiese und in Hecken ebenso wie gestaltete Spiele, die nach Regeln und Ritualen ablaufen. Hierzu zähle ich das Fußballspiel, Seilspringen und Ringkämpfe. Diese Spiele gehören in der Regel zum Erfahrungsschatz der Kinder. Aber es ist ein Zeichen unserer Zeit, daß viele Kinder diese Spiele nicht oder nur sehr unzureichend beherrschen. Hier entstehen neue Aufgaben für schulische Pädagogik, weil die alten Lern- und Erfahrungsräume für diese Spiele nicht mehr zur Verfügung stehen. Für die Selbst- und Sozialentwicklung sind sie von großem Wert. In der anleitenden, begleitenden und reflektierenden Arbeit ergeben sich täglich viele Möglichkeiten der Förderung des Selbst und des Sozial. Arbeit an den Beziehungen und am Selbst ist Konstruktionsarbeit, die emotionales Lernen in den Mittelpunkt rückt.

3.3. Affektarbeit

3.3.1. Affektarbeit der Lehrerinnen und Lehrer

Es ist zunächst wichtig, daß Lehrerinnen und Lehrer für eine klare Beziehungsrealität sorgen. Das fängt bei der Aufstellung und Durchsetzung äußerer Klassenregeln an und geht hinein bis in gefühlsmäßige Wahrnehmungen und Mitteilungen. Lehrer stehen mit ihrem Selbst für die Innen-Außen-Beziehungsrealität. Wenn eine Lehrkraft, was den Außenbereich angeht, nur oberflächlich auf der Einhaltung der Regeln besteht, dann schwindet deren Bedeutung in der Wahrnehmung und Beachtung durch die Schüler. Dies kann zu einem äußeren Chaos führen, bei dem dann jeder sieht, wie er zurechtkommt. Ähnliches gilt für ein emotionales Chaos im Lehrer-Selbst. Wenn professionelle Erzieher Wahrnehmungen und das, was sie emotional in ihnen auslösen, nicht bearbeiten, wenn sie hier nachlässig sind, dann wird dies natürlich von den Schülerinnen und Schülern bemerkt. Zum Verständnis der eigenen – oft ambivalenten – Gefühle, was schon schwer genug ist, kommt als zusätzliche Aufgabe dann noch hinzu, die Schrullen eines Lehrers oder einer Lehrerin zu verstehen. Kinder, die eigentlich Anregungen und Hilfen zu ihrer Selbstentwicklung benötigen, müssen nun Schutzmechanismen erarbeiten, um den ambivalenten Verhaltensweisen einer Lehrkraft nicht ausgeliefert zu sein. So ist die Auseinandersetzung mit dem eigenen Inneren für die Lehrkräfte eine wichtige Voraussetzung für einen gelungenen Unterricht. Dies gilt vor allem für die Förderung des kindlichen Selbst. Konfliktsituationen lösen Gefühle aus. Ein äußeres Ereignis hinterläßt unverkennbar seine Spuren im Innenbereich. Für die Arbeit des Lehrers heißt dies, die eigenen Affekte (Ärger, Wut, Enttäuschung) wahrzunehmen und sie konstruktiv zu bearbeiten, sie zu kontrollieren, um reflektiert auf die Ereignisse reagieren zu können und nicht die eigenen gefühlsmäßigen Wallungen auf die Schüler zu übertragen. Sie dürfen diese Gefühle haben, das ist ohne Frage, aber als professionelle Erzieher müssen sie diese so weit bearbeiten können, daß sie zur Beziehungsklärung innerhalb einer Klasse beitragen. Ich helfe mir in Situationen, die sehr belastend für mich sind, indem ich den Verlauf der Ereignisse und die Gefühle, die sie in mir auslösen, skizziere. Nachmittags interpretiere ich die äußeren und inneren Vorgänge und entscheide mich für eine von vielen pädagogischen Handlungsmöglichkeiten, die ich im Verlauf der vergangenen Jahre vor allem in Anlehnung an die Ansätze der systemischen Therapie (von Schlippe/Schweitzer, 1996) zusammen mit einigen Kolleginnen entwickelt habe. Vielleicht ist es wichtig, daß ich einen Meßbecher für meine eigenen Gefühle skizziere und diese dort hineinmale. Manchmal helfen innere Bilder. Wenn ich mich in die Situation eines Regisseurs versetze, dann kann ich die Ereignisse, die mich ärgerlich oder wütend gemacht haben, aus einem anderen Blickwinkel sehen. Ich bekomme so eine innere Distanz zu ihnen. Gelegentlich stelle ich mich einfach neben mich und versuche, das Komische einer Situation zu erfassen. Meistens ist es sehr hilfreich, wenn ich eine emotional belastende Situation im Team besprechen kann. Dabei stehen uns unterschiedliche Konstruktionsmöglichkeiten zur Verfügung.

Wenn wir beobachten, daß uns ein Kind mit seinen Verhaltensweisen „nervt", dann wenden wir ein Verfahren an, über das wir zu einem ausgewogenen Verhältnis von Distanz und Nähe zu ihm kommen. Wir suchen für das Kind einen hilfreichen Namen, der die Verhaltensauffälligkeiten berücksichtigt. „Kugel-Jan" und „Hochspannungszerstörer" sind solche Bezeichnungen. Die negativen Gefühle, die ein Kind durch sein Verhalten in uns auslöst, können auf diese Weise im Namen gebunden werden. Sie bekommen eventuell einen spielerischen Akzent und verlieren ihre Macht über uns. Wir fühlen uns frei und können einen neuen Zugang zu unserer Arbeit wagen.

Affektarbeit des Lehrers ist besonders bei Erfolgen und Enttäuschungen wichtig.

Da habe ich an einem Tag drei Erfolgserlebnisse. Ich freue mich darüber und teile dies meinen Kolleginnen mit. Nun kann es sein, daß ich in den nächsten Tagen von genau den Kindern, über die ich mich gefreut habe, enttäuscht werde, weil ich davon ausgegangen war, ein bestimmtes Verhalten würde nicht wieder oder nicht so schnell wieder auftreten. Wenn dies nicht der Fall ist, zweifle ich eventuell an der Wirksamkeit meiner pädagogischen Interventionen. Hier wird ein Muster mit fatalen Folgen für beide Seiten sichtbar. Das von mir aus negativ wahrgenommene Verhalten eines Kindes kann aus dessen Sicht und Perspektive eine ganz andere Bedeutung haben. Lehrer müssen sich klarmachen, daß es oft die eigenen, manchmal sehr unrealistischen Wünsche sind, die von einem Kind nicht erfüllt werden. Fatal wird die Angelegenheit dann, wenn ein Lehrer über den eigenen unerfüllten Wunsch, der dazu noch unrealistisch war, enttäuscht ist und diese Enttäuschung dann dem Kinde anlastet. Hinzu kommt, daß sich Enttäuschungen oft stärker einprägen als positive Erlebnisse. Sie strahlen dann auf unser Allgemeinbefinden ab. Wenn sich ein solches Muster abzeichnet, können wir uns allein dadurch vor Enttäuschungen schützen, daß wir die Struktur erkennen, die dahinter sichtbar wird. Schließlich ist es wichtig, für die positiven Wahrnehmungen „Einlagerungsmöglichkeiten" zu schaffen, damit für Zeiten der „Not" Reserven vorhanden sind. Zur Sicherung der erreichten Erfolge ist noch ein anderer Aspekt von großer Bedeutung. Oft gehen Lehrerinnen und Lehrer von der Annahme aus, es gebe so etwas wie ein kontinuierliches Anwachsen sozialer Kompetenz, die dann in neuen und anderen Situationen immer abrufbar bereitstünde. Auch hinter dieser Vorstellung steht eine Erwartungshaltung, die, bezogen auf das Funktionieren sozialer Systeme, unrealistisch ist. Jede neue Situation erfordert ein komplexes Agieren der beteiligten Personen. Jede Person ist als dynamisches System anzusehen, das mit den Systemen anderer Personen in Kontakt tritt. Im System Schulklasse sind es viele Selbste, die miteinander agieren. Das Agieren geschieht in einem immer neuen Zusammenhang mit einer jeweils veränderten Dynamik. So können äußerlich ganz ähnlich aussehende Gewaltsituationen während des Klärungsdialoges einen ganz unterschiedlichen Verlauf nehmen. Die Handlungskompetenz in Konfliktsituationen ist in ihrer Bewegung eher durch Bruchstellen, Wellenbewegungen, Blockaden, ein steiles Auf und Ab, und nicht durch eine stetig ansteigende Linie kompetenten Verhaltens gekennzeichnet.

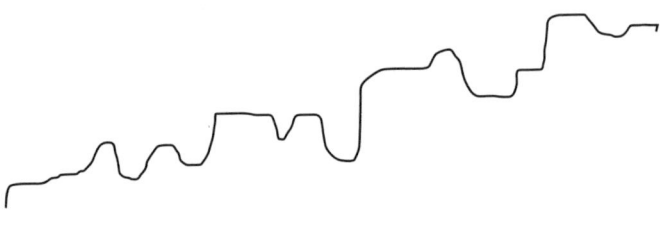

Skizze 2

Es gehen auch Erfahrungen verloren, die dann erst wieder erinnert oder aufgebaut werden müssen.

Mit diesen Ausführungen will ich mich und andere, wenn sie denn bereit sind, diese Gedanken zu den ihren zu machen, vor einer unrealistischen Einschätzung von sozialem Fortschritt schützen. Gleichzeitig schütze ich mich so vor Enttäuschungen, die ich sonst möglicherweise an den handelnden Kindern ausgelassen hätte, die am wenigsten dafür verantwortlich gemacht werden können. Entscheidend für den Aufbau von Selbst- und Sozialkompetenz ist, daß wir von dynamischen Verläufen ausgehen. Selbst da, wo wir als Einzelpersonen meinen, einen Mißerfolg zu haben, können andere Beobachter oder Teilhaber die Situation ganz anders einschätzen. So gilt es, die Kommunikationsbahnen zwischen den an sozialen Prozessen beteiligten Personen nicht mit unangemessenen affektiven Zuständen zu verstopfen. Auf diese Weise erhalten wir uns die Energie, die erforderlich ist, um immer offen in soziale Situationen hineinzugehen, sie wahrzunehmen, zu interpretieren und in ihnen reflektiert zu handeln.

Das Kind in der Schulklasse befindet sich immer in einer aktuellen Situation zusammen mit anderen Kindern. Es ist permanent in Prozessen der Selbst- und Sozialentwicklung aktiv. Für die Lehrkräfte sieht es nicht anders aus. Die Dynamik, in der dies geschieht, ist in ihrer Intensität und Emotionalität wohl aufgrund bisheriger Erfahrungen einzuschätzen, aber nicht planbar. Für das Gelingen von Prozessen der Selbst- und Sozialentwicklung ist es daher wichtig, daß Lehrkräfte über grundlegende Konzepte verfügen, vor deren Hintergrund sie die in der Dynamik des Alltags oft sehr schnell ablaufenden Ereignisse interpretieren und bewerten, um dann entsprechend handeln zu können. Sie müssen in der Situation empathisch und geistesgegenwärtig handeln. Ein wesentliches Merkmal emotionaler Intelligenz sieht Goleman gerade in der Fähigkeit, sich emotional auf andere Menschen einzustellen (Goleman, 1995, S. 127). Zur Komplexität des Lehrerberufes gehört es, daß diese Fähigkeit immer in der Arbeit mit Gruppen benötigt wird. Der Lehrer muß sich in die emotionale Dynamik einer Gruppe einfühlen und auf dieser Basis organisatorische und inhaltliche Entscheidungen treffen.

3.3.2. Aus wutschnaubenden Kindern werden ruhige und nachdenkliche Gesprächspartner

Es gehört zur pädagogischen Arbeit, den Schülern bei der Klärung ihrer Affekte zu helfen, etwa durch das Skizzieren eines Meßbechers für Gefühle. Durch diese Methode wird ein innerer Vorgang partiell im Außen sichtbar gemacht. So erhalten die Kinder nicht nur Einblicke in ihre Welt der Gefühle, sondern auch in die ihrer Mitschüler. Erfolgreiche Beziehungsarbeit ist auf die Verwurzelung in der Welt der Gefühle angewiesen. Dabei geht es um die Innen-Außen-Verbindung innerhalb einer Person. Ein Mensch muß in der Lage sein, äußere Ereignisse mit seinen gefühlsmäßigen Wahrnehmungen in Verbindung zu bringen. Und er muß lernen, daß äußere Ereignisse durch seine Affekte ausgelöst werden können. Es handelt sich um einen sehr komplexen Vorgang, bei dem emotionale, rationale und motorische Fähigkeiten ineinanderspielen.

Konstruktive Affektarbeit will ich an einem Beispiel deutlich machen.*

Situation:

Ich hole die Kinder einer ersten Klasse vom Pausenhof ab. Bei der Ankunft im Klassenraum entwickelt sich eine Schlägerei zwischen Tillmann, Sebastian, Lennart, Jörn und Nadine. Ich greife schnell ein und sage, daß ich mich gleich um ihr Problem kümmern werde. Die Kinder gehen zu ihren Plätzen. Da entbrennt die Schlägerei erneut. Lennart und Tillmann verhaken sich ineinander. Andere Kinder umgeben sie wie ein Knäuel. Ich habe Mühe, sie auseinanderzubringen.

Danach bitte ich die übrigen Kinder, mit ihrer Arbeit zu beginnen, und begebe mich mit den am Konflikt beteiligten Kindern in die Sitzecke des Klassenzimmers.

Gespräch:

Tillmann: „Ich hab gesagt, hör auf. Aber da hat Lennart mich hier an den Kopf geschlagen. Da war ich so wütend, daß ich ihn am Hals gepackt habe. Und dann hat Lennart mich am Hals gepackt."

---

* Es ist zuerst erschienen und umfassender dargestellt in: Praxis der Kinderpsychologie und Kinderpsychiatrie, 1997, S. 188 ff.

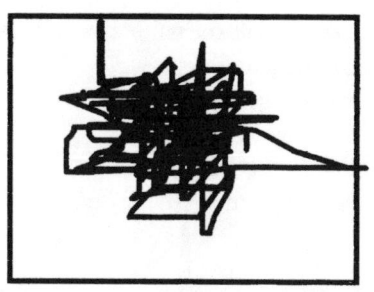

Skizze 3

Ich: „Du hast gesagt, daß du ganz wütend warst. Ich zeichne
deine Wut in mein Tagebuch (Skizze 3).
War das so?" (Tillmann nickt.)

Lennart: „Dann bin ich weggelaufen. Und dann sind alle
hinter mir her und auf mich drauf. Dann hat Tillman mich
erwürgt – fast."

Ich: „Wie war das mit deiner Wut?"

Lennart: „Ich war richtig wütend. Sebastian ist auf meinen
Rücken gesprungen. Nadine hat mich gekratzt."

Nadine: „So hab ich ihn gepackt." (Sie zeigt, wie sie
Lennart an der Schulter gepackt hat.)

Lennart: „Ich hab mich befreit und bin zur Treppe
gelaufen. Da sind wieder alle auf mich drauf."

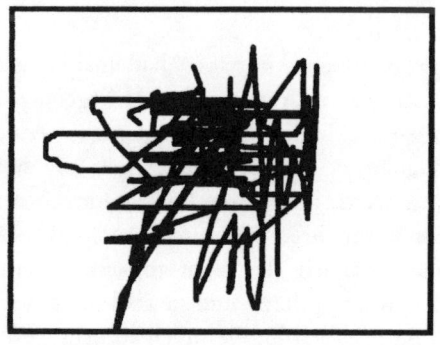

Skizze 4

Ich: „Du hast gesagt, daß du wütend warst. Ich will deine
Wut auch aufzeichnen (Skizze 4).
Lennart: „Ich war noch wütender."
Ich: „So?"
Lennart: „Ja, so."

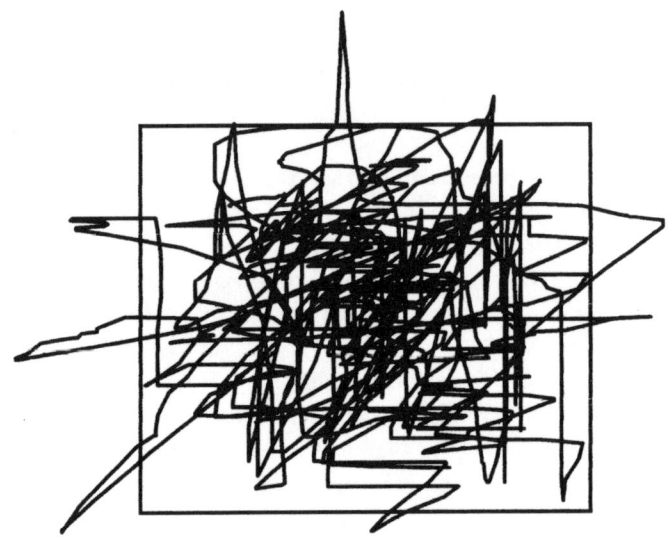

Skizze 5

Interpretation:
Eine Wut von diesen Ausmaßen hat unabhängig von der
Auslösesituation ihre Ursachen in tieferliegenden Erfahrungen. Diese zu ergründen kann nicht meine Aufgabe sein.
Meine pädagogische Arbeit gestaltet sich vor dem Hintergrund des Wissens, daß es bei beiden Jungen ernstzuneh-
mende Gründe für ihren Gefühlsausbruch gibt. Dies macht
einen Zugang möglich, der nicht vorschnell verurteilt. Ich
kann diese Wut akzeptieren und sie als Inhalt meiner Arbeit
annehmen. So gehe ich im Gespräch sofort, noch bevor ich
ein Wissen über die Ereignisse habe, auf die Wut der Kinder

ein. Waren sie eben noch kreidebleich und voller Tatendrang, so ändert sich ihre Gesichtsfarbe bereits in dem Moment, als sie beginnen, über ihre Wut zu sprechen, und als ich ihre Wut in mein Tagebuch hineinzeichne. Der Umschwung ist frappierend. Sie werden ruhig und beginnen mit mir zusammen die Ereignisse zu rekonstruieren.

Es gilt, Vertrauen in die eigenen Fähigkeiten und in die der Schüler zu entwickeln, also eine Haltung, die besagt, daß ich zusammen mit meinen Schülern auch den Schlüssel für die Lösung des jeweiligen Problems in der Hand habe oder ihn doch wenigstens finden könnte, wenn ich denn nur suchen würde.

Die Erfahrung zeigt:

- Kinder können durch diese Methode komplexe Konflikt-situationen relativ genau rekonstruieren, und dies auch in kurzer Zeit.
- Dabei sind sie auch in der Lage, über ihre Gefühle zu sprechen, wenn ich ihnen die Sicherheit gebe, daß sie mir vertrauen können. (Es sind ja sehr persönliche Mitteilungen.)
- Durch verständnisvolles Aufnehmen ihrer Gefühle und durch mein Bemühen, das, was sie im Innen erleben, im Außen zu skizzieren, wird es für die Kinder überschaubar und handhabbar. Die wilden Turbulenzen sind nun mit „wilden" Strichen in meinem Tagebuch gelandet. Symbole helfen, Gefühle zu bewältigen. Aus wutschnaubenden Kindern werden ruhige und nachdenkliche Gesprächs-partner.

3.4. Das pädagogische Tagebuch – ein wichtiges Arbeitsmittel

Die zahlreichen Ereignisse eines Schulvormittages können von den Lehrkräften weder alle aufgenommen noch gespeichert werden. Sie sind aber wichtige Voraussetzungen für die konstruktive Gestaltung von Prozessen der Selbst- und Sozialentwicklung. Damit Lehrerinnen und Lehrer über entsprechendes Material verfügen, an dem sie analysierend und vorbereitend arbeiten können, ist es wichtig, mindestens einige Ereignisse des Vormittages möglichst genau festzuhalten.

Darüber hinaus bietet das Tagebuch noch andere Möglichkeiten. So schreibe ich viele Klärungsgespräche vor den Augen der Kinder hinein, und sie erfahren, daß alles, was sie getan, gefühlt und mit mir zusammen erörtert haben, ernst genommen wird.

Wie schon oben erwähnt, sind auch „Meßbecher für Gefühle" eine ausgezeichnete Möglichkeit, Emotionen auszudrücken. Die Kinder erhalten farbige Stifte und können zum Beispiel ihren Ärger, ihren Zorn oder ihre Wut hineinmalen. Ich will dies an einem Beispiel deutlich machen:

- Das „Wunder" der Meßbecher

Situation:
Ich gehe mit den Kindern einer 3. Klasse in den Klassenraum. Plötzlich entwickelt sich im Flur eine heftige Prügelei zwischen Lars, Marc und Jonas. Marc und Jonas sind ineinander verkeilt. Marc zieht Lars an den Haaren und reißt ihm ein Büschel aus. Jonas und ich greifen ein und halten beide Streithähne fest. Jonas hält Marc, ich halte Lars fest. Sie sind so aufgebracht, daß sie an uns zerren, um ihren erbitterten Kampf fortsetzen zu können. Sie können sich auch noch nicht beruhigen, nachdem wir in die Klasse gegangen sind und ich ihnen gesagt habe, daß ich mich gleich um ihr Problem kümmern würde. Sie schimpfen und schreien durch den Klassenraum. Lars fährt sich immer wieder mit der Hand über den Kopf, um ausgerissene Haare einzusammeln. Es

herrscht große Unruhe in der Klasse. Ich muß schreien, um mich verständlich zu machen. Ich fordere schreiend Ruhe ein, zeige auf die Tafel und notiere neben dem Programm für die Stunde: Konfliktklärung mit Lars, Michael und Jonas. Nun tritt Ruhe ein. Ich kann in die Thematik einführen und gehe anschließend mit den drei Jungen in den Gruppenraum.

• Affektarbeit

Ich bin von dem Vorgang und von der Heftigkeit der Auseinandersetzung völlig überrascht. Es gab für mich beim Hineingehen keine Anzeichen für einen potentiellen Wutausbruch. Als ich im Trubel der Ereignisse entdecke, daß Marc beteiligt ist, steigt Ärger in mir auf. Im Lehrerzimmer hatte mir gerade seine Klassenlehrerin erzählt, daß er sich bei einer Feier am gestrigen Nachmittag an keine Regel gehalten habe. Diese Information ist in mir hängengeblieben, und sie trägt zu einer negativen Voreinstellung bei. Dennoch kann ich die Phase, in der Jonas und ich die beiden Kontrahenten festhalten, relativ ruhig erleben. Ich fühle mich in meinem Tun sicher und freue mich über Jonas, der mich dabei unterstützt. Die Unruhe und Lautstärke zu Beginn der Unterrichtsstunde kann ich als zur Situation gehörig einschätzen und als angemessen ansehen. Daß ich mich lautstark durchsetzen muß, gehört ebenfalls zum Kontext. Ich erkenne und akzeptiere, daß zusätzlich zum mathematischen Unterricht Klärungsarbeit auf mich zukommt. Diese Aufgabe kann ich innerlich annehmen. Das hat damit zu tun, daß die Intensität der Auseinandersetzung keinen Aufschub der Klärung duldet. Ich bin mir auch sicher hinsichtlich einer Methode, mit der ich das Problem bearbeiten werde. Ich fühle mich der Situation inhaltlich und methodisch gewachsen. Das führt dazu, daß ich ruhig in den Klärungsprozeß hineingehen kann.

Klärungsdialog:
Ich bitte die drei Jungen, ihren Stuhl so hinzustellen, daß wir uns alle ansehen können. Damit ist für einen angemessenen Klärungsrahmen gesorgt. Danach bitte ich darum, den Hergang zu schildern.

Lars: „Ich weiß nicht, ich bin mit Marc zusammengestoßen. Da hat er mich an den Haaren gezogen."

Marc: „Erst haben wir uns aus Versehen gestoßen, dann hat mich Lars festgehalten. Dann kam Jonas und hat mich gegen das Schienbein getreten. Lars hat das auch gemacht. Dann kam noch Alexander dazu, der hat auch getreten. Ich hab Lars etwas an den Haaren gezogen."

Lars: „Etwas!?"

Ich: „Hattet ihr vorher Ärger miteinander?"

Lars: „Nee! Wir haben sogar zusammen gespielt."

Ich: „Denkt bitte einen Moment darüber nach, was ihr in der Situation gefühlt habt."

Jonas: „Wut, Traurigkeit."

Marc: „Ich hab gedacht, daß er mich angegriffen hat. Ich glaube, Lars hat dasselbe gedacht."

Ich: „Marc, versuch bitte, meine Frage zu beantworten. Was hast du gefühlt?"

Marc: „Weiß nicht."

Lars: „Ich wollte ihn schlagen. Ich war kochend vor Wut."

Marc: „Ich war auch wütend."

Ich: „Ich skizziere für euere Wut Meßbecher. Malt eure Wut hinein." (Skizze 6)

Marc beginnt. Er malt seinen Becher dreiviertel voll. Lars malt seinen Becher zunächst bis zum Rand voll, dann läßt er seine Wut „überkochen". Jonas läßt den Becher ebenfalls überlaufen. Der Becher kann seine Wut nicht fassen. Während ein Schüler malt, schauen die anderen zu. Nachdem diese Phase abgeschlossen ist, bitte ich die Schüler, sich mit

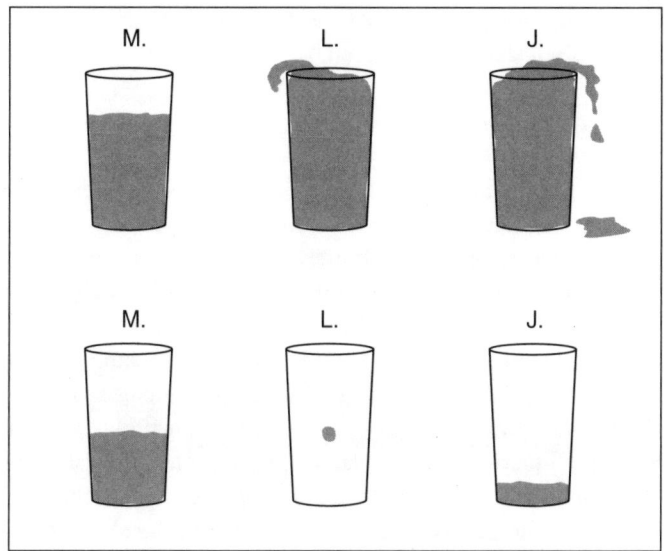

Skizze 6

mir zusammen in einem Kreis aufzustellen. Ich: „Schaut euch gegenseitig an, denkt noch einmal über alles nach und fühlt in euch hinein. Wie sieht es jetzt in euch aus?"

Danach skizziere ich in mein Tagebuch noch einmal drei Meßbecher und reiche den einzelnen Kindern nacheinander mein Tagebuch. Ich bitte sie, den augenblicklichen Stand ihrer Gefühle dort hineinzumalen.

Marc beginnt. Sein Becher wird halb voll. Lars malt einen Punkt in seinen Becher. Er lächelt und sagt: „Mehr ist nicht mehr da." Jonas füllt lediglich den Becherboden. „Meine ganze Wut ist weg", sagt er. Ich bitte die Jungen, nun mit mir in den Klassenraum zu gehen. Beim Hinübergehen entschuldigt sich jeder beim anderen. Dann beginnen sie sofort mit ihren mathematischen Aufgaben. Die übrigen Kinder arbeiten ebenfalls intensiv. Im Verlauf der Stunde geht Marc zu Lars, legt seinen Arm um dessen Schulter und redet mit ihm. Jonas beugt sich zu den beiden und sagt: „Es ist doch gut, daß wir das geklärt haben."

Interpretation:
Die Bearbeitung der Situation hat maximal zehn Minuten gedauert. Es scheint so, als seien die Jungen ohne erkennbaren Grund aneinandergeraten. Kurz vorher hatten sie noch miteinander gespielt. Und hinterher können sie auch wieder miteinander arbeiten. „Ich habe gedacht, daß er mich angegriffen hat", sagt Marc, und er fügt hinzu: „Ich glaube, Lars hat dasselbe gedacht." Ich lasse dies so als Erklärung stehen. Es ist Marcs Einschätzung. Er läßt dabei Empathie gegenüber Lars erkennen. Daß er sich angegriffen fühlt, obwohl es in der Situation konkret dazu keine Veranlassung gab, legt die Vermutung nahe, daß eine tieferliegende Verunsicherung bei beiden Jungen vorliegt. Mir liegt daran, die aktuelle Situation für die beteiligten Jungen und für die andern Kinder der Klasse befriedigend zu lösen. Diese arbeiten übrigens während der Klärungsphase intensiv. Sie befinden sich auf der Sachlernspur, während ich mich mit den drei Jungen auf der Beziehungs- und Selbstentwicklungsspur befinde. Diese Ruhe ist nur deswegen möglich, weil alle Kinder bereits die Erfahrung gemacht haben, daß ich mir für Klärungsgespräche Zeit nehme und diese auch gründlich führe. Das entlastet im übrigen die andern Kinder der Klasse. Kein Kind muß den inneren Auftrag spüren, sich zusätzlich klärend in die Situation einzubringen. Michaels Becher ist immer noch halb mit Wut gefüllt. Diese speist sich möglicherweise aus anderen Zusammenhängen.

Insgesamt haben die Jungen mit mir ihre Ressourcen hinsichtlich der Klärung von Problemen erweitert. Sie haben auch Perspektiven für die Zukunft entwickelt. Vertragen ist möglich. Jeder entschuldigt sich beim anderen. Es hat eine Lösung stattgefunden. Auf dieser Grundlage ist auch wieder gemeinsames Lernen und Spielen möglich. Marc geht zu

Lars und legt seinen Arm um dessen Schulter. Dies ist auch als Geste einer Wiedergutmachung anzusehen. Daß er Lars körperliche Verletzungen zugefügt hat, steht für alle Beteiligten außer Frage. Für alle hat eine Klärung stattgefunden. Es ist eine konstruktive Auseinandersetzung mit den inneren Wahrnehmungen und den äußeren Abläufen erfolgt. Die äußeren Abläufe und die inneren Verarbeitungsweisen liegen dicht beieinander. Ich bin sehr froh über diesen konkreten Verlauf und vor allem darüber, daß das Konzept der Dreispurpädagogik diese konstruktiven Prozesse der Selbst- und Sozialentwicklung ermöglicht.

Die Erfolge unserer Arbeit stehen in einem engen Zusammenhang mit den Modellvorstellungen der Selbst- und Sozialentwicklung, wie sie von H. Stierlin (1995) entwickelt worden sind. Es war nicht einfach für uns, seine Gedanken in unserer Praxis zu berücksichtigen. Im Verlauf der pädagogischen Tätigkeit entwickelt sich Routine im Denken und Handeln. Diese ist erforderlich, damit man überhaupt die vielen alltäglichen Arbeiten erledigen kann. Gleichzeitig liegt darin die Gefahr der Festlegung. In Krisenzeiten spürt man dann, daß das bisherige Denken und Handeln nicht mehr zur Lösung der Probleme ausreicht. Umdenken und neues Handeln sind erforderlich. Stierlins Modellvorstellungen vom Selbst mit seinen Sub-Selbsten und dem sozialen Beziehungsgefüge leuchteten mir ein. Aber es gelang mir zunächst nicht, sie als grundlegendes Konzept auf meine pädagogische Arbeit zu übertragen. So ging ich mit meinen handschriftlichen Notizen, die Stierlins Modell enthielten, und mit meinen täglichen Schulerfahrungen durch den Göttinger Wald und suchte in entspannter Atmosphäre den Zusammenhang herzustellen. Meine täglichen Unterrichtsbelastungen waren zu dieser Zeit außerordentlich hoch. Diese Situation trug mit dazu bei, daß ich intensiv Anregungen und Hilfen gerade in der systemischen Therapie suchte. Ein permanenter Lern- und Reflexionsprozeß nahm seinen Anfang ...

III. Beziehungsarbeit
in einer Klasse voller Solisten

1. Die Anfänge:
Chaos in den sozialen Bezügen

Es ist Dezember. Draußen liegt Schnee. Ich komme gerade mit meinen Kindern vom Schlittschuhlaufen. Wir haben eine warme Suppe gegessen. Übermorgen feiern wir Silvester. Gestern und heute habe ich meine Tagebuchnotizen, die einen Zeitraum von eineinhalb Jahren umfassen, durchgelesen.

Die Anfänge liegen siebzehn Monate zurück. Was wäre ohne diese Aufzeichnungen in meiner Erinnerung haften geblieben? Sie selbst stellen nur einen kleinen Ausschnitt der vielen Erlebnisse mit den Kindern einer 2. Klasse dar. Das Aufschreiben war immer auch mit Reflexionen verbunden. Je mehr es mir gelang, hinter der Vielfalt der Ereignisse eine Struktur zu erkennen oder auch nur im Ansatz eine Erklärung für das auffällige Verhalten eines Kindes zu finden, desto besser war ich darauf vorbereitet, die Aufgaben des nächsten Tages zu erfüllen. Das Aufschreiben und Durcharbeiten komplexer Situationen führt zu einer inneren Klärung und ist für mich eine wichtige Voraussetzung dafür, daß ich immer wieder die erforderliche Energie, Geduld und das notwendige Interesse für meine Arbeit aufbringen kann. Beim Durchlesen meiner Notizen und der entsprechenden Überlegungen werden viele Ereignisse wieder lebendig. Heute kann ich mit großer Gelassenheit zurückblicken. Aber damals, im August, als Frau L. und ich die Klasse übernahmen, wußten wir nicht, was auf uns zukommen würde.

Wir hatten uns die Klasse nicht ausgesucht. Innerhalb der gesamten Überlegungen zur Schuljahrsplanung war es allen Kollegiumsmitgliedern als sinnvoll erschienen. Uns stand keine leichte Aufgabe bevor, soviel schien sicher. Die Klassenlehrerin war im Verlauf des 1. Schuljahres erkrankt. Da zunächst die Dauer der Erkrankung nicht bekannt war, organisierten wir eine kurzfristige Vertretung aus den eigenen Reihen. Als sich dann eine längere Erkrankungsphase abzeichnete, erhielt die Klasse eine Vertretungskraft von außen. Es gab immer wieder Probleme unter den Kindern und mit ihrem Vertretungslehrer. Er konnte sich kaum durchsetzen, die Kinder „tanzten ihm auf dem Kopf herum". Oft half er sich nur dadurch, daß er einzelne Kinder in die Parallelklasse schickte.

Mit Beginn des neuen Schuljahres mußte eine Änderung erfolgen. Frau L. und ich hatten in der Vergangenheit viele Klassen im Team geführt. Sie übernahm die Klassenführung, ich war für die Mathematik verantwortlich. Auf die Selbst- und Sozialentwicklung der Kinder wollten wir gemeinsam achten. Die Tatsache, daß wir als Frau und Mann in der Klasse tätig waren, würde es uns erleichtern, Themen zur geschlechtlichen Entwicklung der Jungen und Mädchen in getrennten Gruppen zu bearbeiten. In den wöchentlichen Team-Besprechungen wollten wir die anstehenden Probleme bearbeiten. Hier sollte, wie wir das aus der Vergangenheit kannten, die pädagogische Reflexionsarbeit stattfinden. Die Formulierung, daß es sich um Beziehungsarbeit in einer Klasse voller Solisten handeln würde, kann ich erst rückblickend formulieren. Damals notierte ich in mein Tagebuch:

„Es herrscht in dieser Klasse sehr schnell eine große Unruhe, ohne daß ich ausmachen kann, wo die Ursachen liegen. Einzelne Kinder fallen auf, die immer wieder den Unterricht stören. Ich kann nur ein geringes Aufgabeninteresse feststellen. Eine intrinsische Lernmotivation scheint fast völlig zu fehlen. Ich versuche, etwas Ruhe in die Klasse zu bringen, indem ich mit den Schülerinnen und Schülern über Klassenregeln spreche. Diese Regeln schreibe ich an die Seitentafel. Es handelt sich dabei um so einfache Vorgaben wie:
- Zuhören, wenn der Lehrer die Klangschale anschlägt.
- Während der Arbeitsphasen leise sein.

- Während des gemeinsamen Frühstücks nicht durch den Klassenraum rennen.
- Nicht so viel Quatsch machen.

Hinweise zur Einhaltung der Regeln werden schon im nächsten Augenblick nicht mehr beachtet; viele Kinder reden einfach weiter, wenn ich die Klangschale anschlage, um ihnen etwas zu erklären. Wenn ich das Programm für den Ablauf einer Stunde an der Tafel skizziere, schauen sie weg, hören nicht zu. Aus dem Stunden- oder Tagesprogramm können sie entnehmen, welche Inhalte bearbeitet werden sollen. Sie können erkennen, ob sie mit einem Partner zusammenarbeiten oder die Aufgabe allein bewältigen sollen. Weiter geht aus dem Programm hervor, welche Aufgaben verbindlich sind und wo Freiräume für eigene Tätigkeiten sind. All dies scheint sie kaum zu interessieren. Sie reden kreuz und quer durch das Klassenzimmer. Wenn ich sie ermahne, tritt für kurze Zeit ein wenig Ruhe ein. Doch finden sie bald über Mimik und Gestik zu neuen Aktionsformen. Schnell tritt an irgendeiner Stelle des Raumes ein Clown in Erscheinung und hat die Lacher auf seiner Seite. Ich muß die Schülerinnen und Schüler anbrüllen, um überhaupt wahrgenommen zu werden. Sie gebärden sich wie Solisten eines Orchesters, die keinerlei Wert auf die Einhaltung eines gemeinsamen Rhythmus, auf die Beachtung von Lautstärke und Tempi legen. Es scheint, als spielten sie ohne gemeinsame Partitur. Ihre Disharmonie, die sie auf diese Weise erzeugen, trifft nicht nur meine Ohren, sie geht tiefer und erreicht direkt meine emotionale Gestimmtheit.

Es ist kein Problem für die Schüler dieser Klasse, innerhalb kürzester Zeit mein Potential an Affekten voll in Wallung zu bringen. Ärger und Wut steigen auf, werden in meiner Mimik und Gestik sichtbar und vor allem in meiner Stimme hörbar. Ich bin für die Schülerinnen und Schüler nicht einfach ‚Luft‘, wie man aus ihrer Nichtbeachtung meiner Bemühungen schließen könnte. Das Gemeinsame ihrer solistischen Aktivitäten scheint in der Schaffung von Disharmonie zu liegen. Dabei bin ich ein Teil ihrer Inszenierungen. Solange ich in meinem Inneren Enttäuschung, Ärger und Wut empfinde, haben sie Macht über mich. Ihre Stärke liegt in der Ungerichtetheit ihrer Aktionen. Ich kann erklären, ermahnen, brüllen – ich erreiche sie nicht.

Ich nehme viele Kinder in ihren Aktionen wahr, stelle diesen ein notwendiges Regelwerk gegenüber, um mich überhaupt verständlich zu machen und ihnen die Möglichkeit zu geben, sich zu artikulieren und in einer Gruppe die Lernfähigkeit zurückzuerlangen. Ich muß die einzelnen Kinder erreichen und für ihr Agieren neue Anlässe und Bewegungen finden. Es muß mir gelingen, wenn ich die Kinder aus diesem sozialen Chaos herausführen will, eine Beziehung zu einzelnen Kindern herzustellen und auf der Grundlage dieser Beziehung neue Formen des Miteinander zu etablieren."

2. Hintergrund und Darstellung der Arbeit

Nun könnte ich meinen Leserinnen und Lesern bereits an dieser Stelle verraten, welchen Verlauf die Arbeit in dieser Klasse genommen hat. Damit wären sie schlauer, als ich es zum damaligen Zeitpunkt war. Ich möchte sie aber an meiner Art der Wahrnehmung, an meinen Zweifeln und an meinen Ansätzen für pädagogisches Handeln teilhaben lassen. Natürlich will ich auch über die Gefühle berichten, die die Verhaltensweisen der Kinder in mir auslösten. Sie reichen von Enttäuschung über Ärger, Wut bis hin zu großer Freude. Wie schon erwähnt, ist die Bearbeitung der eigenen Gefühle ein eminent wichtiger Arbeitsvorgang, der in der praktischen und theoretischen Pädagogik der Gegenwart zu wenig Beachtung findet. Ich gehe hypothetisch von der Annahme aus, daß die konstruktive Bearbeitung eigener Gefühle angesichts turbulenter Ereignisse im Klassenraum entscheidend dazu beitragen könnte, das Phänomen des „Ausgebrannt-Seins" (Burnout) drastisch zu reduzieren. Für das Gelingen dieser Arbeit ist es wichtig, mindestens einen Kollegen oder eine Kollegin als Gesprächspartner zu haben. Zum Glück bin ich nicht allein. Ich schreibe diesen Text zwar aus meiner Perspektive, aber für das Wahrnehmen und Bearbeiten der Probleme habe ich ein Team, mit dem ich die interessanten Ereignisse bearbeiten kann. Gerade in schweren Zeiten ist es wichtig, die Tragfähigkeit der eigenen Konzeption zu überprüfen und gegebenenfalls zu ergänzen. Die folgenden theoretischen Überlegungen stehen im Hintergrund unseres pädagogischen Handelns:

• Wahrnehmung der Schülerverhaltensweisen.

- Welche Emotionen lösen die Schüler durch ihr Verhalten in uns aus?
- Arbeit an unseren Affekten.
- Interpretation des einzelnen Schülerverhaltens (Selbst) im Zusammenwirken mit den Verhaltensweisen anderer Schüler (Sozial).
- Erkennen der sozialen Grundströmungen in der Klasse.
- Tragfähigkeit der Konzeption überprüfen und gegebenenfalls durch neue Ansätze ergänzen.
- Die Grundgedanken der systemischen Therapie für pädagogisches Handeln erschließen.

Diese Grundüberlegungen begleiteten uns über den Zeitraum, den ich hier beschreibe. Sie haben auch noch heute Gültigkeit. In der Darstellung folge ich dem zeitlichen Ablauf. Grundlage bilden meine Tagebuchaufzeichnungen. Aus der großen Fülle des Materials habe ich die Situationen ausgewählt, die für mich eine besondere Herausforderung darstellten oder im Entwicklungsprozeß eines Kindes oder der Klasse eine wichtigen Stellenwert haben. Dabei habe ich einen Schwerpunkt meiner Arbeit bei den Entwicklungsprozessen der Jungen gesetzt, die gerade in der Anfangsphase durch destruktive Verhaltensweisen auffielen. Können die aktuellen Probleme mit der bisherigen Konzeption gelöst werden? Das war eine entscheidende Frage.

2.1. Trägt die pädagogische Konzeption?

Auf der Grundlage unserer bisherigen Erfahrungen nehmen wir uns vor, bewährte Aspekte unserer pädagogischen Konzeption in unserer praktischen Arbeit zu berücksichtigen:

- Wir werden für eine Klassenkultur sorgen, die auf der Einhaltung einiger Grundregeln basiert.

- Für die Identifikation als Junge und Mädchen werden wir möglichst einmal in der Woche eine nach Jungen und Mädchen getrennte Stunde anbieten.
- Körpererfahrungen sollen gemacht werden. Dabei werden Ringkämpfe nach Regeln eine Rolle spielen.
- Auftretende Konflikte werden wir wie in den anderen Klassen auch möglichst sofort mit den beteiligten Schülerinnen und Schüler bearbeiten.
- Einmal im Monat werden wir mit ihnen einen anderen Lernort aufsuchen, mit ihnen in die umliegenden Wälder gehen.
- Unser Selbstverständnis als Lehrer und Lehrerin erweitern wir mit dem Begriff des Regisseurs/der Regisseurin. Mit diesem inneren Bild, so hoffen wir, wird es uns besser gelingen, die unterschiedlichen Szenen der Kinder wahrzunehmen, zu interpretieren und aus der Distanz heraus zu handeln und uns nicht in ihre Szenen verstricken zu lassen.
- Stärker als in der Vergangenheit wollen wir die Beziehungen der Kinder untereinander und zu uns beachten.

2.2. Analyse der Ausgangssituation

Natürlich stellten wir Überlegungen darüber an, welche Gründe für das disharmonische Verhalten unserer Schülerinnen und Schüler in Frage kommen könnten. Wir kannten selbstverständlich gängige Annahmen über die Unruhe und Unkonzentriertheit unserer Schülerinnen und Schüler. Ich will sie hier nur der Vollständigkeit halber skizzieren:
- Beziehungsproblematik der Eltern
- Unklare erzieherische Verhaltensweisen von Mutter und/oder Vater
- Selbstlosigkeit mancher Mütter
- Stark autoritäres Verhalten mancher Väter

- Abwesenheit des Vaters
- Umklammerungsverhalten von Müttern gegenüber ihren Söhnen
- Alkohol- und Drogenprobleme in den Familien
- Arbeitslosigkeit der Eltern
- ungenügende soziale Kontakte mit anderen Kindern
- fehlende Verarbeitungsmuster zur Bearbeitung von Frustrationen
- erfahrene Gewalt
- allgemeine und konkrete Angstsituationen
- hoher Fernsehkonsum

Es ist gut, solche Annahmen als Erklärungshintergrund zur Verfügung zu haben. Aus welchem familiären Kontext die einzelnen Kinder auch kommen mögen, im System Schulklasse müssen Formen des Miteinander gelernt und praktiziert werden. Der sehr unterschiedliche soziale Hintergrund der einzelnen Kinder kann und darf kein Grund dafür sein, allein die Eltern oder gar die Kinder verantwortlich zu machen für desolate Zustände in einer Schulklasse. Hier muß die Schule selbst kritisch fragen, ob sie alle Möglichkeiten der Selbst- und Sozialentwicklung genutzt oder ob sie selbst mit zu einer prekären Situation beigetragen hat. In einer ersten Analyse kamen wir zu der Annahme, daß viele Kinder keine oder nur unzureichende Ich-Du-Erfahrungen gemacht haben. Wir vermuteten aber auch, daß ihnen die Bezugspersonen in der Schule keine entscheidenden Orientierungshilfen für ihre Selbst- und Sozialentwicklung gegeben hatten. Auf der praktischen Ebene wollten wir durch eine andere Sitzordnung den Schülerinnen und Schülern neue Kontakte ermöglichen und an ihren Beziehungen arbeiten.

2.3. Perspektiven für die nächsten Tage

„Welche Wünsche habt ihr an eine neue Sitzordnung? Mit wem möchtet ihr gern zusammensitzen?", das waren unsere Ausgangsfragen.

Das Ergebnis sieht so aus:

Bei acht von 21 anwesenden Kindern (zwei Kinder fehlen an diesem Tag) beruhen die Wünsche auf Gegenseitigkeit (38 %). Die Wünsche von 13 Kindern bleiben unerfüllt (62 %). Von diesen dreizehn Kindern werden immerhin fünf Kinder von anderen als Tischpartner gewünscht. Dieser Wunsch beruht aber nicht auf Gegenseitigkeit. Bei sechs Kindern wird der Wunsch nicht erwidert, sie werden auch von keinem anderen Kind gewünscht. Zwischen acht Kindern scheint es eine Beziehung zu geben, die mindestens hinsichtlich des Sitzplatzes auf Gegenseitigkeit beruht. Bei sieben anderen Kindern scheint es diese Beziehung nicht zu geben. Sie erreichen kein anderes Kind mit ihrem Wunsch, es gibt auch keine auf sie bezogene Wunschäußerung. Sie sind bei dieser Frage auf sich allein gestellt. Sie hängen beziehungsmäßig in der Luft. Immerhin handelt es sich um fast ein Drittel der Kinder dieser Klasse. Fünf Kinder können, auch wenn sie als Platznachbar gewünscht werden, mit diesem Wunsch nichts anfangen (24 %). Bei zwei Dritteln aller Kinder gibt es kein oder nur ein einseitiges Beziehungsangebot hinsichtlich des Sitzplatzes.

Interpretation:

Nur bei acht von 21 Kindern gibt es so etwas wie eine gegenseitige Sicherheit. Es besteht im Ansatz eine Ich-Du Beziehung. 13 Kinder haben keinen Partner, auf den sie sich in dieser Frage beziehen könnten. Es fehlt ihnen ein Du. Die Selbstentwicklung von uns allen ist aber deutlich auf eine Du-Beziehung angewiesen.

Nun scheint sich eine erste Erklärung für die große Unruhe, das Desinteresse und die Unkonzentriertheit anzubieten. Die Aktionen der meisten Kinder laufen ins Leere. Sie treffen nicht auf ein Gegenüber, können keine Resonanzerfahrungen machen, die ihr persönliches Leben betreffen. Sie müssen immer wieder neue Versuche auf der Bühne des Klassenraumes machen, die aber beim gegenwärtigen Stand der Selbst- und Sozialentwicklung erfolglos bleiben. Es gibt für sie keine Verankerung in einem Du. Was wir täglich erleben, ist ein Teufelskreis des Agierens, aus dem die Kinder aus eigener Kraft nicht herauszukommen scheinen.

Erste Konsequenzen:
Auf der Grundlage dieser Befragung treffen Frau L. und ich folgende Vorentscheidungen: Wir lösen die Tischgruppen, die ja eine ideale Form von gegenseitigen Kontakten ermöglichen, zugunsten von Zweiertischen auf. Diese stellen wir in Hufeisenform, die wir durch einige Mitteltische ergänzen. Das bedeutet eine Einschränkung von sozialen Kontakten während des Unterrichts. Bei der vorhandenen Beziehungsstruktur erscheint die Einschränkung der Kontaktmöglichkeiten durchaus sinnvoll, denn jedes Kind muß sich nun zunächst einmal auf nur einen Platznachbarn beziehen. Vorhandene Beziehungen sollen erhalten bleiben, neue erprobt werden. Die geänderte Sitzordnung berücksichtigt noch den Aspekt der Lehrerzentriertheit. Während vorher der Lehrertisch an der Seite stand, rückt er nun ins Zentrum. Die Kinder haben den Lehrer im Blick, und umgekehrt ist es auch so. Gerade dieser Aspekt ist wichtig, wenn man bedenkt, mit welcher Selbstverständlichkeit die Kinder die Lehreranweisungen übergingen. Sie sollten uns als Personen erleben, die Erwartungen an die einzelnen Kinder stellten, an ihr Verhalten innerhalb der Klassengemeinschaft, an die Atmosphäre in der Klasse, an das soziale Klima. Sie sollten uns als Personen erleben, die ihnen Arbeits- und Sozialformen zumuteten, die erforderlich sind,

wenn Lehren und Lernen in einer Gruppe von insgesamt 23 Kindern gelingen soll.

Die Struktur der neuen Sitzordnung wurde von uns festgelegt. Hinsichtlich der Partnerwahl sollten die Kinder allerdings volles Mitspracherecht haben, denn genau hierbei würden wir sie mit der Realität ihrer Beziehungen konfrontieren. Sie würden auf der bewußten Ebene erleben können, wie es im Beziehungsgefüge der Klasse aussieht.

Als die Klassenlehrerin die Schüler im Flur über unsere Absicht informiert, erklingt schon nach der bloßen Ankündigung der Ruf eines Schülers: „Nicht schon wieder!" Im stillen deute ich diesen Ausruf als eine Form von Bequemlichkeit. Es sollte möglichst alles so bleiben, wie es gewesen ist. Jeder könnte so sein Spiel machen. Meine Kollegin und ich lassen uns von dem Zwischenruf nicht irritieren, bitten die Kinder in die Sitzecke. Dort ist ein Modell der neuen Sitzordnung skizziert. Für jedes Kind liegt ein Namenskärtchen bereit. Diese werden dann später auf den Platz der Wahl gelegt. Nach einer kurzen Erörterung bittet Frau L. die Kinder, darüber nachzudenken, mit wem jedes zusammensitzen möchte. Einige Kinder umarmen sich sofort und machen so für alle ihren Wunsch sichtbar. Andere Kinder zeigen mit der Hand in die Richtung des gewünschten Partners. Dabei entsteht ein großes Durcheinander, das auch wir nicht sofort lichten können. Die Situation droht zu eskalieren. Wir haben beide alle Mühe, einen einigermaßen geordneten Verlauf durchzusetzen. Schließlich werden alle ruhiger, und die Kinder können der Reihe nach ihre Wünsche äußern. Sie erleben in der Realität, was uns schon über die kurze Befragung bekannt war.

Als Thomas sagt, er möchte gern neben Jan-Johann sitzen, schleudert ihm dieser ein lautes Nein entgegen. Damit nicht genug. Thomas hat mit seiner Hand in Richtung auf Jan-Johann gezeigt. Nun springt dieser auf und schlägt zum Zeichen seiner Ablehnung blitzschnell und fest die Hand von Thomas nach unten.

Zu der Erfahrung, daß die Wünsche einiger Kinder nicht erfüllt werden, tritt nun die noch härtere Erfahrung einer totalen Zurückweisung.

Einige Schüleräußerungen:
Hendrik: „Ich wollte mit Bastian zusammensitzen, aber der will neben Peter sitzen."
Julian: „Ich möchte neben Sören sitzen."
Sören: „Ich will aber nicht. Eigentlich wollte ich neben Dennis sitzen, aber der ist schon weg."
Nicole: „Ich weiß nicht, neben wem ich sitzen möchte."
Frau L.: „Wer möchte neben Nicole sitzen?" (Niemand.)
Michaela: „Eigentlich wollte ich neben Bastian sitzen, aber der ist schon weg."
Frau L.: „Wer möchte neben Michaela sitzen?" (Keine Meldung!)

Am Schluß bleiben Jan-Johann, Nicole und Michaela übrig. Jan-Johann und Nicole bilden eine Notgemeinschaft. Daß beide nicht begeistert sind, sieht man an ihrem Gesichtsausdruck. Es beginnen auch gleich, nachdem die Schülerinnen und Schüler ihre neuen Sitzplätze eingenommen haben, die ersten Reibereien. Michaela schlägt Hendrik ein Buch auf den Kopf, der versucht, Michaelas Federtasche vom Tisch zu ziehen. Es handelt sich um Aktionen im Klassenzimmer, die von starken Gefühlen bestimmt werden.

2.4. Bearbeitung der eigenen Gefühle

Im Gespräch arbeiten meine Kollegin und ich heraus:
Die Verhaltensweisen der Kinder lösen in uns zunächst ein Gefühl von Unsicherheit aus. Obwohl wir über langjährige Unterrichtserfahrungen verfügen und seit Jahren als Team erfolgreich zusammengearbeitet haben, kommen Zweifel auf, ob wir die neue Situation bewältigen können.

92

Neben dieses Gefühl der Unsicherheit tritt das der Kränkung. Wir müssen in den ersten Wochen erleben, daß viele Kinder unsere Bemühungen nicht nur ignorieren, sie fordern uns durch ihre störenden Aktionen geradezu heraus. Durch ihr provozierende Verhalten erreichen sie, daß wir uns in unserem Selbst gekränkt fühlen. Sie nehmen uns als Person nicht ernst. Das ist unser zentrales Gefühl. Im Verlauf unseres Gespräches wird uns deutlich, wie vielfältig unsere Handlungsmöglichkeiten sind (Vergewisserung unserer Ressourcen). Noch hatten die Schüler keine Chance, unsere Arbeitsweise kennenzulernen. Es stellt sich das Gefühl ein, daß unser bisheriges Können (professionelle Kompetenz) auch für die Bearbeitung der neuen Situation ausreichen könnte. Diese Vergewisserung führt zumindest während der Reflexionsphase zu einer neuen Perspektive der Zuversicht.

3. Die Herausforderungen annehmen

Anders ist es mit der Kränkung. Sie ist mit der Erfahrung von Hilflosigkeit gekoppelt. Die Schülerinnen und Schüler geben sich ja keineswegs nur ihren Störaktionen hin, um diese auszuleben, sie setzen sie teilweise bewußt gegen uns ein. So ist zu beobachten, daß viele Kinder eine Störung nicht nur aufmerksam verfolgen, sondern ebenso auf unsere Reaktion gespannt sind. Sie verfügen über die Erfahrung, daß sie uns durch ihre gezielten Aktionen an verschiedenen Stellen des Klassenraumes zum hilflosen Reagieren zwingen können. Werden wir in einer solchen Situation laut oder schicken wir gar einen Schüler aus dem Raum, dann wird dies als Erfolg ausgekostet. Wir sind Mitspieler ihrer Inszenierungen geworden. Es geht um Macht, die von Teilen einer Gruppe gegenüber einer erwachsenen Person ausgeübt wird. Lassen wir uns auf die Provokation ein, haben wir schon verloren. Dabei stecken wir in einem Dilemma. Einerseits müssen wir dafür sorgen, daß Regeln eingehalten werden, damit erfolgreiches Lernen überhaupt stattfinden kann; andererseits werden wir genau bei der Umsetzung dieser Aufgabe von den Kindern provoziert. Sie treiben ihr Spiel so weit, daß wir uns durch ihr Tun zu immer weiteren Machtreaktionen herausfordern lassen. Je stärker die Situation eskaliert, desto größer ist ihre Freude, auch wenn einige von ihnen den Klassenraum verlassen müssen. Unsere Emotionen schwanken zwischen Ärger, Wut, Enttäuschung und Hilflosigkeit. Wenn wir diese Vorgänge nicht kontrollieren, setzt sich eine innere Dynamik in Gang, deren äußere Handlungen weder für die Kinder noch für uns gut sein können.

Wir begeben uns zusammen mit den Kindern in einen Teufels-kreis. Die darin sichtbar werdende Destruktion macht deut-lich, daß so kein Weg aus dem Dilemma herausführen wird.

Vor dem Hintergrund dieser Einsicht sind wir nun zu weiterführenden Interpretationen fähig und können auch neue Handlungsentwürfe vornehmen.

Wir nehmen uns vor, eine qualifizierte Selbst- und Sozial-erziehung zu betreiben. Durch eine intensive Arbeit an den Gefühlen, die die Schülerinnen und Schüler durch ihr Ver-halten in uns auslösen, wird es uns, so hoffen wir, gelingen uns nicht in ihre Szenen verstricken zu lassen. Gleichzeitig streben wir eine Form der Selbst- und Sozialentwicklung an, bei der wir den Kindern helfen werden, sich selbst und die Folgen ihres Tuns wahrzunehmen. Dabei sind wir uns dar-über im klaren, daß es eine lange Zeit geben wird, in der wir unerwünschte Schülerverhaltensweisen aushalten müssen. Wir werden dies gegenüber den Schülern möglichst klar be-nennen, damit sie unsere Einschätzung auch wahrnehmen können, und gleichzeitig mit ihnen an alternativen Verhal-tensweisen arbeiten. Bei der gestörten oder noch nicht vor-handen Beziehungsbasis zwischen Schülern und Lehrern kann dies nicht unmittelbar gelingen. Dennoch bleibt es als Aufgabe bestehen.

Für die konkrete Arbeit heißt das, die Kinder bei der Bil-dung von Beziehungsfäden zu ihren Tischnachbarn zu un-terstützen. Wenn sich hinter der Ungerichtetheit der Aktivi-täten, die wir als diffuse Unruhe erleben, eine nicht zielge-richtete Suche nach Anerkennung und Beachtung durch eine andere Person verbergen sollte, dann wäre es wichtig, die in Ansätzen gelingenden Beziehungen zu stärken. Dabei muß es zunächst darum gehen, überhaupt Interesse an Mitschü-lern zu wecken, auch an solchen, die bisher nicht im Blick-feld der Kinder waren. Wenn die hypothetische Annahme, daß viele dieser Kinder nicht genügend positive Ich-Du-Er-fahrungen sammeln konnten, zutreffen sollte, dann werden sie immer wieder Beziehungen suchen, die zum Scheitern verurteilt sind. Sie schaffen sich in einer Art Wiederholungszwang immer wieder selbst Situationen des Scheiterns. Die Intention ihres Handelns ist oft so stark, daß gutgemeinte Ratschläge nicht weiterhelfen. Wenn 13 von 23 Kindern täglich erleben, daß die Person, mit der sie eigentlich etwas zusammen machen möchten, ihren Wunsch nicht erfüllt (nicht erfüllen kann), dann muß es fast zwangsläufig zu dieser Unruhe kommen. In die Zukunft blickend, müssen wir neue Ideen und Handlungsentwürfe in der Praxis umsetzen. Der Alltag läßt uns keine Zeit, er verschont uns nicht.

3.1. Verstrickt in die Szenen der Schüler

Situation:

Die Schülerinnen und Schüler hatten in der ersten Stunde Musik. Sie sind vom Musikraum gekommen und haben sich in ihre Klasse begeben. Schon vor der Tür höre ich ihr Toben im Klassenraum. Einige Schüler stehen auf den Tischen. Drei Jungen sind in eine Schlägerei verwickelt.

(Viel später wird eine Kollegin, die in einer anderen Klasse auf eine solche Situation trifft, zu mir sagen: „Die sind doch alle verrückt!" Meine Antwort: „Wenn du das so erlebst, dann mußt du dir überlegen, wie du sinnvoll mit Verrückten arbeiten kannst." Dieser Hinweis stimmte sie heiter. Hätte ich für die oben geschilderte Situation schon die Gelassenheit besessen, die in meinem Rat an die Kollegin mitschwingt, dann wäre mir viel Ärger erspart geblieben.)

Das Toben der Kinder, ihr absolut unangemessenes Verhalten in einem Klassenzimmer lassen in mir ungebremsten Ärger aufsteigen. Ich kann mich nur brüllend durchsetzen. Es entsteht eine oberflächliche Ruhe. An verschiedenen Stellen des Raumes fängt es gleich wieder an zu brodeln. Johannes blutet am Hals, wird in die Klasse gerufen. Mehrere Kinder stürzen zu Johannes. Es entsteht eine fast panische Reaktion. Johannes hatte sich mit Arne und Julian geprügelt, als ich hereinkam. Am Hals hat er eine kleine Wunde von maximal 2 mm Länge. Ich versuche, die Kinder zu beruhigen, sage, daß ich mich gleich um den Konflikt kümmern würde, davor würde ich ihnen die mathematischen Aufgaben erklären, die zu lösen seien.

Die „Wildheit" einiger Kinder, die offenbar nicht bereit sind, einige Grundregeln zu beachten, machen mich so ärgerlich, daß ich meine Anweisungen recht lautstark gebe. Die Lautstärke entspricht meiner Empfindung. Insofern verhalte ich mich den Kindern gegenüber realistisch. Sie können spüren, daß mich ihr Verhalten nicht unberührt läßt. Gleichzeitig drückt meine Lautstärke meine Verärgerung aus. Die Schüler bekommen etwas ab, was ich besser in meinem Inneren zuvor bearbeitet hätte. Ich mache mich angreifbar. Die Attacke läßt auch nicht lange auf sich warten. „Ich weiß gar nicht, was Sie haben. Es ist doch gar nichts passiert", sagt Thorsten in überheblichem Ton.

Für ihn stellte der Ablauf offenbar die Normalsituation dar. Ich war dagegen mit der Erwartung gekommen, daß möglicherweise die neue Sitzordnung schon zu ersten Veränderungen geführt hätte. Mit dieser unrealistischen Erwartung hatte ich selbst meinen Beitrag zu meiner Enttäuschung geliefert. Daß gar nichts passiert sei, will ich so nicht stehenlassen. Und nun trage ich durch mein unkontrolliertes Verhalten selbst zur Eskalation bei. Es folgt eine moralische Unterweisung. Wir hätten eine neue Sitzordnung für sie gemacht, damit sie konzentrierter arbeiten könnten und dann auch Zeit zum Spielen hätten. Was wir uns nicht wünschten, sei das Herumspringen auf den Tischen und die Prügeleien in der Klasse. „Spiele dauern immer etwas länger als eine kleine Pause!", wirft Sören ein. Er hat mit dieser Bemerkung völlig recht. Aber die Art, in der er mir widerspricht, ärgert mich.

Erst aus der reflektierenden Perspektive finde ich sein Verhalten mutig. Er widerspricht seinem Lehrer in einer Situation, in der dieser ziemlich erregt ist. Fast eineinhalb Jahre später, bei der Überarbeitung der Tagebuchnotizen für das Buch, komme ich zu einer anderen Sicht. Ich muß den Sören zugesprochenen Mut relativieren. Inzwischen kenne ich seine familiäre Situation; ich weiß, daß seine Eltern mit seiner Erziehung überfordert sind. Vor allem sein Vater kann sich nicht durchsetzen. Er konnte und kann in seinem Vater kein eigenständiges Selbst erleben und hat wahrscheinlich von daher Probleme mit der eigenen Selbstentwicklung. Den Umgang, den er mit seinem Vater pflegt, überträgt er in der geschilderten Situation auf mich. Meine Lautstärke vermag er als Schwäche zu interpretieren. Vor diesem Interpretationshintergrund kann er sich diese Bemerkung erlauben. Sie führt dazu, daß ich noch lauter werde. Sören hat nur den Anfang gemacht, bei mehreren Jungen sehe ich ein überhebliches Grinsen. Sie merken, daß ich mich auf einen Machtkampf eingelassen hatte, in dem sie offensichtlich über Ressourcen und Optionen der Auseinandersetzung verfügen. Der Hintergrund ihrer Erfahrungen mag in Einzelfällen dem von Sören ähneln. Mindestens genauso wichtig scheint aber eine Erfahrung zu sein, die sie in dieser Schule gemacht hatten. Der Vertretungslehrer war oft überfordert gewesen und hatte durch Lautstärke versucht, die Situation zu bewältigen. Er war damit erfolglos geblieben. Dieses Muster wird nun von ihnen durchgespielt. Frühe individuelle Erfahrungen in Verbindung mit schulischen Erfahrungen, bei denen eine erwachsene Person als schwach erlebt wird, geben ihnen die Grundlage für ihre provozierenden Aktionen. Jeder Wutanfall des Lehrers, der von ihnen provoziert worden ist, stärkt sie in ihrem Tun.

Ich muß erleben, wie sie mich als Person nicht ernst nehmen. Sie trampeln auf mir herum, dieses schreckliche Bild fällt mir ein. Erst viel später kann ich verstehen, was hier vor sich ging. Es wird immer deutlicher, daß sie während des ersten Schuljahres über weite Strecken ohne Orientierung geblieben waren. Es waren bestimmte Sozial- und Arbeitsformen nicht nur nicht aufgebaut worden, sondern es war ihnen ein Freiraum gewährt worden, den sie auf ihre Weise gefüllt hatten. Sie hatten, diese Vermutung wird immer stärker, in ihrem bisherigen Lehrer keine Person erlebt, die sich als eigenständiges Selbst darstellt, auf die Einhaltung von Regeln achtet und an vorhandenen Konflikten arbeitet. Es hatte sich eine Beziehung des Gegen aufgebaut. Dieses Gegen wurde gespeist durch die sichtbare Schwäche auf der Lehrerseite und durch die zunehmende Macht auf der Schülerseite. Daran wird, wenn diese Annahmen plausibel sind, deutlich, daß man vorsichtig mit eindeutigen Schuldzuweisungen sein muß. Es sind sicher nicht nur Ungeborgenheitserfahrungen aus der frühen Kindheit, die Kinder auffällig werden lassen, hinzu kommen die Erfahrungen im Kindergarten und in der Schule. Vor dieser Annahme wird deutlich, daß für eine gelingende schulische Erziehung nicht nur die entsprechenden äußeren Rahmenbedingungen wichtig sind. Es kommt entscheidend auf das professionelle Handeln der erwachsenen Lehrpersonen an. Hier muß es Möglichkeiten zur gegenseitigen Hospitation geben, ebenso wie die Bereitschaft, sich selbst kritisch zu sehen und mit mindestens einem Kollegen zusammenzuarbeiten, um möglichst die hier angedeutete Entwicklung zu verhindern. Wie sieht eine Perspektive für die Zukunft aus?

Es war nicht schön, was mir die Schüler und was ich ihnen zugemutet hatte. Ich fand eine distanzierte Haltung zu den Ereignissen, besann mich auf meine inhaltlichen Aufgaben und entwarf mit wenigen Sätzen eine Perspektive für die Zukunft. Sinngemäß sagte ich: „Wir haben eine neue Sitzordnung gemacht und hoffen, daß das Zusammenleben so besser gelingt. Frau L. und ich werden mit euch interessante Sachen machen. Wir werden euch die Möglichkeit zu Ringkämpfen und zum Fußballspiel geben, werden Geschichten vorlesen, und wir werden versuchen, eure Wünsche zu berücksichtigen.“ Bei der Nachfrage, wer denn Interesse an Ringkämpfen, am Fußballspiel oder am Vorlesen habe, meldeten sich jeweils zwei Drittel der Klasse.

Wichtig sei uns, daß im Klassenzimmer eine andere Atmosphäre entstehe als diejenige, die zur Zeit herrsche. Über Ärger, Wut und überhaupt über Konflikte, wie die Schlägerei eben, würden wir mit ihnen reden. Danach leitete ich zu mathematischen Aufgabenstellungen über. Ich hatte mich spontan für Übungsaufgaben entschieden, die sie ohne meine Hilfe bearbeiten konnten. Ich wollte möglichst ungestört mit den drei Jungen an ihrem Problem arbeiten können.

3.2. Zur Komplexität des pädagogischen Handelns

Mit den drei Jungen ging ich in den Gruppenraum, ließ allerdings die Tür zum Klassenraum offen. Im Bild ausgedrückt, begab ich mich als Lehrer mit einigen Schülern auf die Sozial- und Selbstspur, während sich die übrigen Kinder auf der Lernspur der mathematischen Übungen befanden. Diese Organisationsform praktizierten wir in mehreren Klassen. In der Regel waren die Kinder bereitwillig darauf eingegangen, denn sie erlebten jeweils sehr schnell, daß ihnen diese Art der Problemlösung guttat. Diese Form der Arbeit setzt gegenseitige Rücksichtnahme voraus. In dieser Klasse gab es dafür noch keine Grundlage.

Kaum hatte ich mit Arne, Johannes und Julian den Klassenraum verlassen, da setzte schon wieder Unruhe ein. Michaela schrie durch die Klasse, Sören rannte herum. So war ein Nebeneinander von Sach-, Sozial- und Selbstlernen nicht möglich. Es blieb mir keine andere Wahl, als deutliche Entscheidungen zu treffen. Michaela ermahnte ich, jetzt endlich ruhig zu sein und ihre Arbeit zu erledigen, Sören schickte ich in den leeren Raum der Nachbarklasse.

Ich bat nun die drei Jungen, ihre Stühle so zu stellen, daß sie sich gegenseitig sehen könnten. Wir hatten gerade Platz genommen, als eine erneute Unruhephase einsetzte. Vom Gruppenraum aus sah ich, daß Sascha unterwegs war. Er unterhielt sich laut mit Peter. Ich ging nun wieder in den Klassenraum, wies Sascha darauf hin, daß er auf seinem Platz bleiben solle. Nun gab es für mich eine Überraschung. Er sei doch die ganze Zeit auf seinem Platz gewesen, habe ihn nie verlassen. Das war eine glatte Lüge. Ich hatte vom Gruppen-raum aus gesehen, daß er bei Peter war. Als ich ihm dies vorhielt, stritt er es ab. Er habe nur von seinem Platz zu Peter hinübergeschaut. Peter erklärte auf meine Nachfrage, er habe so intensiv gearbeitet, habe nicht gemerkt, ob da einer neben ihm gestanden hätte. Die übrigen Schüler schwiegen.

„Sie halten solidarisch zusammen und lassen mich abblitzen", das war mein Empfinden. In ihrer Solidarität unterein-ander entwickelten sie eine starke Macht gegenüber mir als ihrem Lehrer. Es ging gegen mich, das spürte ich ganz deut-lich. In der Situation war mir nicht klar, daß ich auch eine Stellvertreterrolle einnahm, daß ich etwas abbekam, was möglicherweise anderen erwachsenen Personen galt. Aber dies ist keine Entschuldigung für meine partielle Unfähig-keit, die Situation zu durchschauen, auch meinen Beitrag zur Eskalation zu erkennen. Meine Spontanreflexion hätte mir sagen können, daß die Gesamtsituation zu komplex sei, um zu diesem Zeitpunkt bereits mehrere Aufgaben nebeneinan-der bearbeiten zu wollen. Aus der Rückschau hätte ich den Konflikt der Jungen unbeachtet lassen und mich ganz dem mathematischen Lernen mit allen Kindern zuwenden sollen. Im übrigen war zwischen den Kindern und mir noch keine tragfähige Beziehung entstanden. Hier mußte sich erst etwas entwickeln. Schließlich hatte ich in der Situation zu wenig bedacht, daß es Konflikte auf unterschiedlichen Ebenen gab: Da war die Schlägerei zwischen drei Jungen. Hier sah ich mich als Lehrer vor der Aufgabe, die Situation in einem Dialog zu klären. Ich übersah dabei, daß es zu diesem Zeitpunkt eine Mauer gab, die von den Schülern mir gegenüber aufgebaut worden war. Vereinfacht ausgedrückt: Für sie war der Klassenraum ihr Reich, hier galten die Regeln und Bestimmungen, die sie für richtig hielten. Der Lehrer wurde als Eindringling empfunden, der hier nichts zu sagen hatte, vielleicht geduldet war. Die unterste Ebene der Zusammenarbeit bestand darin, im Ansatz die Aufgaben zu machen, die er stellte. Vor dem Hintergrund der bisherigen Erfahrungen war dies aus der Schülerperspektive durchaus nachzuvollziehen.

Ich hatte in der Situation das Gegen zunächst nur als ein Gegeneinander einzelner Schüler gesehen. Hier wollte ich helfend eingreifen, damit aus dem Gegen- ein Nebeneinander, vielleicht sogar ein Miteinander werden könnte. In meinem pädagogischen Eifer hatte ich doch glatt übersehen, daß es einige bewußte Provokationen gab, die mir galten. Ihnen gegenüber hatte ich mich völlig ungeschützt verhalten. Ich hatte emotional darauf reagiert, hatte mich in meiner Hilflosigkeit gezeigt und angenommen, im nächsten Augenblick als Lehrer akzeptiert zu werden, der nun einer Gruppe von Mitschülern dabei helfen wollte, daß sie aus ihrem Dilemma herauskamen.

In der Situation war ich nicht der souveräne Lehrer. Dennoch gelang es mir, bei aller Selbstkritik, die ich üben muß, im Ansatz den Konflikt zu klären. Ich begab mich auf die Suche nach einem Aggressionsgrund.

Gespräch:
Ich: „Wer möchte beginnen?"
Arne: „Ich habe gesehen, daß Johannes Julian getreten hat. Außerdem hat er zu ihm gesagt, er sei schwul. Da hab ich dann zu ihm gesagt, er soll damit aufhören."

Ich: „Johannes, war das so?"

Johannes: „Ja."

Julian: „Als der das zu mir gesagt hat, da hab ich ihn unter den Tisch gedrückt. Dann hat er mich getreten, und dann hat mir Arne geholfen."

Ich: „Wie könnt ihr euch wieder vertragen?"

Arne: „Entschuldigen."

Johannes und Julian reichen einander die Hand, entschuldigen sich gegenseitig. Johannes reicht auch Arne die Hand und entschuldigt sich.

Interpretation:

Das Gespräch war nur kurz. Es ging nicht in die Tiefe. Aber es hat den Jungen gezeigt, wie ich mit ihnen an solchen Problemen arbeiten würde. Das Ereignis ist rekonstruiert worden, die beteiligten Schüler haben zu einer Form der Wiedergutmachung gefunden.

Aus der Rückschau schätze ich es positiv ein, daß ich mich mit den Jungen zusammengesetzt habe. Für mich wird eine Konstellation sichtbar, die in künftigen Situationen immer wieder eine Rolle spielen wird. Erst viel später werde ich entdecken, daß Julian eine Außenseiterposition hat, daß Johannes in einem Abhängigkeitsverhältnis zu Arne steht. Er sucht Anerkennung bei Arne, möchte gerade ihm gegenüber beweisen, daß er ein ganzer Junge ist. Als Zeichen und Beleg dafür wählt er einen Schüler aus, der in einer schwächeren Position ist. Er tritt ihn. Als sich Julian zur Wehr setzt, hat Johannes einen Aggressionsgrund für dessen beleidigende Bemerkung, er sei schwul. Diese Zusammenhänge werden erst später sichtbar. Aber nur über die Arbeit am Detail ist es möglich, zu solchen Informationen zu kommen. Insofern war mein Arbeitseinsatz an dieser Stelle sinnvoll, auch wenn es in der Situation nicht leicht war, dieses Gespräch in Ruhe zu führen. Der Anfang war gemacht. Die beteiligten Schüler haben erfahren, daß ich an ihrem Konflikt interessiert war.

Sie konnten den Ablauf vor mir rekonstruieren, und ich gab ihnen eine Anregung zur Wiedergutmachung.

Reflexion: Arbeit an meinen Affekten
Die Turbulenzen, die es während dieser Unterrichtsstunde gegeben hatte, ließen mich den ganzen Tag über nicht zur Ruhe kommen. Und nun beginnt eine entscheidende Phase pädagogischen Handelns: die Arbeit an den eigenen Affekten. Ich wollte so viel Klarheit in die Ereignisse bringen, die mich weit über den Unterrichtsvormittag hinaus beschäftigten, daß ich mich meinen persönlichen und familiären Interessen widmen konnte. Gleichzeitig war es mir wichtig, am nächsten Tag mit neuer Energie in die Klasse gehen zu können. Also ließ ich die Ereignisse des Vormittages noch einmal an mir vorüberziehen, dabei nutzte ich meine Tagebuchaufzeichnungen. Was geschehen war, konnte ich nicht mehr rückgängig machen. Aber ich konnte mir durch meine Reflexionsarbeit eine Basis für den kommenden Tag schaffen.

Das Ergebnis meiner Bemühungen:
Ich war unzufrieden mit mir, weil ich mich in den Strudel der Ereignisse hatte verwickeln lassen. Ich ärgerte mich über mein unkontrolliertes Verhalten, das mich in eine Schwächesituation gebracht hatte, aus der heraus ich einige Schüler in unangemessener Weise behandelt hatte. Ich hatte meine Enttäuschung und meinen Ärger auf die Kinder überschwappen lassen. So hatte sich ein Machtkampf zwischen einigen Schülern und mir entwickelt, den ich hätte vermeiden können. Meine Unzufriedenheit bezog sich auch darauf, daß ich die Komplexität der Situation nicht richtig eingeschätzt hatte. Ich bemerkte ambivalente Gefühle hinsichtlich meines Handelns. Einerseits konnte ich die Anfangssituation, die von großer Unruhe geprägt war – Schüler tanzten auf den Tischen, eine heftige Schlägerei fand im Klassenraum statt –, nicht einfach übergehen. Bei meinem Versuch, klärend ein-

zugreifen, mußte ich erleben, daß sich viele Schüler überhaupt nicht um meine Anweisungen kümmerten. Es gab keine tragfähige Beziehung zwischen ihnen und mir. Es ging plötzlich nicht mehr nur um inhaltliches Lernen oder um soziales Verhalten unter den Schülern, sondern das Beziehungsgefüge zwischen den Schülern auf der einen Seite und mir auf der anderen Seite war ins Zentrum der Auseinandersetzung gerückt. So konnte ich für mich formulieren: Der eigentliche Grund für die Belastung, die ich empfinde, ist die Tatsache, daß ich in der Situation nicht geistesgegenwärtig gehandelt habe. Mein Verhalten war in wesentlichen Teilen unprofessionell. Ich war als Beobachter zu sehr bei den Verhaltensweisen der Schüler, ließ mich in ihre Szenen verwickeln und war nicht mit gleichem Interesse bei mir, bei dem, was das Schülerverhalten in mir auslöste. Diese Erkenntnis brachte Erleichterung und entlastete mich.

Optionen für den nächsten Tag: Ich balanciere durch den Klassenraum

Um am nächsten Tag nicht wieder „abzustürzen", nahm ich mir vor, insgesamt vorsichtiger mit den Kindern und mir umzugehen. Ich sah mich balancierend durch die Klasse gehen. Damit hatte ich ein inneres Bild für mein potentielles Verhalten gefunden. Es half mir, innerlich nicht hart zu werden, sondern dynamisch zu bleiben. Mit dieser inneren Einstellung verbrachte ich einen ruhigen Abend und ging am nächsten Morgen mit einer gewissen Gelassenheit auf den Schulhof, um die Kinder dort abzuholen.

4. Erste Einblicke
in die soziale Struktur

Ich treffe auf Schülerinnen und Schüler, die mich freundlich anblicken. Ich kann ihren Blick ebenso freundlich erwidern. In der Klasse verhalten sie sich ruhig, achten auf das Zeichen der Klangschale, beteiligen sich konzentriert an den Kopfrechenaufgaben und haben zu meinem großen Erstaunen – mit einer Ausnahme – ihre Hausaufgaben gemacht. Bereitwillig lassen sie sich auf die neue Aufgabenstellung ein und arbeiten konzentriert und ohne größere Ablenkung. Schüler, die auf mathematische Probleme stoßen, kommen zu mir, fragen, lassen sich Erklärungen und Hilfen geben. Als lautstark ein Hinweis kommt, ein Schüler schreibe ab, entgegne ich, er täte sich damit keinen Gefallen. Im übrigen müßten sie sich in diesem Punkt nicht gegenseitig kontrollieren. Das sei meine Aufgabe.

Es wäre nach den vorausgegangen Tagen beunruhigend gewesen, wenn sich diese konfliktfreie Situation über die gesamte Stunde erstreckt hätte. Insofern bin ich fast erleichtert, als es doch noch an einer Stelle zu einem Konflikt kommt. Mit diesem konkreten Ereignis ist die Chance verbunden, genau wahrzunehmen, welche Kinder in einen Konflikt verwickelt sind und ob sich dahinter ein bestimmtes Verhaltensmuster verbirgt. Aus einem diffusen Hintergrund tritt ein Konflikt hervor. Ich werde ihn analysieren und über diese Arbeit Einblicke in die Interaktionen der Kinder und in ihre Verarbeitungsmechanismen erhalten.

4.1. Inszenierung einer Demütigung

Situation:
Plötzlich entsteht im linken hinteren Bereich des Klassenraums Unruhe (Skizze 7).

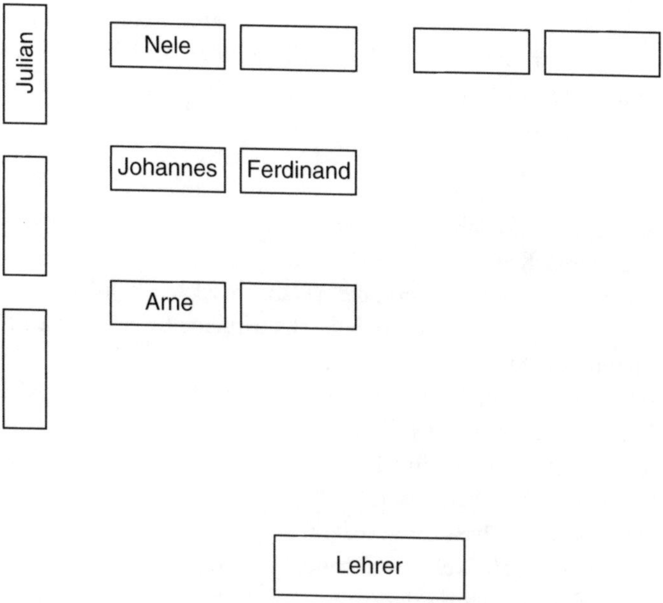

Julian	Nele			

Skizze 7

Ich sehe, daß sich Johannes nach hinten wendet. Er blickt zu Nele, dann wendet er sich seitlich Ferdinand zu, blickt nach vorn zu Arne. Er teilt etwas mit. Dann wendet er sich noch schnell seitlich nach hinten und bezieht Julian mit ein. Bis zu diesem Zeitpunkt müßte ich dem Ereignis kaum Bedeutung beimessen. Es herrscht insgesamt eine ruhige Lernatmosphäre. Was sich vor meinen Augen abspielt, gehört zum schulischen Alltag. Wenn ich diese Situation dennoch aufgreife, dann hat es folgende Bewandtnis: Bisher hatte die

Unruhe, die immer wieder ausbrach, kein „Gesicht". Ich wußte nicht, von wem sie ausging und welches die Hintergründe waren. Oft entstand Unruhe an mehreren Stellen im Klassenraum. Ich bekam einfach keinen Einblick in die Entstehung und den Verlauf solcher Ereignisse. Nun nutze ich die Chance, um zu sehen und zu verstehen, was sich hier abspielt. Ich will etwas über die beteiligten Personen, über den Verlauf und über die Konstellation der Beziehungen erfahren. Ich bitte Johannes zu mir und frage ihn, was er da gerade gemacht habe.

Dialog:
Ich: „Johannes, ich habe gesehen, daß du da irgend etwas mit anderen Kindern gemacht hast."
Johannes: „Ich habe geredet." (Danach schweigt Johannes.)
Ich: „Mit wem hast du geredet?" (Es tritt eine lange Pause ein.)
Johannes: „Mit Nele."
Ich: „Du hast nicht nur mit Nele geredet."
Johannes: „Auch mit Julian."
Ich: „Nicht nur mit Julian."
Johannes: „Mit Ferdinand."
Ich: „Worüber hast du geredet?"
Johannes: „Daß Nele zwei Aufgaben hat."
Ich: „Was ist wichtig daran?"
Johannes: „Nichts."
Ich: „Es muß etwas Wichtiges daran sein, sonst hättest du das nicht weitererzählt. Denk darüber nach, was an deiner Mitteilung so wichtig ist." (Es entsteht eine Pause.)
Johannes: „Daß sie nur zwei Aufgaben gemacht hat."
Ich: „Johannes, wie viele Aufgaben Nele gemacht hat, das ist allein ihre Sache. Kümmere du dich um deine Sache."

Reflexion:
Für Johannes ist es offenbar wichtig, anderen Kindern mitzuteilen, daß Nele nicht schnell genug arbeitet, nämlich erst

zwei Aufgaben geschafft hat. Er setzt Neles Leistung gegenüber Mitschülern herab und trifft damit Neles Selbstwertgefühl. Die Art, wie er dies tut, erlebe ich als hämisch.

Warum muß er das tun? Ich kenne ihn zu wenig, um eine
tragfähige Erklärung für sein Verhalten zu haben. Ich gehe
vorsichtig von der Annahme aus, daß er von eigenen Problemen ablenken muß. Um sich selbst stark zu fühlen, muß er
eigene Schwächen auf ein anderes Kind übertragen (projizieren).

Es scheint unter den Schülern eine Bereitschaft zu geben,
bei der dieses Verhalten auf Resonanz stößt. Die genannten
anderen Schüler lassen sich zumindest kurzfristig von ihrer
Arbeit ablenken und schenken der Mitteilung Beachtung.
Durch meine Intervention wird der Verlauf gestoppt.

Das Gespräch mit Johannes verläuft äußerst schleppend.
Zunächst will er sich überhaupt nicht äußern. Aufgrund seiner äußeren Erscheinung habe ich Johannes für einen
freundlichen und aufgeschlossenen Jungen gehalten. Dieses
vorschnelle Urteil werde ich revidieren müssen. Es fällt mir
ein, daß er auch am Vortag in einen Konflikt verwickelt war,
bei dem es zunächst so schien, als sei er das Opfer einer
Schlägerei. Dann aber hatte sich herausgestellt, daß er der
Verursacher der Auseinandersetzung war. Er hatte einen
Schüler als schwul bezeichnet. Das könnte ein Hinweis auf
eine Unsicherheit in seiner sexuellen Identität sein. Heute
ging es möglicherweise ebenfalls um die Kompensation eines
Unsicherheitsgefühles.

Erweiterung des Verstehenshorizonts:
Es gibt in der psychoanalytisch orientierten Pädagogik Hin-
weise, daß in den alltäglichen Situationen Schülerinnen und
Schüler Konflikte aus der frühen Erfahrung reproduzieren.
Vielleicht gehört Johannes zu den Kindern, die in ihrem So-
Sein nicht genügend durch die Eltern bestätigt worden sind.
So muß er – dies ist eine Modellvorstellung – immer wieder

andere Kinder demütigen, um selbst als Könner oder richtiger Junge dazustehen. Leber (1986) hat auf diese Zusammenhänge hingewiesen: „Vom Kind immer wieder in ähnlicher Weise erlebte Situationen mit den ersten Bezugspersonen sind vergleichbar mit Inszenierungen eines Dramas, das später bei neuen Gelegenheiten und neuen Partnern wiederholt wird." Das gelte vor allem für solche Erfahrungen, die für das Kind demütigend gewesen seien. Sie würden in entsprechenden Situationen „remobilisiert" und „inszeniert". Sie bestimmten spätere Beziehungen zu anderen Menschen. Vor diesem Hintergrund ist zu fragen, was Johannes inszeniert, worin die Bedeutung seiner Inszenierung für pädagogisches Handeln liegen könnte.

Aber das ist nur die eine Fragerichtung. Leber verweist auf Ergebnisse aus der Kleingruppenforschung und erweitert das Modell, indem er davon ausgeht, daß sich in einer Gruppe auf der Gefühlsebene Strömungen bilden, an der alle Mitglieder Anteil nehmen. Danach gebe es in Konflikten immer Hauptakteure, aber die übrigen Gruppenmitglieder seien nicht weniger beteiligt. Sie setzen „unbewältigte frühe Konflikte – mit verteilten Rollen – gemeinsam in Szene". Solche Strömungen beeinträchtigen die Arbeitsfähigkeit einer Gruppe so lange, bis sie erkannt und bearbeitet sind. Mit Blick auf die Ereignisse des Vortages könnte es sein, daß viele Schüler in der Auseinandersetzung mit mir immer wieder einen Beziehungskonflikt reproduzieren, der in ihrem Leben einmal sehr einschneidend war. Die bisherigen Ereignisse deuten auf Schwächeerfahrungen hin, die die Kinder entweder selbst erlebt oder in denen sie eine erwachsene Person erlebt haben. Aus solchen Erfahrungen resultieren Wiederholungsprobleme. Erst zu einem späteren Zeitpunkt werde ich diesen Begriff auch für die Arbeit mit den Schülerinnen und Schülern einführen. Zunächst bringen wir Formen der Selbst- und Sozialentwicklung in die Arbeit ein, mit denen wir in der Vergangenheit gute Erfahrungen gemacht haben.

Es geht um die Arbeit in der Mädchengruppe mit einer Frau und um die Arbeit in der Jungengruppe mit einem Mann. Inhalte dieser Arbeit in der Jungengruppe sind Themen und Wünsche der Jungen. Im Vordergrund steht bei dieser Gruppe das Fußballspiel.

4.2. Fußballspiel: Erfahrungsfeld für Prozesse der Selbst- und Sozialentwicklung

Bevor ich von dem ersten Spielversuch berichte, möchte ich kurz auf die Bedeutung dieses Spieles eingehen.

Zum Glück gehört es noch zu den Spielen, die aktiv – vor allem von Jungen – gespielt werden. Ein kleiner Platz, ein Ball, zwei bis drei Mitspieler reichen, um über Stunden in Bewegung zu sein. Leider, das will ich hier auch anfügen, ist das Spiel bei vielen Lehrerinnen nicht so beliebt. Für die Ablehnung sind oft individuelle Erfahrungen verantwortlich. Zum Teil erfolgt sie aber auch wegen der überdimensionalen Bedeutung, die diesem Spiel in der Gesellschaft beigemessen wird. Das Fernsehen zelebriert das Spiel zunehmend in einer Weise, daß es eine ganz neue Realität eröffnet, die mit der Wirklichkeit heimischer Fußballspiele kaum noch etwas zu tun hat. Bei der Ablehnung des Fußballspiels ist auch der Kontext großer Veranstaltungen zu berücksichtigen. Die Randale, die von jugendlichen Besuchern oft ausgelöst werden, überschatten die positive Bedeutung dieses Spieles. Diese ist leicht zu erkennen, wenn man Kinder dabei beobachtet, wie sie ihr Fußballspiel organisieren. Schnell schätzen sie das spielerische Können der einzelnen Spieler ein und treffen dann Entscheidungen hinsichtlich der Mannschaftsaufstellung. Dabei tun sich einige Spieler als Wortführer hervor. Sie erleben in solchen Situationen ihre Macht. Diese wird aber möglicherweise bei anderen Mitspielern wieder in Frage gestellt, so daß ein ständiger Wechsel der eigenen Position erforderlich ist, wenn überhaupt ein Spiel zustande kommen soll. Für schwächere Spieler heißt es, oft mit Frustrationen fertig zu werden, denn sie werden bei der Mannschaftsaufstellung meistens als letzte gewählt. Gleichzeitig können sie beim Spiel neue Erfahrungen sammeln und ihre Leistungen verbessern. So erfahren die einzelnen Spieler bei der Mannschaftsaufstellung Anerkennung, Akzeptanz, Wertschätzung oder Skepsis die bis zur Ablehnung reichen kann. Jungen, die diese Erfahrung öfters gemacht haben, neigen dazu, sich von diesem Spiel abzuwenden. Viele spielen auch ihre Macht aus, indem sie Bedingungen an das Spiel knüpfen: „Ich spiele nur mit, wenn ich Torwart sein darf."

Der Spielverlauf erfordert körperlichen Einsatz. Es ist auch eine gewisse Risikobereitschaft gefordert, wenn es darum geht, den Ball gegenüber einem gegnerischen Spieler zu verteidigen oder ihm den Ball abzunehmen.

Dann gilt es, Regeln einzuhalten. Das Miteinander, die Kooperation im Spiel mit der eigenen Mannschaft ist ebenso angesagt wie das Gegeneinander, gegen die andere Mannschaft. Aus der Dynamik des Mit und des Gegen ergibt sich die Dynamik eines Spieles. Natürlich sollte es fair zugehen. Aber die Schnelligkeit und die Tatsache, daß nicht immer alle Spieler jede Aktion überblicken, führen gelegentlich zu unterschiedlichen Einschätzungen. So kann es schnell zu Unstimmigkeiten, zu lauten und handfesten Auseinandersetzungen unter den Spielern kommen. Dies alles gehört dazu, und es fordert immer wieder von den Spielern, die auftretenden Konflikte zu lösen. Die Wildheit, die während des Spieles oft zu beobachten ist, wird durch die Einhaltung der Regeln begrenzt. Dies gehört zu den wichtigsten Erfahrungen. Nicht weniger wichtig ist die Tatsache, daß Gewinnen und Verlieren gelernt sein wollen. Das Fußballspiel bietet viele Aspekte, die für Selbst- und Sozialentwicklung von großer Bedeutung sind.

4.2.1. Macht- und Ohnmachtserlebnisse

Erste Spielversuche in der Jungengruppe:
Ich wähle zwei Jungen aus, bitte sie, da ich das spielerische Können der einzelnen Schüler noch nicht einschätzen kann, zwei Mannschaften aufzustellen. Sechs Spieler sind auf der einen, fünf auf der anderen Seite. Natürlich erkennen die Jungen sofort, daß die Mannschaften nicht gleich stark sind. Ich schlage vor, daß aus der einen Mannschaft immer ein Spieler fünf Minuten lang pausieren solle. Dieser Vorschlag wird sofort akzeptiert. Darüber freue ich mich, denn es ist nach den Provokationen der ersten Tage nicht selbstverständlich, daß sie meine Entscheidungen gutheißen. Nun erfolgt der Hinweis, Sascha solle als erster aussetzen. Er wird als schwacher Spieler eingeschätzt. Thomas hatte gesagt, daß er nicht mitspielen wolle. Er hätte zur Ausgewogenheit der Mannschaften beitragen können. Aber kein Junge schlägt das vor. Während des Spieles fallen Johannes und Sören durch ein Spiel im Spiel auf. Sie scheinen das Fußballspiel zeitweise völlig zu vergessen, buddeln auf der trockenen Wiese Erde aus und werfen sie in die Luft. Ich muß beide mehrmals ermahnen, das zu unterlassen. Sie wollten mitspielen, aber es fehlt ihnen das echte Spielinteresse und die Einsicht in die Notwendigkeit des Zusammenspiels. Es fehlt ein waches Bewußtsein für den Spielverlauf. Sie sind im Spiel unangemessen verspielt. Erstaunlich finde ich, daß ihr Verhalten von den anderen nicht kritisiert wird. Offenbar haben sie innerhalb der Jungengruppe eine gute Stellung. Alle übrigen Spieler zeigen großes Interesse und auch kontinuierlichen Einsatz. Sie wollen das Spiel gewinnen. Sascha gehört auch dazu. Am Ende gehen alle Spieler zufrieden vom Platz.

Wenige Tage später ergibt sich die nächste Spielmöglichkeit. Nun meldet Thomas sein Interesse an. Aber er stößt sofort auf Widerstand. Sein Wunsch wird von Sören mit der Bemerkung zurückgewiesen, er habe beim letzten Spiel auch nicht mitgespielt. Sascha, der vor einigen Tagen als letzter gewählt wurde und als erster pausieren mußte, faßt die Haltung der übrigen Schüler in Worte: „Er soll nicht mitspielen, er ist nicht so gut!" Damit haben zwei der drei Spieler, die als schwach eingeschätzt werden (Sascha) oder Desinteresse am Spielverlauf zeigten (Sören, Johannes), sich als Wortführer der Gruppe hervorgetan und einen offenbar noch schwächeren Spieler abgewertet. Das ist der Mechanismus, mit dem man sich selbst Stärke zuschreibt. Schließlich setzt sich Peter für Thomas ein. Danach darf er mitspielen.

Zum Spielverlauf: Es ist ein insgesamt zügiges und spannendes Spiel, bei dem fast alle Jungen große Einsatzfreude zeigen. Nur Thomas fällt auf. Er steht auf dem Spielfeld, oft mit dem Rücken zum Ball; er weiß nicht, wo das Spiel stattfindet. Irgendwann sagt er zu mir, es sei langweilig, er möchte nicht mehr spielen.

Interpretation:
Die Jungen haben Thomas' Leistungsfähigkeit richtig eingeschätzt. Seinen Wunsch mitzuspielen schätze ich als wichtigen Schritt ein. Er wollte dabeisein, mitmachen. Dies wurde ihm auch gewährt. Das spricht für Toleranz bei den Jungen. Sie belästigten ihn auch nicht während des Spiels, obwohl sie bemerkten, daß er nur herumstand. Thomas machte die realistische Erfahrung, daß er dieses Spiel noch nicht spielen kann.

4.2.2. Emotionen und ihre Wirkung auf Beziehungen

In mir steigt ein positives Gefühl gegenüber den Jungen auf. Darüber freue ich mich, denn bisher war meine Beziehung zu ihnen eher kritisch abwartend.

Mir wird klar, wie hoch die Anforderungen an die einzelnen Schüler sind. Offensichtlich hat Thomas bisher keine

Erfahrungen mit diesem Spiel gemacht. Darüber kann man sich wundern. Es ist ein Hinweis darauf, daß in dieser Zeit das aktive Spiel bei vielen Kindern zurücktritt. Ich beginne, Thomas genauer wahrzunehmen, füge zu dem Bild auf dem Fußballplatz sein Arbeitsverhalten in den übrigen Lernbereichen hinzu. Es kommt eine Wahrnehmung zur anderen, und ich erkenne, daß Thomas insgesamt Probleme hinsichtlich seiner Konzentration und seines Lernvermögens hat. (Er besucht unsere Schule erst seit Beginn dieses Schuljahres. Möglicherweise ist er den Anforderungen nicht gewachsen. Ich nehme mir vor, ihn genauer zu beobachten und ein Gespräch mit seinen Eltern über seine bisherige Entwicklung zu führen.)

Es ist ganz deutlich, daß sich über das Fußballspiel zwischen den Jungen und mir eine im Ansatz verständnisvolle Beziehung entwickelt. Bildlich gesprochen, es entstehen Beziehungsfäden. Ein sachbezogenes Reden wird möglich. Die Jungen sind mit Interesse bei den Vorüberlegungen, spielen fair, akzeptieren meine Entscheidungen als Schiedsrichter. Ich nehme die Jungen als Personen wahr, die ihr Spiel spielen, Spaß haben und Einsatz zeigen. Ich werde in den nächsten Tagen darauf achten, ob sie die Situation ähnlich erleben. Ich bin gespannt, ob sie sich auch im mathematischen Unterricht anders verhalten werden, ob und wie sie mich ansprechen werden.

4.3. Erniedrigung eines Schülers

Situation:

Es ist ein Montag. Die Schülerinnen und Schüler sind insgesamt sehr unruhig. Ich muß brüllen, um beginnen zu können. Als endlich Ruhe eingekehrt ist, bemerke ich, daß Ferdinand weint. Auf Nachfrage erzählt er, sein Radiergummi, sein Anspitzer und ein kleiner Ball seien weg. Johannes habe ihm die Sachen weggenommen, behauptet Jan-Johann schnell und sicher. Johannes streitet es ab. Nach einigen Vorfällen, an denen Johannes beteiligt war, traue ich ihm zu, daß er die Dinge weggenommen hat. Dies sage ich auch und fordere ihn auf, sie herauszugeben. Arne und Thorsten seien auch beteiligt gewesen. Die Sachen seien irgendwo draußen. Ich fordere die drei Jungen auf, die Gegenstände hereinzuholen, danach würde ich mit ihnen reden.

Gespräch:

Johannes: „Arne, Thorsten und ich, wir hatten die Idee. Wir wollten die Sachen verstecken und sie ihm irgendwann wiedergeben. Thorsten hat gesagt, wir sollten die Sachen ins Gebüsch werfen."

Thorsten: „Ja, ich hatte die Idee!" (Er sagt es so, daß man heraushören kann, dies entspricht nicht der Wahrheit.)

Arne: „Johannes und Thorsten haben mir gesagt, daß sie die Sachen von Ferdinand geklaut haben. Da habe ich gesagt: ‚Das ist zu viel', dann bin ich weggegangen. Die haben dann ausgemacht, daß sie die Sachen verstecken wollen. Ich habe gedacht, die verstecken sie so, daß man sie wiederfindet. Aber Johannes hat sie irgendwo ins Gebüsch geworfen. Er hat sie sogar in verschiedene Richtungen geworfen. Ball und Radiergummi haben wir gefunden, den Anspitzer nicht."

Ich: „Warum habt ihr das gemacht?"

Johannes: „Aus Spaß."

Arne: „Wir wollten Ferdinand ein bißchen ärgern."

Ferdinand: „Obwohl ich euch nichts getan habe."

Arne: „Klar, er hat uns nichts getan."

Johannes: „Ja, er hatte uns nichts getan."

Thorsten: „Ich hab das aus Spaß gemacht, und Johannes hat angefangen."

Die Jungen erklären, daß sie Ferdinand den noch fehlenden Anspitzer ersetzen würden (Wiedergutmachung). Danach bitte ich Arne, Thorsten und Ferdinand, in die Klasse zu gehen. Mit Johannes will ich noch reden.)

Ich: „Johannes, bei den Konflikten, über die ich mit euch gesprochen habe, warst du jedesmal dabei. Wie kommt das?"

Johannes: „Weil die anderen mich anstiften."

Ich hole die drei Jungen dazu, teile ihnen mit, was Johannes gesagt hat. Sie bleiben bei der Meinung, daß die Sache von Johannes ausgegangen sei. Da es in der Klasse unruhig wird, muß ich hier abbrechen.

Interpretation:
Es fällt auf, daß Johannes immer wieder an Konflikten beteiligt ist. Die Frage, ob er von anderen angestiftet wird, muß noch offen bleiben. Hier stehen sich die Meinungen gegenüber. Aus meiner Perspektive sieht es eher so aus, als sei er der Anstifter. Noch ist nicht klar, warum Johannes andere Kinder ärgern muß und warum er so oft in Konflikte verwickelt ist. Ich komme immer wieder zu der Vorstellung, daß er sein Selbstbewußtsein über die Kränkung anderer Kinder stärken muß. Ich werde genauer darauf achten, wie die Stellung von Johannes innerhalb der Klasse ist. Bei der Aufstellung der neuen Sitzordnung war aufgefallen, daß niemand neben Johannes und Ferdinand sitzen wollte. Beide Jungen sitzen seitdem nebeneinander. Sie bilden eine Art Notgemeinschaft. Johannes wollte gern neben Arne sitzen, der aber hatte Thorsten als Tischnachbarn gewählt. Arne war auch von Thorsten gewählt worden. Möglicherweise versucht Johannes, indem er einen solchen Konflikt schürt, sein Verhältnis zu Arne ins Spiel zu bringen und eventuell zu festigen. Über den Konflikt gelingt es ihm, mindestens streckenweise etwas mit Arne zusammen machen zu können. Er schafft eine Gemeinsamkeit, die in der Destruktion begründet liegt. Vielleicht mag mancher Leser an dieser Stelle den-

ken, man solle doch solchen Auseinandersetzungen keine so
große Bedeutung beimessen, so etwas komme doch täglich
vor. Genau aus diesem Grund messe ich diesen Ereignissen
diese Bedeutung bei. Dahinter verbirgt sich eine Dynamik,
bei der es um die Durchsetzung der eigenen Interessen geht.
Für eine gelingende Selbstentwicklung ist es aber auch wichtig, daß sie nicht auf Kosten anderer erreicht wird.

4.4. Eine imaginäre Du-Suche

Frank sollte als neuer Schüler in die Klasse kommen. Dies
teilte ich den Schülerinnen und Schülern mit, fragte, wer neben ihm sitzen wolle. Zu meinem großen Erstaunen meldeten sich 13 Kinder. Bis zu diesem Zeitpunkt hatte keines der
Kinder Frank gesehen. Als kurze Zeit später Frau L. mit
Frank die Klasse betritt, bleiben sie bei ihrer Wunschvorstel-
lung.

Interpretation:
Auf den ersten Blick ist es erfreulich, daß so viele Schüler
Bereitschaft signalisieren, sich neben den neuen Schüler zu
setzen. Gleichzeitig ist das Verhalten höchst auffällig. Unter
den 13 Kindern, die Bereitschaft zeigen, sind acht Kinder,
deren Wunsch bei der Sitzplatzveränderung vor einigen Tagen nicht in Erfüllung gegangen war. Die Zeit hatte offensichtlich noch nicht gereicht, Interesse für den neuen Platznachbarn zu entwickeln. Ich habe die Assoziation eines Bil-
des, auf dem viele Kinder die Hände erwartungsvoll einem
Partner entgegenstrecken. Bei einem psychoanalytisch orientierten Erklärungsmodell könnte man davon ausgehen, daß
einige Kinder bisher nicht die Zuwendung durch naheste-
hende Personen erfahren haben, die sie für ein sicheres
Selbstgefühl benötigen. Sie sind auf einer ständige Suche
nach Anerkennung unterwegs. Nun richtet sich ihre Sehn-

sucht auf einen neuen Schüler, von dem sie zunächst nur den Namen kennen. Würde der Erklärungsversuch zutreffen – Frank könnte diese Wünsche nicht erfüllen.

4.5. Eine Mauer zwischen Schülern und Lehrern

Seit Beginn des Schuljahres sind etwa vier Wochen vergangen. In meinem Tagebuch finde ich folgende Notizen: „Wir haben den Begriff Hilflosigkeit oft ungenau für Situationen verwendet, in denen wir nicht weiterwußten. Hilflos fühle ich mich nicht, ratlos bin ich manchmal. Ich bin angespannt, laufe mit vielen ungelösten Fragen im Kopf herum. Ich bin unsicher, ob ich das Agieren der Kinder verstehe, ob ich die relevanten Ereignisse wahrnehme, die richtigen Fragen stelle. Eine Entlastung spüre ich, wenn ich einige Ereignisse des Tages aufschreibe, analysiere, eventuell mit meiner Kollegin am Telefon über offene Fragen spreche und Ansätze für den nächsten Tag entwickle. Während ich dies notiere, wird mir bewußt, daß noch eine genügend große Grundlage für pädagogisches Handeln vorhanden ist. Es wird deutlich, daß die Ereignisse, die mir zu schaffen machen, überwiegend in der Klasse der „Solisten" stattfinden. In den zwei anderen Klassen, in denen ich arbeite, komme ich ohne größere Probleme voran. Außerdem bleibt noch meine Tätigkeit als Schulleiter mit den unterschiedlichsten Anforderungen.

Ich versuche, konkret zu benennen, was mich ratlos macht. Dabei entdecke ich folgende Aspekte:

Es sind die fehlenden, die noch nicht gereiften Beziehungen zu fast allen Kindern dieser 2. Klasse. Es sind auch die fehlenden Beziehungen der Kinder zu mir. Oft habe ich das Gefühl, es stehe so etwas wie eine Mauer zwischen uns. Es sind die provozierenden Redeweisen einiger Schüler, die mir zu schaffen machen. Ich spüre dahinter eine Geringschätzung mir gegenüber. Ich bin mir auch unsicher hinsichtlich meiner Achtung vor einigen Kindern. Manchmal zweifle ich, ob meine Kompetenz ausreicht, um die vielen Probleme, die ich wahrnehme, so zu begrenzen, daß ich sie konstruktiv bearbeiten kann. Plötzlich kommt die Einsicht, daß es viele Möglichkeiten gibt, die meine Kollegin und ich noch nicht ausprobiert haben: Körperarbeit, Klopfmassagen, Partnermassagen, Ringkämpfe, das Aufsuchen anderer Lernorte, zum Beispiel mit ihnen durch die umliegenden Wälder streifen. Für die grundlegenden Regeln ist es wichtig, sie noch stärker als bisher in Gesten darzustellen und in Symbolen zu fixieren. Auch wenn wir mit dem einen oder anderen Angebot nicht erfolgreich sein sollten, in der Vergangenheit hatten wir bei anderen Schülerinnen und Schülern damit Erfolg. Eine Situation, wie ich sie jetzt erlebe, ist wegen der großen Anspannung, die sich aus der Beziehungsunsicherheit zwischen vielen Schülerinnen und Schülern und mir ergibt, sehr hart.

Trotz einer breiten und langjährigen Erfahrungsbasis – auch in unserer Teamarbeit – dürfen Zweifel am Bewältigen der jetzigen Situation erlaubt sein. Erfahrung allein ist keine Garantie für das Meistern künftiger problematischer Situationen, allerdings eine gute Grundlage. Die Trennung zwischen den Kindern und mir muß ich zunächst als Gegebenheit akzeptieren. Dafür gibt es Gründe, die ich erahne, aber nicht eindeutig formulieren kann.

5. Der Beginn von Veränderungsprozessen

5.1. „Die Regeln sind im Schwamm!"

Situation:

Meine Kollegin hospitiert bei mir in einer Mathematikstunde. Thematisch beschäftigen wir uns mit dem Aufbau des Zahlenraumes bis hundert. Die Zahldarstellung erfolgt über Symbole an der Tafel. Ein Zahlendiktat schließt sich an. Danach sind Aufgaben aus dem Mathematikbuch zu bearbeiten. In der Schlußphase höre ich von einigen Kindern den Hinweis, die Regeln seien weg. Zunächst erkenne ich den Sinn dieser Äußerungen nicht. Dann fällt mir ein, daß ich die mit den Kindern besprochenen Regeln an die Seitentafel geschrieben hatte. Schnell wende ich meinen Blick zur Tafel: Die Regeln sind weggewischt worden. Jetzt greife ich den Hinweis auf und sage: „Die Regeln stehen nicht mehr an der Tafel." Ich betone: „Da stehen sie nicht mehr!"

Dennis greift meinen Hinweis mit der Bemerkung auf: „Sie stehen in unserem Kopf." Bevor ich diesen wichtigen Hinweis verstärken kann, schreit Sören in die Klasse, Jan-Johann habe die Regeln weggewischt. Ich möchte diesen Hinweis ignorieren, weil mir die Äußerung von Dennis wichtiger erscheint. Nun weisen auch andere Kinder darauf hin, daß nicht nur Jan-Johann, sondern auch Ferdinand die Regeln weggewischt hätten. Beide bestreiten dies entschieden. Ich wollte die Petzerei übergehen, dabei unterschätze ich die doppelte Bedeutung, die dieses Tun für die meisten Schüler hat. Aus ihrer Perspektive scheint das Denunzieren irgendwie wichtig zu sein. Vor allem aber ist es eine Inszenierung ihrer Macht auf der symbolischen Ebene. Ich versuche, durch einen lockeren Hinweis über die Situation hinwegzukommen und sage: „Ferdinand, ich glaube, daß du in der Lage bist, einen nassen Schwamm zu halten und so über die Tafel zu führen, daß darunter die Regeln verschwinden." Diese Bemerkung führt nicht nur zu überschwenglicher Heiterkeit, sie löst eine tumultartige Unruhe aus. „Die Regeln sind im Schwamm!", ruft Pauline laut in die Runde. Diesen Hinweis verstärke ich: „Sie sind im Schwamm, und sie sind, wie Dennis sagt …", „im Kopf", so ergänzen viele Kinder meinen noch unvollständigen Satz.

Interpretation:
Wer auch immer die Regeln von der Tafel weggewischt haben mag, dieser Akt kann zu diesem Zeitpunkt als Provokation der Lehrkräfte angesehen werden. Die Schülerinnen und Schüler haben gemerkt, daß wir in das „Chaos" ihres Verhaltens Strukturen bringen. Die von uns aufgestellten Regeln passen allerdings nicht in die Inszenierungen, die manche Kinder täglich darbieten. Einige Kinder halten nun dagegen, indem sie die Regeln von der Tafel wischen. Damit geben sie zu erkennen, daß sie auf der Handlungsebene in der Lage sind, unsere Vorgaben zu löschen. Dabei dürfen sie sich der Zustimmung durch die Mehrzahl ihrer Mitschüler sicher sein. Als Regisseur versuche ich, dem Verlauf eine Wende zu geben, bei der weniger die „Täter" in den Blick treten als vielmehr die Tatsache, daß die Regeln dennoch ihre Gültigkeit behalten. Die Erwachsenen werden auf die Einhaltung der Regeln achten, auch wenn diese nicht mehr an der Tafel stehen. Das ist die Realität, mit ihr müssen die Kinder konfrontiert werden. Weiter stand die Absicht dahinter, daß wir nicht an der Oberfläche darüber streiten wollten, wer die Tat ausgeführt hatte. Die „Regeln sind im Schwamm!", kann man als eine gelungene Formulierung auf der Handlungsebene ansehen. Gleichzeitig kann man den Hinweis symbolisch interpretieren. Sie

sind zwar in ihrer materiellen Form als Kreidepartikel von der Tafel entfernt worden, halten sich jetzt mit Wasser vermischt im Schwamm auf. Sie sind aufgesogen, sind irgendwo innen.

Dies sind Überlegungen, die vor allem aus der Lehrerperspektive formuliert sind. Vielen Schülern lag nun aus ihrer Perspektive viel mehr daran, den Vorgang des Wegwischens in den Vordergrund zu rücken. Das war ihre Tat, die sich gegen die Lehrer richtete. „Von wegen, die Regeln sind irgendwo innen, weg sind sie, von der Tafel weggewischt, und die Täter sind klar zu benennen", das mögen sie gedacht und empfunden haben. Diesen Vorgang galt es zunächst auszukosten. Und fast wäre sogar noch ein kleines Theaterstück daraus geworden, wenn der Lehrer nur die Hinweise auf Jan-Johann und auf Ferdinand so richtig ernst genommen hätte. Es hätte ja nun zu irgendwelchen Sanktionen kommen müssen. Vielleicht wäre der Lehrer auch wieder wütend geworden, hätte sich eventuell lächerlich gemacht. Das alles blieb aus. Es fand nicht statt, weil es mir in der Situation gelungen war, mich nicht emotional anrühren zu lassen und unreflektiert zu handeln.

Offensichtlich ist es in dieser Stunde gelungen, eine konzentrierte und kontinuierliche Arbeitshaltung zu erreichen. Konflikte treten kaum auf. Bezogen auf die Belastung, die ich bei meiner Arbeit in dieser Klasse spüre, heißt das: Sachbezogenes Lernen ist möglich, wenn sehr präzise Aufgabenstellungen erfolgen. Die Lehrer-Schüler-Beziehung war ernst und sachbezogen – nicht streng oder hart.

5.2. Prozesse der Selbst- und Sozialentwicklung während einer freien Arbeitsphase

Inzwischen sind die Schüler auch mit Formen der freien Arbeit, bei der sie sich selbst mit einem Thema beschäftigen können (z. B. Lesen, Mathematik, Malen, Häkeln), und des freien Spiels vertraut gemacht worden. Ich nutze eine solche Stunde, wo freies Spiel und freies Arbeiten nebeneinander möglich sind, um zu sehen, womit sich die Schülerinnen und Schüler konkret beschäftigen und welche Szenen sie auf der Bühne des Klassenraums spielen. Beobachten will ich auch, was sie durch ihr Tun in mir auslösen.

- Nele schreibt eine Geschichte über Bären. Sie beschäftigt sich die ganze Stunde damit.
- An fünf Stellen im Raum versuchen jeweils zwei Kinder, ein Gesellschaftsspiel zu spielen. Sie brechen allerdings nach kurzer Zeit ab und suchen neue Spielpartner.
- Arne und Jan-Johann machen nach kurzer Zeit Unfug und stören die Atmosphäre.
- Pauline klagt über Bauchschmerzen. Sie ist erst seit kurzer Zeit in der Klasse.
- Frank fragt Arne, ob sie etwas zusammen spielen wollen. Er wird von Arne mit einer kräftigen Handbewegung zurückgewiesen. „Ej, hau ab!", mit diesen Worten unterstreicht er seine Ablehnung. Vor wenigen Tagen gehörte Arne zu denen, die unbedingt neben Frank sitzen wollten.
- Als ich erlaube, schon mit den Hausaufgaben zu beginnen, beenden sofort elf Schüler ihr Spiel und beginnen mit der Arbeit.
- Plötzlich schreit Thorsten durch die Klasse: „Was ist 50 plus 50?" Thomas schreit ebenso laut: „Tausend!" Thorstens Reaktion: „Tausend – du Schwein!"

Reflexion:
Ich staune und ärgere mich zugleich über diesen Dialog. Aber ich hatte mir vorgenommen zu beobachten, auch mich zu beobachten. Ich wollte wissen, was die Kinder durch ihr Tun, das ich ja nicht vorhersehen kann, in mir auslösen würden. Und nun erfolgt da plötzlich eine Aktion, die in mir Ärger auslöst. Ohne Reflexion und ohne inneren Schutz hätte ich wahrscheinlich ebenso in die Klasse geschrien. Ich

wäre ein Teil von Thorstens Inszenierung geworden. Da mir Reflexion statt purer Reaktion gelingt, bitte ich Thorsten zu mir und führe leise ein kurzes Gespräch mit ihm. Ich mache ihn auf den Dialog aufmerksam, frage, ob er merke, wie laut er gewesen sei. Er bestätigt meine Frage durch ein Kopfnikken, dabei blickt er mich staunend an. Ich sehe ihn heute noch vor mir stehen, und ich habe das Gefühl, als komme mein Hinweis für ihn aus einer ganz anderen Welt. Vielleicht hatte er mit einem Wutanfall oder einer Zurechtweisung gerechnet. Nun wird er gefragt, ob ihm aufgefallen sei, wie laut er war. Er erscheint fast etwas verwirrt, als wisse er nichts mit dieser Art von Intervention anzufangen. Es war nicht mehr, aber auch nicht weniger als der Versuch, einen Schüler innerhalb des bunten Treibens auf sich selbst aufmerksam werden zu lassen. Es war, gemessen an seiner Lautstärke, ein Hauch von Anregung, sich doch einmal selbst wahrzunehmen. Leise und persönliche Hinweise, das hatte ich mir vorgenommen, wollte ich den Kindern geben. Dies schien für Thorsten eine neue Erfahrung zu sein. Ich war froh, daß mir diese Wendung gelungen war. Ich war Regisseur geblieben und nicht ein Schauspieler in Thorstens Theater.

Inzwischen ist wieder Ruhe im Klassenraum eingekehrt. Dreizehn Kinder sind mit ihren Mathematikaufgaben beschäftigt. Plötzlich beginnt zwischen Thomas und Dennis eine heftige Prügelei. Ich gehe kurz dazwischen, schicke sie ohne weitere Hinweise in den Flur. Nach kurzer Zeit kommen sie zurück. Ich, der Regisseur hatte sie von ihrer Bühne verwiesen. Sie hatten mich durch ihr Tun nicht wütend gemacht. Natürlich fand ich es unangemessen, sich während der Stunde im Klassenraum zu prügeln. Aber das wußten sie längst. Im Flur hatten sie keine Zuschauer, auch keinen Lehrer, den sie in ihr Stück hätten einbeziehen können.

Frank und Michaela malen an der Tafel. Es gibt plötzlich eine leichte Unruhe. Ich höre, daß Frank „Pimmel" sagt. Er hat einen Pimmel an die Tafel gemalt und macht nun auch noch alle Anwesenden auf seine Zeichnung aufmerksam. Es ist klar, daß er meine Aufmerksamkeit erregen will. Nun, nachdem ich gesehen und gehört habe, müßte ja etwas von Lehrerseite aus geschehen. „Ja", sage ich, „ein Pimmel, und nun wisch die Tafel ab." Frank weist noch darauf hin, daß es ein großer Pimmel sei. Dies bestätige ich und bleibe bei meiner Anweisung. Vielleicht spricht er ein für ihn wichtiges Thema an; allerdings liegt die Vermutung näher, daß auch diese kleine Szene eine Provokation des Lehrers sein sollte. Würde ich mich auf ihre Versuche einlassen, mich in ihre Szenen zu verstricken, so würde ich als Person eine Niederlage erleiden.

In diesem Augenblick steht Nele neben mir. Sie zeigt mir die Geschichte, die sie über Bären geschrieben hat. Ich bin froh und gerührt. Ich hatte nicht geglaubt, daß bei der Vielfalt der Aktivitäten eine ruhige Beschäftigung mit diesem Thema möglich sei. Da hat sich ein Mädchen in seine Phantasiewelt begeben, hat sich vom Trubel in der Klasse abgegrenzt und einen zusammenhängenden Text geschrieben.

Interpretation:
Die Notizen vermitteln einen kleinen Einblick in die Vielfalt der kognitiven, emotionalen und motorischen Interessen der Kinder. Die Aktionen spielen sich auf engem Raum dicht neben- und nacheinander ab. Die Szenen der Kinder auf der Bühne des Klassenraums geben wichtige Hinweise für ihre Themen. Ich will sie wahrnehmen, interpretieren und daran arbeiten. Mir ist deutlich geworden, wie wichtig geistesgegenwärtiges Handeln in der Situation ist. Ich muß wahrnehmen, interpretieren, die Szenen zulassen, verbieten oder aufgreifen und konstruktiv darauf reagieren. Dies setzt immer eine schnelle Interpretation der Ereignisse voraus. Dabei darf ich mich von den Ereignissen, wie sie auch immer aussehen mögen, nicht überwältigen lassen. Ich darf mich nicht

in die Inszenierungen verstricken lassen, sondern muß handlungsfähig bleiben. Das gelingt am ehesten, wenn ich aufkommende Emotionen nicht verdränge, ihnen auch keinen
freien Lauf lasse, sondern sie als Aufgabe verstehe. Die beste
Vorbereitung auf das, was in der Situation schnell und geistesgegenwärtig getan werden muß, scheint in der gründ-
lichen nachträglichen Analyse zu liegen. Wenn Unterrichtsarbeit gelingen soll, wenn gleichrangig die Arbeit am Selbst
des einzelnen Kindes und am Klassen-Sozial erfolgen soll,
dann ist es besonders wichtig, sich mit den eigenen Affekten
auseinanderzusetzen.

Ich freue mich darüber, daß es mir in der beschriebenen
Situation gelungen ist, Regisseur zu sein und nicht Schauspieler der Kinder sein zu müssen.

6. Randberührungen zwischen den Systemen Schule und Familie

Im Zentrum unserer Arbeit stehen die Bemühungen um die Selbstentwicklung des einzelnen Kindes und um sein Verhalten im System Schulklasse. Für diese Arbeit ist es wichtig, auch die Entwicklung eines Kindes im System Familie kennenzulernen. Wir wollten nach und nach die Eltern der Kinder einbeziehen. In Gesprächen wollten wir eingehen auf:

- die Familiensituation
- die bisherige Entwicklung des Kindes
- seine Freizeitinteressen
- sein Spiel- und Arbeitsverhalten
- sein Verhältnis zu Vater, Mutter, Geschwistern
- die Erwartungen der Eltern an ihr Kind

Wir hofften, auf diese Weise etwas über die Lebensgeschichte des Kindes zu erfahren, über sein Verhalten innerhalb der Familie und mit Freunden, seine Freizeitinteressen und Wünsche. Schließlich würden wir so einen kleinen Einblick in das bekommen, was die Identität eines Kindes ausmacht.

So erhalten wir Anhaltspunkte aus dem System Familie für das Verstehen der Verhaltensweisen eines Kindes im System Schulklasse (vgl. Kapitel IV und V).

Beispiel: Identität als Junge
Johannes ist immer wieder in Konflikte verwickelt. Insofern interessieren wir uns für seine Lebenssituation an erster Stelle. Von den Eltern erfahren wir, daß ihr Sohn nachmittags fast immer mit Arne spielt. Sie seien gute Freunde. In der Schule wolle der aber nichts von Johannes wissen. Der Um-

gang mit ihm sei ihm peinlich, weil er noch so oft mit Mädchen spiele, sich auch oft eher wie ein Mädchen verhalte. Johannes würde auch gern mit anderen Jungen spielen, vielleicht mit Thorsten, das klappe aber nicht. Eltern und Kinder unternähmen in ihrer freien Zeit viel miteinander. Auch Vater und Sohn spielten oft und gerne zusammen.

Interpretation:
Meine Überlegungen, daß Johannes mit seiner Identität als Junge Probleme haben könnte, werden von den Berichten der Eltern gestützt. Gleichzeitig wird erkennbar, warum Johannes zu Arne einen so starken Kontakt sucht. Nachmittags seien sie Freunde, in der Schule wolle Arne nichts von Johannes wissen. Das muß schmerzen. Hier könnte eine Erklärung für die auffälligen Verhaltensweisen von Johannes liegen. Um die Aufmerksamkeit von Arne zu erreichen, würdigt er Neles Leistungen herab, wirft Ferdinands Sachen in die Hecke, bezeichnet einen Mitschüler als schwul. Indem er dies tut, fühlt er sich stark und glaubt, Arnes Anerkennung auch in der Schule erzwingen zu können. Sein Handeln mobilisiert Ressourcen, die zu destruktiven Ergebnissen führen. Seine Selbstentwürfe (Optionen) beziehen sich in der Schule fast ausschließlich auf die Anerkennung durch Arne. Der Wunsch nach Freundschaft mit Arne auch in der Schule ist legitim. Ich kann dies nachvollziehen und spüre bei Johannes auch eine starke Energie, die als Triebfeder zur Erfüllung dieses Wunsches vorhanden ist. Diese Überlegungen führen bei mir dazu, daß ich Johannes ein stärkeres Verständnis entgegenbringen kann. Ich spüre auch ein Verständnis für Arnes Verhalten. Er wird Gründe haben, warum er sich in der Schule davor schützen muß, einen Freund zu haben, der noch mit Mädchen spielt und sich öfters auch wie ein Mädchen verhält. Sein Optionen-Selbst ist ganz darauf ausgerichtet, ein Junge zu sein, und dies möglichst ohne Irritationen. Ich will im Moment nicht im einzelnen erörtern,

warum das bei beiden so sein könnte; ich nehme dies einmal als Modellvorstellung und weise darauf hin, daß hinter der Oberfläche ihres szenischen Spiels eine Energie vorhanden ist, die jedem die erforderliche Kraft zur Selbstverwirklichung gibt. Dabei entsteht in der Entwicklung des jeweiligen Selbst eine spezielle Dynamik über die Freundschaftsbeziehung, die im familiären System offen gelebt werden kann und im System der Klasse verdeckt bleiben muß. Eine Chance für beide Jungen, ihr Selbst zu entwickeln und auch innerhalb der Schule offen miteinander umgehen zu können, sehe ich in der pädagogischen Arbeit, die wir in der Jungengruppe praktizieren. Gleichzeitig beobachten wir die weitere Selbstentwicklung eines Kindes und setzen unsere Gespräche mit den Eltern fort (vgl. Kapitel: „Geheimer Provokateur", S. 169).

7. Prozeßreflexion im Kollegium

Wenn es uns auch gelang, die Verhaltensweisen einzelner Kinder immer besser zu verstehen, so war die Gesamtsituation in der Klasse noch lange nicht entspannt. Ich freute mich auf die schulinterne Lehrerfortbildung mit dem gesamten Kollegium. Sie stand unter dem Thema: Belastungen benennen – Entlastungen erkennen. Hier würde ich meine Probleme vortragen und mit Kolleginnen und Kollegen daran arbeiten können. Die Ereignisse waren so intensiv und belastend für mich, daß ich für meine Erzählungen während der Fortbildung einen breiten Raum brauchte.

„Sie schmeißen mir Knüppel zwischen die Beine, und ich schmeiße zurück", so nenne ich mein Thema. Und dann erzähle ich vom Vormittag:

- Ich hatte die Kinder in die Pause entlassen, machte noch Eintragungen in das Klassenbuch, plötzlich stand Thomas im Klassenzimmer. „Alle stürzen sich auf ihn", sagte er gehetzt. Ich ging nach draußen und entdeckte, daß Ferdinand und Sascha Hendrik an die Wand drängten. Ich forderte sie auf, das zu lassen, und bemerkte im selben Augenblick Probleme auf dem Spielplatz.
- Die Kinder spielten: „Jungen fangen die Mädchen". Die Jungen hatten Stöcke, sie fingen die Mädchen und brachten sie unter dem Kletterturm in ein „Gefängnis". So weit ist es ein typisches Spiel für diese Altersgruppe. Aber dazwischen tobte eine heftige Auseinandersetzung zwischen Johannes und Julian. Sie standen sich mit ihren Stöcken gegenüber, brüllten sich so laut und schnell an, daß ich ihre Worte nicht verstehen konnte. Julians Halsschlagader schwoll sichtbar an. Durch mein Nachfragen, was denn

geschehen sei, beruhigten sie sich leicht. Johannes habe Julian Sand in die Augen geworfen, so viel erfuhr ich. Klären konnte ich die Situation nicht, denn der nächste Konflikt deutete sich an.

- Plötzlich war Thomas wieder in einer schwierigen Situation. Er wurde von einigen Jungen angegriffen. Die Situation überforderte ihn und mich. Thomas war sicher überfordert, aus eigener Kraft aus dieser Wiederholungssituation herauszukommen. Dennoch empfand ich in der Situation Ärger über ihn. „Es ist seine Unklarheit, sein Opferverhalten, das Zuschlagen geradezu herausfordert", dachte ich. „Alle auf einen", das ist ein Verhaltensmuster, das ich in der letzten Zeit schon öfters wahrgenommen hatte. Thomas war meistens der eine.

- Ich beendete das Spiel der Kinder und bat alle in die Klasse. Auf dem Weg dorthin entdeckte ich, daß Dennis und Thorsten auf der Mädchentoilette waren. Nach dem ganzen Durcheinander reichte meine Toleranz nicht mehr aus. Ich konnte nur noch brüllen: Warum sie sich das herausnähmen? Das hätten sie zu lassen!

Bei nüchterner Betrachtung waren es Konflikte, die zum alltäglichen Spiel dazugehören. Über das Spiel „Jungen fangen die Mädchen – Mädchen fangen die Jungen" kann man sich nur freuen. Daß es dabei zärtlich und rauh zugeht, ist allen bekannt. Die zärtlichen Anteile dürfen allerdings möglichst nicht von anderen Mitspielern wahrgenommen werden. Oft werden sie durch eine besondere Härte im Umgang miteinander verdeckt. Mein Dilemma bestand darin, daß ich die Kinder nicht ausreichend kannte. Da es mehrere Konflikte fast gleichzeitig gab, war ich in der Situation überfordert. Vor allem erlebte ich in den Szenen einen starken Gewaltanteil.

Bei meinem Bemühen, etwas Klarheit in die turbulente Situation zu bringen, störte mich Sören so sehr, daß ich ihn in den Gruppenraum schickte. In diesem Augenblick versagte meine Affektkontrolle. Ich wollte klären, und da meinte ein Schüler, er habe es immer noch nicht nötig aufzupassen, könne tun und lassen, was er wolle. Ich brüllte los und verurteilte, daß Thorsten und Dennis in den Räumen der Mädchentoilette waren. Nun griff ich die Situation mit Thomas auf. Als ich ansetzte, merkte ich, daß sie das überhaupt nicht zu interessieren schien. Meinen lautstarken Erörterungen, sie hätten Hendrik an die Wand gedrückt und auch Thomas bedrängt, begegneten sie mit kühlem und lächelndem Gesichtsausdruck. Das führte bei mir zu einer Affektsteigerung. (Hatte ich nicht in meinen Analysen diese Situation genau herausgearbeitet? Ich war schon einmal in eine Schwächesituation geraten, hatte die Macht der Kinder und meine Ohnmacht erlebt. Noch schützt mich mein theoretisches Wissen nicht vor neuen Einbrüchen.)

Ich brüllte: „Ihr seid Schwächlinge!" „Wieso?", fragt Arne. „Ihr seid Schwächlinge, weil ihr alle auf Thomas losgeht, deshalb seid ihr Schwächlinge." Ich merkte, daß zwei Jungen kurz vor dem Losprusten sind. Ich brüllte auch sie an, daß sie sich das bloß nicht erlauben sollten. Das wäre keine Situation zum Lachen. Zum Glück mußten sie nicht lachen. Natürlich empfand ich meine Schwächesituation. Ich holte Sören aus dem Gruppenraum, ging kommentarlos über zu Mathematik. Da merkte ich, daß Pauline weinte. Sie konnte die Aufgaben nicht. Das mochte der konkrete Anlaß sein. Wahrscheinlicher ist, daß sie sowohl vor der Heftigkeit der Jungen als auch vor meiner Brüllerei Angst hatte.

Meine Kolleginnen hören sich geduldig meine Situationsschilderungen und meine reflektierenden Zwischenbemerkungen an. Dann übernehmen zwei Kolleginnen die Vorbereitung einer Bearbeitungsrunde, die am Nachmittag stattfinden soll.

Nach einem kurzen Mittagsschlaf gehe ich alleine in den Wald. Frau S. und Frau O. kommen mir mit großen Knüp-

peln entgegen. Mit ihnen wollen sie meine Beziehungsproblematik in der nachfolgenden Sitzung bearbeiten, erklären
sie. Ich würde mir auch einen Knüppel holen, entgegne ich.
Kurze Zeit später führe ich allein im Wald einen imaginären
Kampf.

Ich sehe die Kinder vor mir, erinnere mich an ihr Verhalten, plötzlich sehe ich sie gegen mich kämpfen. Ich gehe darauf ein, kämpfe im Wald gegen einige von ihnen. Jeder
Kampf verläuft anders. In mir steigt ein Gefühl von Gelassenheit und Interesse auf.

7.1. Stockkämpfe als Methode
der Beziehungserfahrung

Kurze Zeit später, im Seminarraum, schlagen die Leiterinnen
der Runde vor, sechs Kolleginnen sollten die sechs Jungen
spielen, die mir am meisten zu schaffen machen. Sie sollen
sich jeweils einen Knüppel nehmen und ihn mir zwischen
die Beine schmeißen. Ich solle das gleiche auch mit ihnen
tun. Dieser Vorschlag paßt nicht in meine Vorstellungen und
Empfindungen, auch wenn ich noch kurz zuvor diese Assoziation gehabt hatte. Mir wird deutlich, daß es sich um eine
Kampfsituation handelt. Aber sie hat nicht dieses Maß an
Brutalität. Ich sehe die Jungen, sehe mich im Wald mit ihnen
kämpfen und sehe, wie ich den Knüppel mit beiden Händen
quer vor meine Brust halte. Sie tun es mir gleich. Das ist
mein Spielvorschlag. Ich wähle die folgenden Spielkombina-
tionen:
Frau N.: Sören
Frau B.: Jan-Johann
Frau A.: Johannes
Herr J.: Arne
Frau S.: Sascha
Herr L.: Thorsten

134

1. Kampf: Gegen Frau N./Sören kämpfe ich zuerst. Ich spüre den Ernst der Auseinandersetzung. Es ist aber ein tragfähiges Band der Verständigung vorhanden.

2. Kampf: Frau B./Jan-Johann: Ich berühre nicht einmal ihren Stock, sie berührt nicht meinen. Darüber bin ich erstaunt. Von der äußeren Wahrnehmung her hätte ich angenommen, die Auseinandersetzungen zwischen Jan-Johann und mir seien härter. Da erinnere ich mich, wie er mich begrüßt, wenn ich in die Klasse komme. Er nimmt mich ganz deutlich wahr, blickt zu mir, reckt zur Begrüßung die Faust. Ich empfinde in der Geste so etwas wie Freude über meine Anwesenheit und auch Freude über die Auseinandersetzung mit mir. Das ist eine wichtige Erfahrung, die ich im Spiel mache.

3. Kampf: Frau A./Johannes: Frau A. wollte zuerst nicht kämpfen, war unentschlossen, kämpft dann doch. Später findet sie es gut, daß sie gekämpft hatte. Es seien Kräfte in ihr gewachsen. Ich bin vom Verlauf überrascht, sie überrascht mich durch die lockere und feste Art ihres Kampfes. Ich hatte angenommen, daß ich es leicht haben würde. Aber sie bringt mich sofort aus dem Tritt. Wenn ich an Johannes denke, dann empfinde ich ihn vom Augenschein her als Leichtgewicht. Aber in der Auseinandersetzung mit Julian, dem er Sand in die Augen geworfen hatte, entdecke ich seine ganze wütende Kraft. Mir wird deutlich, daß ich Johannes' Stärke ernster nehmen muß. Er ist mir als hilfsbedürftiger Junge erschienen. Nun wird mir deutlich, daß er eine gewaltige Kraft entwickeln kann. Sein Äußeres ist nicht identisch mit seinem Inneren. Wenn ich mit dieser Sichtweise auf Johannes zugehe, wie ich im Kampf auf Frau A. zugegangen bin, dann werde ich aus dem Tritt kommen. Es wird mir eine Stärke entgegenkommen, der ich nicht gewachsen bin, weil ich sie falsch eingeschätzt habe.

4. Kampf: Herr J./Arne: Es findet ein gegenseitiges Kräftemessen statt. Ich habe das Gefühl, es ginge um Sieg oder
Niederlage. Ich versuche, meinen Widerstand zu lockern,
signalisiere Bereitschaft zum Einlenken. Diese wird nicht angenommen. Das Kräftemessen geht weiter, es scheint kein
Ende zu nehmen. Mir wird deutlich, daß ich zu Arne Kontakt suche, bei dem es um Verständigung geht.

5. Kampf: Frau S./Sascha: Während ich mich noch auf diesen Gegner einzustellen versuche, fühle ich mich bereits ve-
hement angegriffen. Ich komme sofort aus dem Tritt, kann
mich kaum halten, rufe eine Bemerkung in die Runde, die
zur Erheiterung führt. Frau S. bricht ab. Im Gespräch sagt
sie, und das habe ich auch so empfunden, daß sie sich selbst
gespielt habe. Sie habe gegen mich gekämpft. Sie habe sich
innerlich nicht in die Rolle eines Schüler begeben wollen.
Während ich mich auf den Schüler Sascha eingestellt habe,
tritt sie mir als Frau S. gegenüber. Der Kampf hat mir für die
Auseinandersetzung mit dem Schüler Sascha, die für mich
sehr wichtig gewesen wäre, nichts gebracht.

6. Kampf: Herr L./Thorsten: Das ist sehr beeindruckend.
Ich merke ein gegenseitiges Kräftemessen. Dabei wird von
keiner Seite so etwas wie eine Niederlage oder gar Vernich-
tung des Gegners spürbar.

Reflexion:
Ich habe bei keinem Kampf das Gefühl gehabt, den Gegner
besiegen zu müssen. Ich war auf Kräftemessen aus, habe die
Kraft des jeweiligen Gegners und meine Kraft, auch meine
nachlassende Kraft, gespürt. Von meiner Seite war immer ein
Einlenken mitgefühlt. Das war auch bei dem härtesten
Kampf gegen Arne so. Im Kampf gegen Johannes ist mir
deutlich geworden, daß erhöhte Geistesgegenwart erforderlich ist. Im Kampf gegen Thorsten, der oft für Unruhe sorgt,

habe ich gemerkt, daß er auch bereit ist, auf mich zu hören. Individuelle Intervention ist bei ihm möglich. Ich winke ihn zu mir, erkläre ihm etwas, er nimmt es an. In der Kampfsituation mußte ich mich innerhalb kurzer Zeit auf unterschiedliche Gegner einstellen. Sie hatten unterschiedliche Motive und verfolgten unterschiedliche Ziele. Das Wichtigste ist mir, daß ich keinen meiner Gegner „vernichten" wollte. Es kam auch kein Gefühl auf, das in diese Richtung ging. Ich habe allerdings deutlich meine „Lust" an der kraftvollen Auseinandersetzung wahrgenommen. Ich habe auch meine Kräfte gespürt. Allerdings reichten sie nicht an den Stellen, an denen mir die Gegner mit Absichten entgegentraten, die ich nicht richtig eingeschätzt hatte.

Außerdem habe ich gemerkt, daß hinter jedem Gegner eine eigenständige Person steht. (Das weiß ich natürlich, sonst könnte ich nicht Lehrer sein.) Ich habe in den Kämpfen auch deutlich meine Kräfte gespürt. Aber die hohen Belastungen, denen ich in der Klasse ausgesetzt bin, bringen mich manchmal in eine Situation der Schwäche. Wenn es den Kindern gelingt, mich in ihre Szenen einzuspinnen, dann ist im szenischen Spiel der Sieg auf ihrer Seite. Ich muß mich wohl mit ihnen auseinandersetzen, und das ist im szenischen Spiel auch ein Kräftemessen. Aber es ist von entscheidender Bedeutung, daß ich in diesem Spiel der Regisseur bleibe. Die Situation zwischen Lehrer und Schülern wird immer asymmetrisch sein und bleiben. Es muß mir als Lehrer gelingen, ihre Szenen wahrzunehmen und sie zu interpretieren. Ich muß die Situationen reflektieren und den Schülerinnen und Schülern dementsprechend begegnen. Das ist nicht leicht. Sowohl die Schilderung des Schulalltages mit den vielen Konflikten als auch die dicht aufeinanderfolgenden Kämpfe in der Spielsituation zeigen die Realität meines Berufes. Ich muß dauernd präsent und geistesgegenwärtig sein. Ich muß meine Affekte in einem hohen Maß kontrollieren, muß die einzelnen Situationen blitzschnell interpretieren und so handeln, daß sich kein Chaos ausbreitet. Es sollen tragbare Strukturen für die Kinder und für mich entstehen. Ich muß für die Kinder und für mich als ordnende Kraft sichtbar und erlebbar werden. Ich will ihnen als Lehrer-Selbst entgegentreten, das im Strudel der Ereignisse nicht untergeht. Sie sollen möglichst ein Erwachsenen-Selbst erleben, das wahrnimmt, aushält, reflektiert, ordnet, anweist, klärt und sich selbst dabei nicht aus dem Blick verliert.

Wenn ich durch die Vielzahl der Ereignisse und auch durch die Härte einzelner Aktionen plötzlich am Rande meiner Handlungsmöglichkeiten bin, muß ich mich zwar schützen, ich muß aber auch darauf achten, daß ich bei meinem Eigenschutz die Würde der einzelnen Kinder nicht verletze.

Weiter wird mir deutlich, daß in den gewalttätigen Beziehungen, die unter den Jungen herrschen, jeder versuchen muß, seinen Stand zu finden und sich abzusichern. Alle gegen einen bedeutet, daß jeder in die Situation des einen kommen kann. Jeder Junge muß also versuchen, Verbündete zu finden. Das ist in dieser Gruppe nicht leicht. Die Dynamik innerhalb der Jungengruppe entsteht auch vor diesem Erfahrungshintergrund. Es scheint so, als gebe es mehrere in ihrem Selbst verunsicherte Jungen. Sie entfalten starke Kräfte, um ihre Verunsicherung zu überspielen. Sie überwinden ihre Schwächen, indem sie sich mit anderen verunsicherte Selbsten zusammenschließen. Danach wählen sie ein schwaches Gruppenmitglied als Projektionsobjekt aus. Auf dieses ausgewählte Objekt, das in seinem Inneren stark verunsichert ist und keine Absicherung innerhalb der Gruppe hat, projiziert die „Macht-Gruppe" ihre eigenen Schwächen und bekämpft sie dort. So erhalten fast alle Mitglieder die Möglichkeit, die eigene Schwäche im ausgewählten Objekt zu bekämpfen. Sie projizieren und schlagen zu. Konkret heißt das: Einer aus der Macht-Gruppe wählt einen anderen Jungen aus, erklärt ihn zum Objekt, das geschlagen werden darf. Begründungen können dann lauten: Weil er zu den Mädchen hält, oder: Weil er aussieht wie ein Mädchen. Die anderen Jungen, die ihre eigene Schwäche innerhalb der Gruppe spüren, die auch die Gefahr sehen, selbst in die Objektrolle gedrängt zu werden, müssen, um dieser Schmach entgehen zu können, innerhalb der Gruppe mitmachen, weil sie sonst zu schnell als Außenseiter und Schwächling entlarvt und zu Objekten degradiert werden könnten.

Mein Ausruf: „Ihr seid Schwächlinge!" zeigt meine Gefühle, die ich in der Situation nicht genügend kontrollieren konnte.

Das Muster „Alle gegen einen" können wir Lehrerinnen und Lehrer auch auf uns beziehen. Wir dürfen uns nicht von den Jungen ihr Spiel und ihr Muster aufzwingen lassen. Die pädagogische Aufgabe besteht darin, im Verlauf des pädagogischen Prozesses eine eigene Sicherheit im Umgang mit den Jungen zu erlangen. Dies geschieht über die Reflexionen und über erneutes reflektiertes Handeln. Gleichzeitig ist es innerhalb dieses Prozesses wichtig, daß wir für die einzelnen Jungen eine Handlungssicherheit schaffen und in einem gewissen Sinne auch garantieren müssen. Das Muster „Alle gegen einen" wird sich erst dann verändern und kooperativen Umgangsweisen Platz machen, wenn nicht mehr alle mitmachen. Einzelne Jungen müssen so viel Selbstsicherheit gewinnen, daß sie sich aus dem „Macht-Kern" absetzen können, ohne Gefahr zu laufen, selbst nun zu Außenseitern und zu Objekten für Demütigungen zu werden. Die Frage lautet: Wie kann in einer solchen Gruppe für jeden einzelnen Selbstsicherheit hergestellt werden?

Im Moment erscheint mir die Aufgabe zu schwer. Aber die Erfahrungen, die ich in den Kampfspielen gesammelt habe, stimmen mich optimistisch, wenn ich auch zu diesem Zeitpunkt diese Stimmung nicht konkretisieren kann.

7.2. Stockkämpfe als Methode der Beziehungsklärung

Einige Tage später schlage ich den Jungen vor, Spiele mit Stöcken zu machen. Ich gehe mit ihnen bis zur nahegelegenen Hecke und bitte sie, Stöcke zu suchen. Sascha, Thomas und Jan-Johann haben Schwierigkeiten, einen Stock zu finden. Sie müßten nur ein Stück in die Hecke hineingehen, dann wären sie erfolgreich. Schließlich ergreift Jan-Johann einen drei Meter langen Ast von der Dicke eines Oberarms. Er kann ihn kaum tragen.

1. Phase: Wir stellen uns im Kreis auf. Ich gebe einen Stampfrhythmus vor, die Jungen steigen in den Rhythmus ein. Dann gehen wir stampfend im Kreis herum. Diese Übung erinnert an kriegerische Tänze von Naturvölkern.

2. Phase: Ich trete mit meinem Stock in den Kreis, mache einige Tanzschritte. Zu meinem großen Erstaunen sind sofort einige Jungen bereit, selbst Tanzschritte auszuprobieren.

3. Phase: Ich zeige, wie man mit dem Stock gegeneinander kämpfen kann, ohne sich Verletzungen zuzufügen. Dann gebe ich einige Regeln vor:
- den Stock mit beiden Händen quer vor der Brust halten
- nicht aufeinander einschlagen
- dem Gegner in die Augen schauen
- Stock an Stock gegeneinander kämpfen
- Verabschiedung: sich in die Augen schauen und zweimal fest mit dem Stock auf dem Boden aufstampfen

4. Phase: Stockkämpfe mit den Jungen. Ich frage, wer bereit ist, gegen mich zu kämpfen.
Sofort meldet sich Arne. Er kommt mir offen und mit

kräftigem Ausdruck entgegen. So verläuft auch der Kampf: kräftig und offen.

Sascha zeigt einen stärkeren Einsatz. Er unterbricht den Kampf für den Bruchteil einer Sekunde und greift wieder an. Er startet immer wieder neue und intensive Versuche. Der Kampf gegen Thorsten ist ein gegenseitiges ausgeglichenes Kräftemessen.

Es kämpfen zunächst nicht: Jan-Johann, Thomas und Johannes. Als ich schon abbrechen will, stellt sich Jan-Johann mit seinem langen und schweren Ast dem Kampf.

5. Phase: Wir laufen mit unseren Stöcken über den Sportplatz, halten sie wie Speere, kehren um, gehen durch das Schulgebäude, suchen Stellen, an denen wir einen Stampfrhythmus ausprobieren können. Zum Schluß sammeln wir die Stöcke in einer Tonne und stellen sie in die Ecke des Klassenzimmers.

Reflexion zum Stockkampf:
Es war das erste Mal in meiner Lehrertätigkeit, daß ich auf diese Weise Schüler herausgefordert habe. Ich wußte zu Beginn nicht, wie die Aktion ausgehen würde. Aus der Rückschau bewerte ich den Verlauf positiv.

Die Jungen haben unterschiedliche Formen des Einsatzes von Stöcken kennengelernt. Dabei habe ich ihnen einige wichtige Grundregeln vermitteln können. Es fand ein Kräftemessen nach Regeln statt. Dieses hatte einen realen Charakter. Bedeutsam ist in diesem Zusammenhang der folgende Aspekt: Die Provokationen, die mir von vielen Jungen in der Klasse entgegengebracht wurden, verlagerte ich auf eine andere Ebene. Nun forderte ich die Jungen an einem anderen Ort, mit Mitteln, für die sie bisher keine Routine entwickeln konnten, zum „Kampf" heraus. Dabei setzte ich von Beginn an Regeln. Das versuchte ich auch in der Klasse, aber hier hatten sich im Umgang miteinander und mit den Lehrkräften Formen entwickelt, die oft über weite Strecken destruktiven Charakter hatten. Nun führten wir das Kräftemessen an einem anderen Ort durch. Natürlich war den Schülern bewußt, daß sie mich nicht würden „besiegen" können. Aber sie konnten, und das ist für mich das Entscheidende, die Erfahrung machen, daß ihr Lehrer über Körperkraft verfügt und in der Lage ist, diese ausgleichend einzusetzen. Es lag mir nicht daran, als „Sieger" dazustehen. Was wäre das auch für ein Sieg gewesen: Nein, die Aktion war nur möglich auf einer schon bestehenden Beziehungsbasis, und sie hat über das konkrete Tun die Beziehung wachsen lassen.

Nach unserer Rückkehr von der Lehrerfortbildung, bei der es auch um Klärung der Beziehungen ging, hat sich die Situation in der Klasse deutlich geändert. Die uns emotional belastenden Situationen konnten wir durch unterschiedliche Methoden bearbeiten. Die Arbeit an und mit unseren Emotionen führte zu einer gewissen inneren Sicherheit, die es uns in der folgenden Zeit ermöglichte, für unsere Schülerinnen und Schüler eine klare Beziehungsrealität zu schaffen. Nach den Stockkämpfen habe ich das Gefühl, daß wir in unserer gegenseitigen Beziehung einen enormen Schritt vorangekommen sind. Um im Bild zu bleiben: Die Mauer, die ich in den vergangenen Wochen spürte, hat eine Tür bekommen. Ich finde bei Allan Guggenbühl (1995, S. 91) einen Hinweis, der zur Erklärung beitragen kann: „Auf der Klassenebene fällt dem Lehrer eine Doppelfunktion zu: Einerseits ist er Lernbegleiter und Förderer der Entwicklung der Kinder, andererseits hat er die Rolle des Oberbandenchefs inne. Im individuellen Kontakt versucht er, auf die Kinder einzugehen, ihre Probleme und Schwierigkeiten zu erkennen und eine Beziehung zu ihnen aufzubauen; vor der Klasse fällt ihm jedoch die Rolle des Oberbandenchefs zu." Es sei nicht leicht für den Lehrer, die Ablehnung, die ihm von den Kindern entgegengebracht werde, zu ertragen. Auf einer tieferen Ebene brauchten die Kinder jedoch ihren Oberbandenchef.

Der gebe die Regeln vor, und wenn sie ihn als Gegenpol zu ihren Wünschen und Bedürfnissen erlebten, dann könnten sie auch eigene Kräfte mobilisieren.

Die gesamte Situation mit den Stöcken gehört symbolisch in diesen Zusammenhang. Die Beziehungen zwischen den Schülern und mir sind offener geworden. Natürlich gibt es nach wie vor Probleme der unterschiedlichsten Art. Aber – ich kann gelassener damit umgehen. Diese konstruktive Umgangsweise ist das Ergebnis einer reflektierenden Beziehungsarbeit, die nicht nur auf einer intellektuellen Ebene geführt worden ist. Symbolische und konkrete Elemente wurden einbezogen, über gruppendynamische Formen konnte ich im Umgang mit den Schülern Sicherheit gewinnen. Diese ist übrigens auch eine Grundlage für Kreativität im Lösen künftiger Probleme. Ein neuer Tag – eine neue Situation.

8. Identitätsprobleme der Jungen

Situation:
Als ich die Schülerinnen und Schüler vom Pausenhof abholen will, sehe ich, daß sich einige Kinder prügeln. Dennis nimmt Antonia so in den Schwitzkasten, daß ich laut seinen Namen schreien muß. Er hört auf.
Kurze Zeit danach beginnt erneut eine Rangelei zwischen einigen Jungen und Antonia.

Gespräch:
Ich: „Was ist los?"
Jungen: „Sie will immer knutschen!"
Antonia: „Nur mit Peter."
Peter: „Aber ich will nicht."
Ich: „Ich werde mit euch später noch darüber reden", sage ich, denn inzwischen erkenne ich auch noch andere Probleme.

Johannes und Ramona reden dauernd. Ich ermahne sie mehrmals. Als sie keine Reaktion zeigen, bitte ich Johannes zu mir: „Ramona und ich, wir wollen quatschen." Das sagt er in einer Art, als wäre es vermessen, sie daran zu hindern. „Ihr hört jetzt damit auf!", das ist meine Antwort. Sascha nimmt den Vorfall wahr, äfft Johannes nach. Er zeigt Schadenfreude über die Rüge, die Johannes erhalten hat. Es gibt kein Einzelereignis in der Klasse. Jeder Satz, jede Geste, jede Störung bewegt etwas, fordert andere heraus, führt zu neuen Ereignissen. Es gilt, eine tragfähige Grundlage zu schaffen, bei der das Miteinander quantitativ und qualitativ in der Übermacht ist. Mein Konzept läßt das Gegeneinander zu, das Nebeneinander ist ebenfalls ein wichtiges Element. Wenn allerdings das Gegeneinander die Grundströmung ausmacht, dann ist die Situation umgekippt, konstruktive Arbeit in den Lernbereichen, in der Sozial- und Selbstentwicklung ist nur noch unter erschwerten Bedingungen möglich. Individuelle Intervention nenne ich die kurzen Gespräche, die ich unmittelbar im Anschluß an problematische Situationen führe. Am Ende steht eine Aufgabe mit dem Ziel, das eigene Tun in einem größeren Zusammenhang zu sehen, sich selbst wahrzunehmen und über die Motive nachzudenken. So könnte es möglich sein, die hinter diesen individuellen Szenen liegenden Probleme zu bearbeiten. Ich will sie nicht durch Ermahnungen und Belehrungen, wenngleich ich ohne diese Mittel auch nicht ganz auskomme, aus der Welt schaffen. Es geht mir um Selbstwahrnehmung und Selbstreflexion. Dabei sollen die Schülerinnen und Schüler möglichst eigene Optionen entwickeln. Ermahnungen und Belehrungen haben nur eine kurzfristige Wirkung.

Einige Tage später habe ich die Möglichkeit, mit den Jungen alleine zu arbeiten.

Gespräch:

Ich: „Überlegt, worüber ihr in der Jungengruppe mit mir als Mann sprechen wollt." (Es tritt eine Schweigephase ein.)

Peter: „Das mit Antonia, weil die uns abküssen will."

Jan-Johann: „Ich kümmere mich da nicht drum."

Ich: „Worum?"

Jan-Johann: „Sag ich nicht."

Dennis: „Gestern hat Antonia mich und Peter mit Sand beschmissen."

Peter: „Wir haben uns gewehrt."

Jan-Johann: „Womit? Mit der Spielkanone? Oder mit einem Bratwürstchen?"

Hendrik: „Jeden Morgen, wenn wir spielen, mischt sich

Antonia ein. Sie will uns küssen. Wir sagen, sie soll das lassen, aber sie läßt das nicht."

Jan-Johann: „Totaler Megaschrott."

Peter: „Heute morgen, als sie mich mit Bastian gesehen hat, da wollte sie uns küssen."

Jan-Johann: „Totaler Megaschrott."

Dennis: „Wir sollen sie jagen, wenn sie dann hinfällt, fängt sie an zu weinen und gibt uns die Schuld."

Ich: „Wie ist das bei den anderen Mädchen?"

Mehrere Jungen: „Da ist nichts."

Jan-Johann: „Ich säge meinen ganzen Kopf ab."

Ich: „Was sagst du, Jan-Johann?"

Jan-Johann: „Nix."

Dennis: „Küssen ist schlimm!"

Sascha: „Das stimmt."

Peter: „Wir haben uns gewehrt. Sie hört einfach nicht auf."

Jan-Johann: „Totaler Megaschrott. Ich steck dir gleich die Würstchen durch die Ohren." (Es entsteht Unruhe.)

Ich: „Die meisten haben Schwierigkeiten mit Antonia?"

Thomas: „Ich nicht." (Einige Jungen lachen.)

Viele Jungen: „Das macht sie seit der Vorklasse!"

Ich: „Vielleicht hat sie Interesse daran, mit euch zu spielen."

Viele Jungen: „Nein!"

Sören: „Antonia muß auf eine andere Schule."

Ich: „Nein, aus diesem Grund muß niemand auf eine andere Schule."

Sören: „Dann muß sie in eine andere Klasse."

Ich: „Nein, das muß sie auch nicht. Ich möchte hier unser Gespräch abbrechen. Ich werde darüber nachdenken und mit euch weiter an eurem Problem arbeiten."

Interpretation:

Ich freue mich über den Verlauf dieser Stunde. Die Jungen sind zunächst mit Interesse beim Gespräch dabei. Es geht um ein Abgrenzungsproblem zwischen einigen Jungen und einem Mädchen. Sie behaupten, sie könnten sich nicht gegen Antonia wehren. Ihr Verhalten ist ihnen so unangenehm, daß ein Schüler meint, sie müsse von der Schule verwiesen werden. Wenn das nicht möglich sei, müsse sie mindestens in eine andere Klasse. Antonia ließe sich im Verlauf des Spiels hinfallen, und dann bekämen die Jungen die Schuld. Aus dem Gesagten ergibt sich, daß die Jungen Abgrenzung lernen müssen, was viele von ihnen noch nicht können. Gleichzeitig besteht ein Interesse am Spiel mit Mädchen, aber das dürfen sie sich nicht offen eingestehen. In jedem Fall geht es ihnen zu weit, wenn es ein Mädchen wagt, einen von ihnen zu küssen.

Im Verlauf des Gesprächs fallen Jan-Johanns Äußerungen auf. Als das Thema formuliert wird, erklärt er, daß er sich nicht darum kümmern werde. Später wirft er immer wieder das Wort „Megaschrott" ein. Die Aussage: „Ich säge meinen ganzen Kopf ab" will ich nicht wahrhaben, frage nach, aber es folgt keine weitere Erklärung. Es zeigt sich, daß sich Jan-Johann nicht auf das Thema einlassen kann. Er wertet es durch seine Einwürfe ab. Zum Glück lassen sich die übrigen Jungen nicht durch ihn stören. „Ich säge mir den Kopf ab", deute ich als übersteigerte Aussage mit der Bedeutung: „Das darf doch nicht wahr sein, das geht nicht in meinen Kopf rein. In äußersten Notfall müßte ich mir den Kopf absägen, wenn ich mich davor nicht schützen kann." Andere Deutungen sind sicher möglich.

Neben diesem alterstypischen Thema ist für mich das Beziehungsthema zwischen den Jungen und mir entscheidend. Es ist die erste Gesprächssituation, bei der ich das Gefühl habe, daß mir die Jungen Vertrauen entgegenbringen.

Die Auseinandersetzungen mit Antonia werden gegen Ende des Schuljahres zu einer Situation führen, bei der eine Aufsichtsperson während der Pause die Kontrolle über ihre Affekte verlieren wird. Bei einem Spiel zwischen Jungen und Mädchen fällt Antonia hin, beschuldigt einen Jungen gegenüber der Hofaufsicht, sie geschubst zu haben. Peter interveniert. Die aufsichtführende Lehrkraft ergreift unreflektiert für Antonia Partei, packt Peter am Kragen und hebt ihn vom Boden ab. Zum Glück hat Peter so viel Selbstsicherheit und Sozialkompetenz erworben, daß er zusammen mit seinen Mitschülern um einen Klärungsdialog bittet (vgl. S. 253).

In der Zwischenzeit gibt es Herbstferien. Im Zusammenhang damit mache ich eine Kur. Zwischen den oben geschilderten Ereignissen und den folgenden Aufzeichnungen liegt ein Zeitraum von vier Wochen.

9. Fortschritte in den Beziehungen werden sichtbar

Am ersten Tag nach der Kur werde ich auf dem Weg zur Schule von vielen Kindern der 1. Klasse freudig und herzlich begrüßt. Das tut mir gut. Auch die Kinder der 2. Klassen freuen sich und fragen, wie es mir gehe. Viele Kinder kommen auf mich zu und begrüßen mich mit Handschlag. Trotz dieses schönen Einstiegs ist es in der Klasse schnell wieder unruhig. Ich weiß nicht, was eigentlich los ist. Später erfahre ich, daß es auch in anderen Klassen sehr unruhig war.

Ich mache mit den Kindern intensive Körper- und Konzentrationsübungen. Es kehren Ruhe und Konzentration ein. Nach der Ruhe während meines Kuraufenthaltes wirkt das Verhalten der Kinder auf mich besonders stark. Unter der Schlagzeile: „Alarmruf wegen Fernsehkindern" finde ich in der Frankfurter Rundschau vom 1. 11. 95 einen Bericht, in dem die Familienministerin auf den hohen Fernsehkonsum der Sechs- bis Achtjährigen verweist. „33 Prozent der untersuchten Kinder haben wöchentlich bis zu 30 Stunden Fernsehkonsum. Von dieser Altersgruppe sehen 25 Prozent regelmäßig bis nach Mitternacht Fernsehsendungen." Sicherlich ein Faktor, der das Verhalten vieler Kinder bestimmt.

Bei aller Unruhe ist dennoch eine positive Beziehung zu erleben. Es ist nicht mehr dieses Nebeneinander der ersten Wochen. Die Fortschritte, die einzelne Kinder in ihrer Selbst- und Sozialentwicklung machen, werden sichtbar.

Frau L. erzählt mir z. B. von Sascha, er sei zu ihr gekommen, habe gesagt, er wolle nicht mehr neben Nicole sitzen. Sascha fängt an, etwas Gutes für sich zu tun. Als er von

Frau L. den Auftrag bekommt, Vorschläge zu machen, neben wem er sitzen wolle, da habe er es tatsächlich geschafft, sieben Namen aufzuschreiben. Bei zwei Namen habe er ein Fragezeichen gemacht. Da sei er sich nicht sicher gewesen, so habe er das Zeichen interpretiert. Das sind wichtige Schritte in Saschas Selbst- und Sozialentwicklung.

10. Von der Schwierigkeit, das eigene Handeln in einem sozialen Kontext zu sehen

Situation:

Am übernächsten Tag kommt es zwischen Julian und anderen Kindern zu einer Auseinandersetzung, die darauf verweist, daß Julian immer wieder Konflikte auslöst, auslösen muß. Die Kinder sind schon im Klassenraum, als ich komme. Vorher hatten sie im Musikraum Musik. Als ich die Klasse betrete, höre ich flüchtig die Bemerkung, im Musikunterricht habe es Ärger gegeben. Ich will nicht darauf eingehen, übergehe die Äußerung, merke erst später, daß sich dahinter ein dicker Konflikt verbirgt, an dem Julian beteiligt ist. Am Ende der Stunde erzählt mir Julian, Arne habe ihn angespuckt. Ich bitte Arne zur Klärung dazu.

Gespräch:

Ich: „Was ist geschehen?"

Julian: „Ich habe Dennis angespuckt. Da kamen alle auf mich. Arne hat mir ins offene Hemd gespuckt."

(Julian öffnet das Hemd, zeigt auf die Stelle. Ich finde die Vorstellung unangenehm, ärgere mich über Arne, besinne mich, kann mich unparteiisch auf die Klärung einstellen.)

Arne: „Also, es war so: Als erstes hat Julian die Tür zur Pausenhalle zugehalten. Da mußten wir durch, als wir vom Musikraum kamen. Ich hab dagegengedrückt. Dann hat Julian plötzlich losgelassen, und die Tür ist mir gegen den Kopf geschlagen."

Julian: „Daran waren die anderen schuld, die drückten zu stark."

Arne: „Ich hab mich gewehrt. Da hat Julian mich angespuckt. Dann hab ich ihn angespuckt."

Julian: „Nein, zuerst hat mich Dennis angespuckt, dann hat mich Peter angespuckt. Dann sind sie alle auf mich los. Dennis hat mir aufs Hemd gespuckt, Arne ins Hemd rein."

Ich: „Wie hat der Streit angefangen?"

Arne: „Wir kamen von Musik, da hat Julian die Tür zugehalten."

Ich: „Julian, als du zu mir gekommen bist und dich über Arne beschwert hast, da war ich einen Moment auf Arne ärgerlich. Ich habe gedacht: ‚Verdammt, warum macht Arne so etwas?' Und was erkenne ich jetzt?"

Arne: „Daß Julian mich auch bespuckt hat."

Ich: „Ich kann noch etwas erkennen. Ich kann erkennen, wie alles angefangen hat." (Beide schweigen.)

Julian: „Wie denn?"

Ich: „Ich weiß, wer angefangen hat."

Julian: „Ich! Aber nur mit Dennis."

Ich: „Erkennst du, welche Folgen das hatte?"

Julian: „Nein."

Arne: „Nein."

Ich: „Versteht ihr, was ich mit dem Wort Folgen meine? (Beide verneinen.) Es hat damit angefangen, daß du, Julian, die Tür, durch die alle Schüler mußten, zugehalten hast. Und dann ist es immer weiter gegangen. Es hat sich weiterentwickelt. Eins ist zum anderen gekommen. Zuletzt habt ihr euch bespuckt. Darüber, daß dich Arne angespuckt hat, hast du, Julian, dich bei mir beschwert. Ich finde Spucken blöd. Wer hat mit der ganzen Geschichte begonnen?"

Julian: „Ich."

Ich: „Julian, du hast angefangen. Für den weiteren Verlauf warst du mitverantwortlich. Das meine ich mit dem Wort

‚Folgen'. Für das, was aus dem Anfang entstanden ist, bist du mitverantwortlich. Nun kommst du zu mir und beschwerst dich darüber, daß dich Arne angespuckt hat. Spucken finde ich nicht gut. Aber Julian, du warst mitverantwortlich. Versteht ihr das?"
(Beide Jungen nicken und wirken gelöst.)

Interpretation:
Das anklagende Verhalten von Julian habe ich schon öfters beobachtet. Wenn ihm etwas zustößt, beschwert er sich. Sein Anteil ist ihm offensichtlich nicht bewußt. Es ist ein deutliches Beispiel dafür, daß die Wahrnehmung hinsichtlich der eigenen Beteiligung mindestens bei Julian nicht ausgeprägt ist. Für die Selbst- und Sozialentwicklung der Kinder ist es von entscheidender Bedeutung, daß sie die Folgen ihres Handelns erkennen. Das Beispiel macht deutlich, daß solche Situationen genutzt werden können und auch müssen, um die Entstehung, den Verlauf und das Ende von Konflikten genauer zu erfassen. Damit ist sowohl der äußere Verlauf als auch die innere (emotionale) Beteiligung gemeint.

Was steckt dahinter? Welche Szene verbirgt sich hinter den Ereignissen? Es geht um eine Provokation von Mitschülern durch Julian. Er hält die Tür zu. Es folgt die heftige Reaktion einiger Jungen: Dennis und Peter bespucken Julian. Arne versucht, zusammen mit anderen die Tür aufzureißen, sich den Weg von Julian nicht versperren zu lassen. Dabei bekommt er die Tür an den Kopf, Spucken ist auch seine Reaktion.

Wahrscheinlich verbirgt sich dahinter ein Rivalitätskonflikt zwischen Julian und anderen Jungen. Die anderen Jungen schlagen zurück. Julian ist sich über die Hintergründe und die Abläufe der Ereignisse nicht im klaren. Er spielt unbewußt immer wieder diese Szene. Es geht um Macht. Um sich seiner Macht sicher zu sein, muß er provozieren.

Er erntet immer wieder Niederlagen. Nun erhofft er sich vom Lehrer Beistand. Er hat die Zuwendung des Lehrers, indem dieser einen neutralen Klärungsdialog führt. Dabei wird Julian mit der Realität konfrontiert. Zuwendung und Anforderung werden im pädagogischen Handeln sichtbar. Die Selbst- und Sozialentwicklung von Julian wird mich noch öfters beschäftigen.

Einen Tag später:

Arne und Julian, mit denen ich gestern an ihrem „Spuckerei-Konflikt" gearbeitet hatte, begrüßen mich freundlich. Das freut mich besonders bei Arne, denn er hatte bisher mir gegenüber ein distanziertes Verhältnis. Ich hatte mir vorgenommen, darauf zu achten, wann und wie eine Beziehung zwischen einzelnen Kindern und mir entsteht. Für diese Situation hatte ich die bildhafte Ausdrucksweise gewählt: Ein Beziehungsfaden ist entstanden. Wie ist er entstanden? Ich nehme an, daß das gestrige Gespräch dabei eine wichtige Rolle gespielt hat. Ich konnte Arne gegenüber eine neutrale Haltung einnehmen, obwohl er von Julian beschuldigt wurde, ihn bespuckt zu haben. Ich war zunächst auch ärgerlich auf Arne, benötigte aber nur Sekunden, um eine reflektierte Haltung einnehmen zu können. Arne hatte in diesem Gespräch gemerkt, daß er den Konflikt aus seiner Perspektive darstellen konnte und daß ich seine Äußerungen auch akzeptierte. Er konnte erleben, daß ich durch meine Gesprächsführung Julian zu einer neuen Einsicht brachte, ohne daß ich einen von beiden moralisch verurteilt hätte. Meine Meinung über das Spucken habe ich dabei nicht verschwiegen. Dies war eher eine sachliche Mitteilung. Beziehungsfäden entstehen, wenn Schüler ihren Lehrer als zugewandten und kritischen Vermittler erleben. „Ein schöner Tag!" steht in meinem Tagebuch.

11. Die Montags-Szenen –
Arbeit mit einem inneren Bild

Situation:

Es ist Montag. Die schöne Atmosphäre vom Freitag ist wie weggeblasen. Es ist gut, daß ich nachlesen kann, den Tag als schön erlebt zu haben.

Es herrscht große Unruhe unter den Schülern. Julian kommt zu mir gerannt, sagt, einer habe ihn wieder bespuckt. Ich rate ihm, dem anderen zunächst aus dem Weg zu gehen, ich würde es später klären. Dazu komme ich nicht, denn es schlägt mir geballte Destruktion entgegen. Die Kinder (vorwiegend die Jungen) sind übermäßig laut, hören nicht auf das Signal der Klangschale, achten auch nicht auf meine Versuche, für Ruhe zu sorgen. Ich muß sie mehrfach auffordern, leise zu sein. Es ist, als sei ich nicht anwesend. Ich bitte die Mädchen, die ansprechbar sind, in den Gruppenraum zu gehen und sich dort frei zu beschäftigen.

Nun bin ich mit den Jungen allein in der Klasse und habe große Mühe, sie zum Zuhören zu bewegen. Ich versuche, ihre Unruhe in eine rhythmische Gestalt überzuführen. Ich bitte die Jungen, sich einen freien Platz im Raum zu suchen. Es passiert das, was ich aus anderen Situationen kenne. Sie stehen zu dicht beieinander, einer steigt auf eine Bank, ein anderer setzt sich auf einen Tisch. Sie sind albern, achten kaum auf meine Hinweise. Es dauert eine Weile, bis jeder einen entsprechenden Platz eingenommen hat und auch ruhig steht. Ich sage, bei dieser Unruhe sei es gut, kräftig aufzustampfen, zuerst mit dem einen Fuß, danach mit dem anderen. Ich mache es vor. Sie folgen meinem Beispiel. Ich lasse sie dazu klatschen und achte darauf, daß das Stampfen und

Klatschen seinen Rhythmus bekommt und behält. Dies erfordert Achtsamkeit gegenüber allen anderen und sich selbst gegenüber. Von dieser aktiven Phase, die die Unruhe der Kinder aufnimmt, leite ich hinüber zu einer ruhigen Pendelbewegung des Körpers. In dieser Phase bitte ich die Kinder, die Augen für eine Weile zu schließen. Hohe Konzentration und Ruhe kehren ein.

Interpretation:
Wenn es am Montagmorgen laut und hektisch zugeht, dann laufen wichtige psychische Prozesse innerhalb einer Jungen-Mädchen-Gruppe (Schulklasse) ab. Wenn nun ein Junge zunächst einmal sein eigenes Selbstbewußtsein wieder stabilisieren muß, um den Anforderungen zu genügen, die neben dem schulischen Lernen für ihn gegeben sind (sich in einer Gruppe behaupten), dann hilft es wenig weiter, wenn die überschießenden Aktivitäten einiger Jungen nun von Lehrerseite zum Anlaß für Erniedrigungen genommen werden. So erscheinen dann möglicherweise an der Tafel sechs Namen von „Störern", die doch eigentlich nichts anderes vorhatten, als ihre eigene Balance zu finden. Es kommt also darauf an, gerade am Montag mit den Schülern zusammen zu balancieren, bis man gemeinsam eine Basis gefunden hat, auf der man miteinander leben und lernen kann. Die Montags-Szenen sind gekennzeichnet durch folgende Elemente:

- Jeder macht, was er will. Es scheint ein regelfreier Raum zu existieren.
- Innerhalb ihrer Aktivitäten springen einige Kinder von einer Situation in die nächste. Alles geht blitzschnell und erinnert an das Zappen vor dem Fernsehgerät.
- Alles scheint gleichgültig zu sein. Es ist so, als sei ihnen alles gleichgültig.
- Wenn ich mich erlebe, als sei ich für die Kinder gar nicht da, dann mag das ein Hinweis auf die Erfahrung sein, daß in vielen Situationen des Wochenendes auch niemand für

sie da war. Ich muß mich, obwohl sie mich doch als ihren Lehrer kennen, erst wieder sichtbar machen.

- Es ist in jedem Fall eine Übergangssituation hinsichtlich der Erlebnisse am Wochenende. Die Kinder leben in den unterschiedlichsten familiären Systemen. Am Montag stoßen diese Ränder ganz deutlich aneinander.

Inneres Bild: Balancierscheibe
Immer wieder hatte ich versucht, mit den Kindern über die besondere Situation am Montag zu reden. Aber mit Reden war ich nicht weit gekommen.

Ich war sehr froh, als mir eine Situation auf einem Spielplatz einfiel. Dort gab es eine so große Balancierscheibe, daß ich mit der gesamten Klasse auf sie hinaufsteigen konnte. Nun lag es an jedem einzelnen und an uns allen, ob wir uns so aufeinander abstimmen könnten, daß wir auf der Scheibe bleiben oder abstürzen würden. Mit dieser Erfahrung, so nahm ich mir vor, würde ich am kommenden Montag in die Klasse gehen.

Mit Interesse und Spannung beginne ich nun am Montagmorgen mit meinem inneren Bild der Balancierscheibe den Unterricht. Ich stelle mir vor, daß wir alle aufeinander angewiesen sind, wenn wir gemeinsam unsere Balance finden wollen. Ich kann den Beginn locker und voller Erwartung gestalten, führe in das Tagesprogramm ein, habe interessierte und konzentrierte Schüler. Ich entscheide mich in der Situation, mein inneres Bild durch eine konkrete Aktion zu verstärken. Ich bitte einen Schüler aus einem Nachbarraum, ein Balancierbrett zu holen, denn über eine große Balancierscheibe verfügen wir nicht. Ich stelle mich auf das Brett, suche so meine Balance zu finden. Jeder dürfe im Verlauf der Stunde seinen Versuch machen, sage ich. Es folgt eine Unterrichtsstunde, bei der alle Kinder ruhig und konzentriert sind. Zwischendurch blicken sie zu demjenigen Schüler, der gerade seine Balanceübung macht. Seit einiger Zeit genießen meine Kollegin und ich diesen Wocheneinstieg. Ganz sicher überträgt sich die Balanceübung des einzelnen auf die übrigen Kinder.

12. Beziehungen herstellen über Konstruktionsversuche

Ich habe beschrieben, wie wichtig die Arbeit der Lehrkräfte an den eigenen Affekten ist. Ich habe mich nicht gescheut, auch Beispiele anzuführen, in denen sichtbar wird, daß meine Affektkontrolle versagte. Es bleibt eine kontinuierliche Aufgabe, durch Reflexionsarbeit eine Innen-(Affekte)Außenbeziehung (Interaktionen auf der Handlungsebene) herzustellen. Oft kommt man auch bei aufrichtigem Wollen nicht weiter, man dreht sich im Kreis und ist so selbst ein Teil eines Wiederholungsproblems. Bestimmte Verfahren können helfen, aus dem Teufelskreis eigener Befangenheit herauszukommen. Die Methode „Einen hilfreichen Namen finden" gehört dazu.

12.1. Aus Jan-Johann wird „Kugel-Jan"

Situation:
Jan-Johann machte uns immer wieder Probleme. Er löste in uns die unterschiedlichsten Gefühle aus. Wir hatten uns schon öfters mit ihm beschäftigt. Nun merkten wir, daß seine Verhaltensweisen unsere Aufmerksamkeit und unsere Gefühle stärker beanspruchten, als uns lieb war. Wir entschlossen uns, in Anlehnung an das Konzept von Ben Furman und Tapani Ahola (1995) für ihn einen hilfreichen Namen zu finden. Von diesem Konstruktionsversuch (vgl. auch S. 171) versprachen wir uns, Jan-Johann besser verstehen zu können. Gleichzeitig wollten wir eine größere Distanz zu seinen Verhaltensweisen finden. Es lag an uns, welche Prozesse er durch sein Verhalten in uns auslösen würde. Im

Team (Frau K., Frau L., Herr D. und ich) setzten wir uns über die Methode „Einen hilfreichen Namen finden" mit Jan-Johanns Verhaltensweisen auseinander.

- Skizze des Verfahrens

1. Vor dem Hintergrund unserer Erfahrungen für den Schüler einen Namen suchen, der Merkmale seines Verhaltens umfaßt.
2. Die Gefühle und Assoziationen benennen, die er durch sein Verhalten in uns auslöst.
3. Prüfen, ob die Namensgebung beibehalten werden kann oder verändert werden muß.
4. Perspektiven für den Umgang mit dem Schüler überlegen.

- Verlauf

1. Wir suchen einen Namen:
Das Ergebnis der ersten Runde sieht so aus: Mister inkognito, Kugel-Jan, Mister X, Megaman, Miniman, Quirl, Huschke, Arroganz, Quaximan. Eine kurze Reflexion führt dazu, einige Namen zu streichen. In der Folge entscheidet sich jede Lehrkraft für einen Namen und verwendet ihn auch im weiteren Gespräch. Die Entscheidung sieht so aus:
Herr D.: Miniman
Frau K.: Mister X
Frau L.: Quaximan
Ich: Kugel-Jan

2. Welche Gefühle und Assoziationen löst der Schüler in uns aus? Genauer formuliert: Welche Gefühle lösen Miniman in Herrn D., Mister X in Frau K., Quaximan in Frau L. und Kugel-Jan in mir aus?

Miniman löst in Herrn D. eine unklare Angst und Wut aus. Es scheint, als befinde er sich in einem Zustand ständiger Alarmbereitschaft. Herr D. sieht ein störrisches Tier vor sich, das an die Leine gelegt werden muß. Zuneigung und Wärme für Miniman seien nicht mehr vorhanden. Dann erscheine Miniman als kleiner Indianer mit Kriegsbemalung. Er befinde sich auf dem Kriegspfad. In Wirklichkeit suche er einen Häuptling. Er sei ohne Heimat.

Mister X löst in Frau K. Ärger, Ungeduld und Unsicherheit aus. Oft könne dieser die einfachsten Handlungen nicht oder nur mit großer Verzögerung ausführen, meint sie. So wisse er nicht, wie er nach dem Schwimmen mit seinen nassen Sachen umgehen solle. Das X stehe für seine verschlossene Art.

Quaximan löst in Frau L. Ärger, Wut, und Enttäuschung aus. Die Skala der Gefühle reiche von Zuneigung bis zu Rachegelüsten: „Dir werde ich's zeigen."

Kugel-Jan löst in mir Interesse und Verachtung aus. (Dabei fällt es mir schwer, das Gefühl von Verachtung offen zuzugeben und auszusprechen.) Mein Interesse bezieht sich auf das Innenleben von Kugel-Jan, der mir wie ein Verwunschener erscheint. Aus seiner Kugel kann er herausgreifen und treten. Man muß sich vor ihm schützen. Es gibt allerdings kleine Fenster und Öffnungen. Ich spüre, daß ich noch keinen Zugang zu Kugel-Jan habe. Er will etwas von mir, rollt auf mich zu, knurrt mich an. Ich sehe, wie er nach anderen Kindern tritt, wie er immer nur einer einzigen Beschäftigung nachgeht und nicht in der Lage ist, andere Möglichkeiten aus der Vielfalt der Angebote zu ergreifen. Auch seine Bemerkungen im Zusammenhang mit Klärungsgesprächen, wenn er die Aussagen anderer Kinder mit Bemerkungen wie „Megaschrott" bezeichnet, lösen in mir negative Gefühle aus. Gleichzeitig habe ich die Vorstellung, dieser Kugel-Jan könnte sich entwickeln. Wer könnte in welcher Form zu ihm Kontakt aufnehmen?

Interpretation:
Der bisherige Prozeß zeigt die Vielfalt und die ganze Skala von Gefühlen, die der Schüler in uns Lehrkräften auszulösen vermag. Die bisherige Konstruktionsphase hat zu einem Abtasten oder Ausleuchten des Bewegungsraums geführt, in dem nun pädagogisches Handeln stattfinden soll. Eine klare Sicht ist noch nicht entstanden. Aber es hat ein aktiver Umgang mit den Gefühlen stattgefunden, die der Schüler in uns auslöst. Sie können nicht mehr so frei in uns Platz greifen. Nach diesem Konstruktionsversuch rechnen wir mit ihnen und werden ihnen nicht unbesehen freien Lauf lassen. Könnte es uns nun gelingen, die Szenen des Schülers als Regisseure zu beeinflussen?

3. Prüfen, ob der gefundene Name beibehalten werden kann: Indem wir unser methodisches Vorgehen erneut reflektieren, verhalten wir uns zunächst wie Autoren eines Stückes, bei dem für eine bestimmte Person Namen gesucht werden. Wie sich unser Schüler tatsächlich verhält, das ist die eine Ebene; der Name, den wir ihm geben, ist eine andere Ebene. Es ist die Arbeit mit inneren Vorstellungen und Bildern, es ist ein gestaltendes Eingreifen auf der inneren Bühne. Der Schüler Jan-Johann weiß davon nichts. Aber wie wir ihn auf unserer inneren Bühne agieren lassen, das wird ihn beeinflussen.

Wer an dieser Stelle Skepsis gegenüber diesem Verfahren empfindet, dem möchte ich zu bedenken geben, daß die Verhaltensweisen der Kinder ständig in uns Gefühle auslösen, die sich ihre Protagonisten auf unserer inneren Bühne suchen. Das Geschehen läuft unbearbeitet ab und wird oft nur in starken Belastungssituationen wahrnehmbar. Wir tun nichts anderes, als uns in diesen Prozeß bewußt einzuklinken und zu versuchen, ihn über eine kurze Phase zu beeinflussen.

Das Bild des heimatlosen Indianerjungen, der sich auf dem Kriegspfad befindet und doch eigentlich nichts anderes sucht als einen Häuptling, hat einen starken Eindruck hinterlassen. Ich wende mich von meinem Namen Kugel-Jan ab und nenne ihn ab sofort: Indianer X. Frau L. entscheidet sich für: Little X; Frau K.: Little XXL.

4. Wie werden wir uns verhalten?

Frau K. meint, ich könnte vielleicht der Häuptling von Little XXL werden. Der gefundene Name Indianer Little XXL könnte ihm vielleicht sogar gefallen, und wir könnten ihn in ein Tipi einladen.

Frau L. stellt sich vor, als erfahrene und weise Indianerfrau ein Stück mit Little X zu gehen.

Herr D. erklärt: Bei ihm hätten sich zwei Sachen verändert. Freundlichkeit und Offenheit gegenüber Little XXL gingen zurück. Und er führt fort: „Wenn ich der Häuptling wäre, wäre ich auch für das Dorf verantwortlich, vor dem XXL mit seiner Kriegsbemalung steht. Das Dorf ist die Klasse. Und es haut nicht hin, daß die ihn freundlich aufnimmt. Ich habe nicht die Absicht, ihn freundlich aufzunehmen. ‚Du, hier ist kein Krieg. Hier nicht. Setz dich in deine Ecke und fang keinen Krieg an.‘ Ich will nicht vor der Klasse akzeptieren, daß er auf einem Kriegspfad ist. Ich will ihm nicht den Raum geben für das Kriegsspiel. Da steckt etwas Bitteres darin. Als Häuptling mit Verantwortung für einen Indianerstamm (Klasse) kann ich nicht mit XXL kämpfen, weil anderes Vorrang hat. In diesem Raum ist kein Platz."

Meine Perspektive sieht so aus: Ich habe nicht das Bild von einem Ideal als Häuptling gegenüber dem Indianerjungen. Ich komme nur weiter über die Assoziation: kämpfen. Ich spüre die Herausforderung durch den Jungen. Er kämpft bereits gegen mich, ob ich das will oder nicht. Ich muß mich vor ihm schützen, darf ihn nicht unterschätzen. Ich will ihn im Kampf nicht vernichten. Vielleicht würde es mir auch nicht gelingen. Er ist der Jüngere, ich bin der Ältere. Er ist wendig, voller Kräfte und Einfälle.

- Am Tag nach dem Gespräch

Als ich auf den Schulhof komme, sehe ich, wie Little XXL sich mit anderen Kindern prügelt. Als er sich aus einer Verbindung mit einem Jungen löst, tritt er diesem kräftig ins Hinterteil.

Später in der Klasse:
Er schreibt die Zahlen mit einem stumpfen Bleistift. Ich fordere ihn auf, den Bleistift anzuspitzen und dann auch die Zahlen gut lesbar zu schreiben. Er lehnt das Anspitzen ab. Ich bestehe darauf. Er habe keinen Anspitzer. Er möge sich einen von einem Mitschüler borgen, sage ich. „Nee", sagt er und drückt seinen Kopf mit den Händen zusammen, so daß nur noch seine Augen zu erkennen sind. Das sei eine Aufgabe wie viele andere auch, erkläre ich ihm. Ich erwarte, daß er diese Aufgabe nun ausführe. Ich sei der Meinung, das könne er schaffen. „Die anderen geben mir keinen Stift", entgegnet er. „Du hast es noch nicht versucht", sage ich. „Versuche es, ich werde darauf achten, ob es klappt." Nach einer Weile erhebt er sich, geht zum Nachbartisch, spricht Ferdinand an. Der tut so, als ginge ihn das nichts an, wendet sich ab. Arne schaltet sich ein, als er Jan-Johann mit seinem Anliegen wahrnimmt. Er fordert Christoph auf, ihm den Anspitzer zu borgen. Da dieser nicht reagiert, greift Arne in dessen Federtasche, holt den Anspitzer heraus und gibt ihn Jan-Johann. Dieser geht auf seinen Platz, spitzt seinen Stift an und bringt den Anspitzer zurück. „Du hast es geschafft", sage ich.

Nachdem er seine Aufgaben erledigt hat, bitte ich ihn zu einem Gespräch. Ich hatte mir vorgenommen, an dem gestrigen Bild vom kleinen Indianerjungen, der sich – heimatlos – auf dem Kriegspfad befindet, anzuknüpfen. Ich wollte sehen, ob hier eine Identifikationsmöglichkeit liegen könnte. Allerdings hatte mir das Verhalten eben gezeigt, daß das Bild nicht stimmig ist. Auch im anschließenden Gespräch über Indianer bemerke ich keinen Ansatzpunkt.

Reflexion:
Es kommen mir Zweifel, ob das Bild vom Indianerjungen zu diesem Zeitpunkt als Identifikation taugt. Die Abwehr, die ich bei Jan-Johann spüre, läßt mich zweifeln. Es ist die Frage, ob er überhaupt schon in der Lage ist, sich in einen Jungen mit anderer Hautfarbe, der in einem fremden Land unter anderen Lebensbedingungen lebt, in einer anderen Kultur aufgewachsen ist, hineinversetzen kann. Mir rückt die Vorstellung von Jan-Johann, der aus welchen Gründen auch immer in eine Kugel-Gestalt verwunschen worden ist, näher. Diese Kugelgestalt gibt nicht viel von sich preis. Auf Nachfrage kommen nur spärliche Informationen. Er löst in seiner Art in mir das Gefühl aus, als sei es eine Zumutung, mit ihm solche Fragen zu erörtern.

Vor einigen Wochen hatte ein Gespräch mit seinen Eltern stattgefunden. Wir berichteten, daß er ständig die Regeln übertrete und unsere Anweisungen mißachte. Seine Beschäftigung mit Sachinhalten sei sehr einseitig. Neue und erweiterte Angebote nehme er kaum wahr, er könne sich auch nicht gut selbst beschäftigen, ziehe andere Kinder in Auseinandersetzungen hinein. Bei Unterrichtsgängen in unbekannte Gegenden (Wald) zeige er Angst. Die Eltern erklären in diesem Gespräch, ihr Sohn sei schon immer so gewesen. Er würde sich nicht ändern. Daß er auch Angst habe, darüber wundern sie sich.

Erweiterung des Verstehenshorizonts:
Eine Situation, die sich einige Tage zuvor abspielte: Am Ende des Unterrichts, während sich die Kinder im Flur anziehen, redet er so laut, daß ich es hören muß: „Morgen reiße ich die Schule ab!" Ich gehe zu ihm, sage, daß ich seinen Ausspruch gehört habe, nehme dann mein Tagebuch,

stelle mich an einen Tisch im Flur, schreibe den Satz hinein. Er schaut zu. Ich wolle mit ihm darüber reden, sage ich. Ich möchte wissen, was er damit gemeint habe. Als ich am Montag die Kinder vom Schulhof abhole, springt mich ein Kind von hinten an. Es ist Jan-Johann. Ich deute dies als ungestüme Kontaktaufnahme. Sie ist unangemessen. Es ist sein Versuch, mir eine wichtige Mitteilung zu machen: „Ich bin da, und zwar mit Kraft. Von dir will ich die Grenzen gezeigt bekommen", so deute ich sein Verhalten. Gleichzeitig empfinde ich das Anspringen als einen aggressiven Akt. Als ich mich umdrehe, lacht er. Für mich ist es ein Zeichen dafür, daß er seine vorhandenen Aggressionen nicht wahrhaben darf. Wenn er lacht, dann kann das Verhalten als ein Scherz gedeutet werden. Ich habe schon mehrmals wahrgenommen, daß er mich anknurrt, wenn ich in die Klasse komme. Spreche ich ihn darauf an, dann sagt er: „Weiß ich nicht". Auch dies deute ich als aggressives Verhalten mir gegenüber. Wenn er es verbal nicht erklären kann, dann kann ich ihm auch nichts anhaben, mag er denken. Ich bleibe bei meinem Bild von einem verwunschenen Jungen, der in einer Kugel gefangen ist, dessen Innenleben mir fremd ist, und den ich nur in seinen Außenbewegungen wahrnehme. Er tritt und springt als Kugel-Jan. Spricht man ihn an, zieht er Hände und Beine zurück und lächelt. Aus demselben Mund kommen aber auch aggressive Knurrgeräusche. Es wird mir deutlich, daß ich dem Schüler auf der Handlungsebene als Lehrer begegnen muß. Auf der inneren Ebene kann ich ihn mir als Kugel-Jan denken. So schaffe ich mir Distanz und behalte die nötige Neugier.

Erweiterung meines Handelns:
Ich schreibe eine kurze Phantasiegeschichte von einem Jungen, der in einer Kugel gefangen ist. Der Ausgang ist offen. Diese lasse ich Jan-Johann lesen. Er zeigt zumindest äußerlich kein Interesse. Er weist die Beschäftigung mit der Geschichte

zurück. Es kommen mir Zweifel hinsichtlich meiner konkreten Arbeit. Vielleicht müßte ich weiterhin mehr Geduld haben und abwarten, diesem Schüler nicht mehr so viel Interesse entgegenbringen, wie ich es zur Zeit tue. Die gemeinsame Konstruktionsarbeit hat mich doch sehr weit gebracht. Das innere Bild eines verwunschenen Jungen, der sich noch entfalten kann, könnte ich als Geschenk der gemeinsamen Arbeit ansehen. Es könnte für mich die Bedeutung haben, daß ich Geduld haben muß und daß eine „Erlösung" des Kugel-Jan nicht unbedingt durch mich erfolgen müßte. Vielleicht ist es ein Mitschüler, der den Weg zu ihm findet.

Ergebnis der Bemühungen:
So ist es dann auch gekommen. In der Folgezeit ermögliche ich den Jungen wieder öfters Ringkämpfe. Jan-Johann, der sich bisher zurückgehalten hat, kämpft gegen Ferdinand. Er sagt zwar vor dem Kampf: „Ich mach dich alle", was ich als Zeichen seiner Unsicherheit und Angst deute, im Kampf verhält er sich aber fair. Kurze Zeit später wird er mit Dennis das Mühlespiel entdecken. Über das Fußballspiel entsteht zu Frank ein enger Kontakt.

Nach einigen Tagen bringt Jan-Johann einen Stoff-Frosch mit. Er guckt zu mir herüber, ob ich das wohl gesehen habe. Dies signalisiere ich ihm. Später bitte ich ihn zu mir und frage, ob der Frosch einen Namen habe. „Nee!", antwortet er. Ein weiterer Zugang ist nicht möglich. Vielleicht, so lasse ich ihn wissen, würde ich noch mehr über den Frosch erfahren. Im stillen interpretiere ich den Frosch als Symbol des verwunschenen Prinzen. Mir ist es möglich, plötzlich die kleine und zarte Seite von Jan-Johann zu erkennen. Auf einer unbewußten Ebene ist es offensichtlich zwischen uns zu einer Verständigung gekommen, die uns auf der Verhaltens- und Sprachebene noch nicht gelingt. Warum bringt er gerade einen Frosch mit? Ich fühle mich bestätigt in meinem Bild. Es ermöglicht mir, tatsächlich Jan-Johann gegenüber geduldig zu sein, ihn wahrzunehmen und zu beachten, ohne ihn zu drängen, seine „Kugel" vorschnell zu verlassen. Diese zwischen uns entstandene Beziehung trägt. Auch Jan-Johann scheint das zu spüren. Er ist mir gegenüber nicht mehr aggressiv. In der folgenden Zeit bahnt sich eine Freundschaft mit Dennis an. Beide entdecken ihr großes Interesse an Mathematik, arbeiten oft gemeinsam und wünschen zusätzliches Arbeitsmaterial. Da sie sehr schnell arbeiten, haben sie viel Zeit für Spiele zur Verfügung. So sitzen sie oft beieinander und machen einen zufriedenen Eindruck. Ich kann mich zurückhalten und signalisieren, daß ich mit Jan-Johanns Leistungen im Fach Mathematik sehr zufrieden bin und daß ich mich über ihr Spiel freue.

So ist es Dennis, mit dem Jan-Johann einen intensiven Kontakt über ein Unterrichtsfach und über ein logisches Spiel aufbaut. Dieser Kontakt entwickelt sich schließlich zu einer Freundschaft. Im Fußballspiel ist es Frank, den Jan-Johann wegen seines Könnens sehr bewundert und dem er nacheifert. Frank übernimmt streckenweise, ohne daß dies ausgesprochen wird, Verantwortung für Jan-Johann. So entwickelt sich nach und nach über die Beziehungen zu den beiden Mitschülern eine größere Verhaltenssicherheit bei Jan-Johann. Er muß weder seine Mitschüler noch seine Lehrer provozieren. Inzwischen knurrt er mich nicht mehr an, wenn er mir morgens begegnet. Er begrüßt mich freundlich wie die meisten anderen Kinder, und ich grüße ebenso freundlich zurück.

Reflexion:
Das entscheidende Merkmal meines pädagogischen Handelns bestand in der Affektarbeit, die ich im Team intensiv betreiben konnte. Daraus erwuchs ein inneres Bild, das es mir ermöglichte, Jan-Johann gegenüber geduldig zu sein. So konnte zwischen uns beiden eine Beziehung entstehen, die nicht primär auf der sprachlichen Ebene angesiedelt war. Jan-Johann

konnte sein Selbst über die Beziehungen zu zwei anderen Jungen ausbauen. Ich konnte dies wahrnehmen und im stillen würdigen.

Es lassen sich aus dieser Erfahrung einige Grundgedanken ableiten: Die Arbeit mit einem „hilfreichen Namen" oder einem „inneren Bild" ist der Versuch, auf experimentelle Weise das richtige Verhältnis von Distanz und Nähe zu einem Schüler zu finden. Über dieses Verfahren kann sich eine problematische Lehrer-Schüler-Beziehung zugunsten gegenseitiger Akzeptanz verändern. Das Kind fühlt sich durch die zugewandte Art seines Lehrers angenommen und gleichzeitig in seiner Schülerrolle ernst genommen. So können Beziehungen entstehen, die von gegenseitiger Empathie getragen werden. Diese Konstruktion ermöglicht es dem Lehrer, seine Affekte wahrzunehmen, zu bearbeiten und kontrolliert an den Beziehungen zu arbeiten.

12.2. „Geheimer Provokateur" – oder „Hellseher"?

Dieses Konstruktionsverfahren will ich an einem weiteren Beispiel erläutern. Johannes war immer wieder in Konflikte verwickelt. Ich hatte mir vorgenommen, gelegentlich mit ihm Gespräche zu führen, und hoffte, seine Motive und Handlungsweisen besser verstehen zu können.

Gespräch mit Johannes zum Thema Freundschaft:
Ich: „Wer zählt zu deinen engsten Freunden? Ich meine, wer ist auch mit dir gut Freund?"
Johannes: „Eigentlich habe ich gar keine."
Ich: „Wie findest du das?"
Johannes: „Gut."
Ich: „Möchtest du keine Freunde haben?"
Johannes: „Doch, aber ich hab im Moment keine engen

Freunde. Freunde sind es, aber nicht eng. Also es sind gute Freunde."

Ich: „Wen zählst du zu deinen guten Freunden?"

Johannes: „Jan, der geht nicht hier zur Schule. Arne, Janne, der wohnt nicht in Göttingen, Ferdinand, Jan-Johann und Stephan."

Ich: „Ich will dir sagen, warum ich dich nach deinen Freunden gefragt habe. Ich finde, du weißt gut Bescheid. Wenn irgend etwas passiert, dann weißt du das." (Hier drücke ich mich ungenau aus. Ich wollte sinngemäß sagen, daß er oft in Konflikte verwickelt sei, daß er eventuell der Mitinitiator von Konflikten sei. Wer an erster Stelle mitmacht, der weiß auch gut Bescheid. Ich hatte meine Gedanken noch nicht klar formuliert, da antwortete Johannes blitzschnell auf meine Andeutung. Insofern bin ich auch zufrieden mit meiner Ungenauigkeit.)

Johannes: „Ich weiß. Ich weiß aber nicht, warum ich soviel weiß. Und dann warne ich meine Freunde."

Ich: „Wie könnte man so einen nennen, der immer schon weiß, was passieren wird?"

Johannes: „Vielleicht Hellseher."

Ich: „Dann bist du für mich der Hellseher."

Johannes: „Dann muß es aber Arne auch sein."

Ich: „Eine Frage und eine Aufgabe für dich. Hellseher, wie geht es dir? Denk darüber bitte nach. Und nun die Aufgabe: Was kannst du Gutes mit deinen Fähigkeiten machen?"

Reflexion:

Im Sinne der sich selbst erfüllenden Prophezeiung können sich Johannes und Arnes Gedanken natürlich auch selbst eine Wirklichkeit schaffen. Aber im Vordergrund meiner Überlegungen bleibt die Annahme, daß Johannes ein Gespür dafür entwickelt hat, wo sich Konflikte ergeben könnten. In diese begibt er sich hinein. Manchmal habe ich den

170

Eindruck, daß er sie initiiert. Die Frage nach seinem Wohlbefinden hat als Hintergrund die Überlegung, daß er irgend etwas vermißt und deswegen so oft in Konflikte verstrickt ist. Johannes unterscheidet zwischen engen und guten Freunden. Einen engen Freund hat er nicht. Darunter verstehe ich einen Menschen, auf den ich mich verlassen kann, dem ich auch meine Sorgen und Probleme anvertrauen kann. Meine Vermutung, daß eine Unzufriedenheit wegen eines fehlenden Freundes Ursache für seine Verstrickungen sein könnte, muß ich zurücknehmen. Er zählt immerhin einige gute Freunde auch aus der Klasse auf.

Frau L. und ich versuchen, über das oben beschriebene Konstruktionsverfahren einen besseren Zugang zu Johannes zu finden.

1. Wir suchen einen hilfreichen Namen:
Frau L: „Jonny Ruppig"; ich: „Geheimer Provokateur".

Unsere Begründungen:
Frau L.: „Er läßt mich nicht an sich ran. Er blafft mich an, daß ich zurückpralle. Äußerlich macht er einen kleinkindhaften Eindruck. Wenn ich ihm Sympathie zeige, läßt er mich abblitzen, dann bin ich verletzt. Ich habe mit ihm noch nie über ihn selber gesprochen. ‚Nein, erzähl ich nicht,' sagt er dann. Oft erlebe ich ihn als eingeschnappt und mürrisch."

Für mich ist er aus den obengenannten Gründen ein „geheimer Provokateur". Ich finde seine Bezeichnung, er sei ein Hellseher, sympathisch.

2. Was löst er in uns aus?
Durch die beschriebene Art löst er Ärger und auch Desinteresse bei uns beiden aus.

3. Perspektiven:
  Wir suchen das Gespräch mit den Eltern und werden danach weitere Schritte überlegen.

Gespräch mit den Eltern:
(Ich führe das Gespräch allein, da Frau L. verhindert ist.) Ich erkläre den Eltern, daß Johannes stärker als zu Beginn der Schulzeit integriert sei. Oft sei er allerdings sehr verschlossen. Das erlebten sie zu Hause auch so, bestätigt der Vater. Oft lehne er zu Hause Angebote, die sie ihm machten, einfach ab. Ich erzähle weiter, daß er sich oft beleidigt gebe. Noch bevor wir etwas gesagt oder getan hätten, wirke er schon mürrisch und eingeschnappt. Es sieht dann so aus, als hätten wir ihm etwas angetan. Diese Äußerung wird von Johannes' Vater bestätigt. Er sei unsicher, fügt er hinzu, könne nicht verlieren. Noch ehe der Ausgang eines Spiels abzusehen sei, schmeiße er manchmal schon die Karten hin. Ich erwähne noch, daß er sich oft in die Angelegenheiten anderer Kinder einmische. Auch das kann der Vater bestätigen. „Was können wir nur tun?" fragt er. Ich gebe einige Anregungen, erwähne das Fußballspiel, über das gerade Jungen so viel Selbst- und Sozialerfahrung sammeln. Genau gegen dieses Spiel sei er eingenommen, sagt der Vater. Solche Spiele seien ihm seit seiner Schulzeit verleidet worden. Ich erkläre die zahlreichen Möglichkeiten, die das Fußballspiel für die Selbst- und Sozialentwicklung bietet. Danach bitte ich den Vater, über folgendes nachzudenken: Nicht er müsse Fußball spielen, darum gehe es nicht. Er solle prüfen, ob er dem Spiel eine Bedeutung für die Entwicklung seines Sohnes abgewinnen könne. Welche Erfahrungen auch immer seine negativen Einstellung bewirkt hätten, er solle für seinen Sohn in die Zukunft blicken. Vielleicht sei für die Zukunft seines Sohnes das Fußballspielen sehr wichtig. Nicht nur zurück – auch nach vorn schauen, sage ich, darauf komme es an, und verdeutliche diesen Gedanken über die Zeichnung einer Zukunftsschleife (Skizze 8).

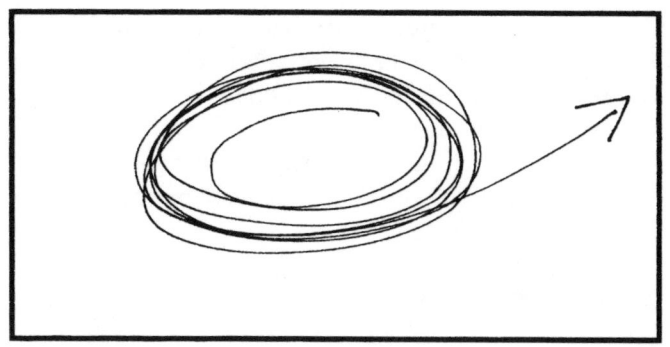

Skizze 8

Zwei Tage später:
Ich bin bei den Kindern auf dem Pausenhof. Jan-Johann, Frank und Julian spielen Fußball. Der Ball rollt auf den Schulhof, ich schieße ihn zurück auf das Spielfeld, bekomme spontan Lust mitzuspielen, merke, daß sich die Jungen freuen. Sie rufen andere herbei, bilden blitzschnell eine Mannschaft. Johannes ist auch dabei. Wir sind zusammen in einer Mannschaft. Es ergeben sich viele Möglichkeiten, ihm den Ball zuzuspielen. Sollte das schon eine Wirkung des Gesprächs sein? Ich wage es kaum zu glauben.

Bei unserer nächsten Teambesprechung, es sind sechs Tage vergangen, fragt meine Kollegin, die am Gespräch mit den Eltern nicht teilgenommen hatte, was ich wohl mit den Eltern besprochen haben könnte; Johannes habe sich ja so verändert. Er komme auf sie zu, und rede zum erstenmal ganz offen mit ihr.

Während der weiteren Reflexion fällt uns noch auf, daß beim ersten Gespräch nur Johannes' Mutter anwesend war. Sie hatte damals ihren Sohn immer in Schutz genommen. Es schien, als dürfe sie sein Verhalten nicht wahrhaben, als müsse es „geheim" bleiben. Möglicherweise lasten sehr starke Erwartungen der Mutter auf ihm, und er merkt, daß er diese nicht erfüllen kann oder will. So haben beide, Mutter und

Sohn, eventuell ein verdeckendes Verhalten ausgebildet. Der Vater hingegen sieht die Probleme seines Sohnes, kann offen darüber sprechen, fragt auch nach Hilfe. Ich gebe ihm einige Hinweise, mit denen er offensichtlich etwas anfangen kann. Sollte Johannes mehr Offenheit zeigen dürfen, dann kann er sich auch offener verhalten und muß nicht mehr als „geheimer Provokateur" tätig sein.

Was hat die Konstruktionsarbeit gebracht?

Einige Zeit später ist Johannes gut in die Jungengruppe integriert. Er spielt mit großem Einsatz Fußball, erweitert seine spielerischen und konditionellen Möglichkeiten und findet so Anerkennung bei seinen Mitschülern. Er wird Mitglied in einem Fußballverein. Seiner Klassenlehrerin und mir begegnet er mit zunehmender Offenheit. Wenn er mir morgens auf dem Weg zur Schule begegnet, ruft er mir schon aus der Ferne einen lauten Gruß zu. Imponiert hatte mir der Name „Hellseher", den er für sich gefunden hatte. Sein Verhalten, das von mir überwiegend negativ gesehen und erlebt wurde, konnte er für sich positiv formulieren. Er hatte ja auf einer unbewußten Ebene Gründe, warum er sich so verhielt. So sprang über seine unvoreingenommene Art, in der er einen passenden Namen für sein Verhalten formulierte, ein Funke auf mich über. Ich konnte ihn – noch nicht unmittelbar nach diesem Ereignis – mehr und mehr in seinem aggressiven Bemühen um sein Selbstverständnis und seine Selbstsicherheit verstehen. Seine Verhaltensänderung erfolgte nicht abrupt. Sie ist, so vermute ich, das Ergebnis mehrerer Prozesse, die sich gegenseitig verstärkten. Nach einigen Monaten hatte er ein hohes Maß an Selbst- und Sozialkompetenz erworben. Ich skizziere noch einmal den Prozeß:
• Johannes hat mit „Hellseher" einen hilfreichen Namen für sich gefunden.

- Über diesen Prozeß entwickle ich Empathie für ihn. Meine negativen Empfindungen, die sich in meiner Namensgebung finden, wandeln sich zu einer positiven Sicht. Ich kann seine Aktivitäten als Bemühungen zum Aufbau von Selbstsicherheit verstehen.
- Das Gespräch mit dem Vater hat offensichtlich eine Wirkung gehabt, die nicht nur das Verständnis dem Sohn gegenüber erweiterte, sondern ihn auch von der Festlegung durch die Erlebnisse des Vaters befreite.
- Schließlich führen diese inneren Prozesse, die hypothetisch angenommen werden, zu konkreten Verhaltensänderungen. Der Junge, der bei einem der ersten Spiele (vgl. S. 113) in seinem eigenen Spiel gefangen war, entfaltet sich zu einem wilden und kraftvollen Fußballspieler.
- Seine Mitschüler wissen seine Leistungen zu schätzen. Er ist in die Gruppe integriert, kann realistisch Erfolge und Mißerfolge erleben. Er muß nicht mehr, weil ein Spiel verloren wird, die „Spielkarten einfach hinwerfen". Und er muß nicht mehr als „geheimer Provokateur" tätig sein, weil er offen handeln kann.
- Aus der Rückschau kann ich festhalten, daß sich Johannes seine erworbene Selbstsicherheit erhalten hat. Er hat sich zu einem guten Fußballspieler entwickelt und wurde mehr und mehr von seinen Mitschülern akzeptiert. Seinen Lehrern begegnet er nun freundlich.

13. Tragfähigkeit der Beziehungen unter den Jungen

Zum Verfahren:

Ich setze mich mit den Jungen in einen Kreis, schlage mein Tagebuch auf und teile ihnen mit, daß ich gern wissen möchte, wie es ihnen in der Gruppe ginge, mit wem sie sich gut verstehen würden. Für jeden Jungen zeichne ich vor aller Augen einen Kreis mit dem ersten Buchstaben des Vornamens in mein Tagebuch. Ein Junge beginnt, sagt, mit wem er sich gut versteht. Der benannte Junge antwortet gleich, ob das für ihn auch gegenüber demjenigen zutrifft, der die Aussage macht. Es ist auch möglich zu sagen, daß man sich nicht gut mit einem Schüler versteht. Die Verbindungslinien entstehen vor den Augen der Schüler. Erstaunlicherweise können sie einer solchen Aufzeichnung sehr gut folgen. Sie wissen im Anschluß sogar, wie viele positive oder negative Bekundungen sie erhalten oder gegeben haben. In der Regel erstelle ich ein solches Soziogramm nach den ersten Wochen der gemeinsamen Arbeit, in der Mitte und am Ende eines Schuljahres. So lassen sich die Beziehungen der Kinder zueinander in ihrer Entwicklung feststellen. Es werden auch problematische Beziehungen sichtbar, an denen dann gearbeitet werden kann (vgl. Tabelle 1).

Interpretation einiger Daten:

Ich bin sehr froh über das insgesamt gute Ergebnis. Dies gilt besonders, wenn ich an den Anfang der Arbeit in dieser Klasse zurückblicke. Nach sechs Monaten sind zwischen den Schülern und zwischen der Klasse und mir tragfähige Beziehungen entstanden.

Pfeildiagramm: „Ich verstehe mich gut mit …"

Name	gegebene Bekundung	erhaltene Bekundung	gegebene Ablehnung	erhaltene Ablehnung
Hendrik	5	6	1	2
Arne	6	8	1	1
Peter	7	7	1	1
Frank	11	11		
Bastian	7	10		
Julian	3	3	3	4
Thorsten	4	6	2	
Johannes	7	4	1	3
Sascha	4	4	1	1
Sören	9	10	1	
Ferdinand	5	7		
Leo	6	6		
Jan-Johann	4	5	1	
Dennis	7	8	3	3
Ich	8	8		

Tabelle 1

Auch bei den Schülern, die mit ihren Bekundungen und den erhaltenen Bekundungen am niedrigsten liegen, gibt es ein tragfähiges Beziehungsgefüge. Die anfängliche „Du-Sehnsucht" vieler Schüler wurde durch realistische Beziehungen erfüllt.

Einige Einzelheiten:
Ich freue mich sehr darüber, daß Sascha von sich aus formuliert, er verstehe sich gut mit mir. In der Anfangsphase hatte er mich oft provoziert. Immer dann, wenn Konzentration

eintrat, sorgte er für Unruhe. Im stillen hatte ich ihn „Hochspannungszerstörer" genannt. Nun sagt er offen zu mir: „Ich verstehe mich gut mit Ihnen." Welch ein Entwicklungsschritt!

Auch über Arne freue ich mich. Ihm ist es sehr wichtig, sein gutes Verhältnis zu mir zu betonen. Gerade mit ihm hatte ich immer wieder starke Auseinandersetzungen.

Bei der Arbeit mit dem Pfeildiagramm habe ich nur dann eine Aussage gemacht, wenn vorher ein Kind seine Beziehung zu mir angesprochen hatte. Arne wünschte am Schluß der Stunde, daß ich mein Verhältnis zu allen erkläre. Die Stunde war um, so blieb die Frage teilweise offen.

Johannes ist nicht gut weggekommen. Er betonte sein gutes Verhältnis zu Arne, wurde aber von ihm zurückgewiesen. Johannes wurde vor jeder weiteren Nennung sehr vorsichtig. (Zu diesem Zeitpunkt steckt der oben beschriebene Prozeß noch in den Anfängen.)

Nachdenklich stimmen mich die Ablehnungen, die Julian erhält. Er gibt drei Ablehnungen und erhält selbst vier Ablehnungen. Mir war in der letzten Zeit aufgefallen, daß er immer wieder in heftige Auseinandersetzungen verwickelt war. Teilweise ging es um Schlägereien in der Klasse, bei denen er sich mit anderen Schülern heftig prügelte, auch an den Haaren riß. Allein durch Zurufe waren die Streithähne nicht auseinanderzubringen. Ich mußte mehrfach dazwischengehen. Ich hatte mir bereits vorgenommen, mit Julian darüber zu reden.

Erfolge stellen sich ein. Sie basieren auf der individuellen Zuwendung und unseren Anforderungen. Bei den vielen Einzelgesprächen und den Konfliktgruppengesprächen waren sie damit konfrontiert. Sie haben gemerkt, daß wir auf der Einhaltung bestimmter Grundregeln bestehen, ohne die konstruktive Prozesse der Selbst- und Sozialentwicklung nicht möglich sind. Durch die Chancen der Wiedergutmachung nach Beleidigungen, Demütigungen und Schlägereien haben die beteiligten Kinder Entlastung und Erleichterung erfahren. Sie haben Perspektiven für ein weiteres Zusammenleben mit uns erarbeitet, auch wenn der Konflikt sehr belastend war. Im übrigen führe ich unsere Erfolge auf die Auseinandersetzung mit uns selbst zurück. Es zahlt sich aus, die eigenen Gefühle nicht zu verleugnen, sondern sie zu benennen und an ihnen zu arbeiten.

14. Psychische Ressourcen nutzen

In der letzten Zeit war Julian immer wieder dadurch aufgefallen, daß er sich mit anderen Jungen prügelte. Es scheint sich um die schon erwähnten Wiederholungsprobleme zu handeln, aus denen Julian allein keinen Ausweg sieht. Oberflächlich gesehen geht es um Rivalitäten. Es geht aber auch um die Form der Auseinandersetzung und um die Art, wie solche Probleme gelöst werden können. Ich nehme mir vor, mit Julian und seinen Kontrahenten Gespräche zu führen. Dabei möchte ich Julian motivieren, seine psychischen Ressourcen zu nutzen und Entwürfe in die Zukunft zu machen.

Gespräche:

Ich: „Ich möchte mir dir darüber reden, daß sich einige Kinder nicht gut mit dir verstehen und daß du dich auch nicht gut mit ihnen verstehst. Ich zeige dir meine Aufzeichnungen von gestern." (Ich schlage mein Tagebuch mit dem Soziogramm auf. Julian schaut sich die roten Linien mit der Bedeutung „Ich verstehe mich nicht gut mit ..." an. Dabei sagt er): „Das sind Peter, Hendrik, Dennis und Jan-Johann."

Ich: „Kannst du dir erklären, warum sie sich nicht gut mit dir verstehen?"

Julian: „Mh, mh."

Ich: „Denk nach."

Julian: „Weil ich sie immer schlage."

Ich: „Das wird der Grund sein. Kannst du dir eine Änderung vorstellen?"

Julian: „Ich glaube nicht."

Ich: „Willst du, daß etwas anders wird?"

Julian: „Ja!"

180

Ich: „Dann überlegen wir jetzt, wie das gehen kann."

(Bei drei Jungen meint Julian, er könnte das Problem bereinigen, wenn er Entschuldigung sagte. Bei einem weiß er nicht, was er tun könnte.)

Ich: „Nun, gehe bitte zu einem der vier Jungen, bitte ihn zu uns und sage ihm, daß du mit ihm über euer Problem reden möchtest." Julian denkt eine Weile nach, dann geht er zu Dennis, redet mit ihm, und beide kommen zu mir.

● Gespräch: Dennis/Julian

Ich: „Dennis, was hat Julian zu dir gesagt?"
Dennis: „Daß ich kommen soll."
Ich: „Julian, du mußt Dennis erklären, worum es geht."
Julian: „Weil wir uns gestritten haben."
Dennis: „Worüber?"
Julian: „Über Schneebälle."
Dennis: „Weiß ich nicht mehr."
Ich: „Ihr hattet Streit." (Dennis nickt.) „Kann sich das ändern?"
Julian: „Natürlich, Entschuldigung sagen."

Er reicht Dennis die Hand, sie sagen gegenseitig Entschuldigung. Dennis geht auf seinen Platz.

● Gespräch: Jan-Johann/Julian

In diesem Augenblick kommt Jan-Johann mit einer gebastelten Rakete bei uns vorbei und zeigt sie mir. Julian greift ihn am Arm und sagt: „Ich will mit dir reden. Na komm schon." (Jan-Johann setzt sich zu uns.)
Julian: „Wir haben uns gestritten. Ich will Entschuldigung sagen."
Ich: „Kannst du die Entschuldigung annehmen?"

Jan-Johann strahlt über das ganze Gesicht und sagt: „Ja." Beide reichen einander die Hand. Jan-Johann nimmt seine Rakete und spielt weiter.

181

- Gespräch: Peter/Julian

Ich: „Julian, erkläre Peter, worum es geht."
Julian: „Wegen des Streits."
Peter: „Welcher Streit?"
Julian: „Die Striche." (Er meint die roten Striche im Tagebuch.)
Peter: „Ach so."
Ich: „Julian, sag deinen Wunsch."
Julian: „Daß wir uns gut verstehen."
Peter: „Aber meistens fängt Julian Streit an."
Ich: „Hast du gehört?"
Julian: „Weiß ich nicht."
Ich: „Wenn du sagst: ‚Weiß ich nicht', ‚das glaub ich nicht'. –
   Du weißt es genau."
Julian: „Entschuldigung sagen."
Peter: „So einfach ist das nicht. Ich würde wünschen, daß er
   nicht mit mir Streit anfängt."
Ich: „Hast du das gehört?"
Julian: „Ja."
Ich: „Julian, bevor du jetzt antwortest, denk darüber nach,
   was du sagst. Was du jetzt sagst, mußt du auch einhalten."
   (Es entsteht eine Pause.)
Julian: „Na gut, ich hör auf."
Peter: „Okay."
Ich: „Besiegelt das."
   Sie geben einander die Hand.
   Die Zeit ist um. Julian hätte auch noch Hendrik geholt,
um mit ihm die Situation zu bereinigen. Wir verschieben dies
auf den nächsten Tag.

Interpretation der Gespräche:
Für Julian sind es große Schritte, zu den anderen Kindern
zu gehen, sie anzusprechen und um Entschuldigung zu bitten. Während dies bei Dennis und Jan-Johann schnell gelingt, besteht Peter darauf, etwas gründlicher über die Pro-

bleme zu sprechen. Auch das gelingt. Julian haben die Ereignisse vom Vortag sicher sehr nachdenklich gestimmt, sonst wäre er nicht zu diesen Klärungsversuchen bereit gewesen. Alle beteiligten Kinder wirken im Anschluß sehr erleichtert.

Dies ist nun ein Erfolg der kontinuierlichen Klärungsarbeit. Die Kinder haben immer wieder bei sich oder bei anderen erlebt, daß Klärung weiterbringt, auch Entlastung bringt. Jan-Johann wirkt ausgesprochen entlastet. Nun werden wir sehen, ob die Arbeit trägt.

Voraussetzung ist natürlich auch, daß die Kinder eine Beziehung zu ihrer Klassenlehrerin und zu mir aufgebaut haben. Es muß eine Erfahrung bei ihnen vorhanden sein, daß wir unparteiisch mit ihnen an den Problemen arbeiten und daß es sich lohnt, mitzumachen.

15. Zwischenbilanz

Nach einem halben Jahr ziehen meine Kollegin und ich Bilanz.

Frau L: „Es haben große Veränderungen stattgefunden. Wenn ich noch an den Anfang denke, wie verzweifelt ich war! Wir hatten uns damals gesagt, daß wir ein halbes Jahr brauchen würden. Nun ist die Zeit um, und wir haben es geschafft."

Stark verkürzt, kommt Frau L. zu folgenden Aussagen:

„Bei den Jungen gibt es nun stabile und wechselnde Beziehungen. Anfangs waren sie beziehungslos. Bei den Mädchen ist es ein lockeres Sichmögen. Es scheint, als ob sie nachmittags keinen Kontakt hätten. Neue Kontakte entstehen gerade zwischen Pauline und Sandra.

Das Verliebtsein zwischen Jungen und Mädchen, das ein Thema war, ist nicht mehr aktuell. Mädchen sagen: ‚Jungen trauen sich nicht, die haben wohl Angst, daß sie ausgelacht werden.'"

Frau L. bezeichnet ihre Beziehungen zu den Kindern als gut. Sie kenne die Kinder und ihre Lebenshintergründe inzwischen so gut, daß sie auch Privates fragen könne. Allerdings gebe es drei Ausnahmen: Ferdinand, Thorsten, Jan-Johann.

Meine Eindrücke: Ich beziehe mich auf das Soziogramm.

Daraus ist klar zu erkennen, daß es enorme Fortschritte gegeben hat. Anfangs eine imaginäre Du-Suche, jetzt gute Beziehungen untereinander. Da, wo sich die Kinder nicht verstehen, kann darüber gesprochen und daran gearbeitet werden.

Ich hebe eine Einzelsituation hervor:

„Herr G., willst du in meiner Mannschaft spielen?"

Das fragt Jan-Johann, dem ich einmal den Namen Kugel-Jan gegeben hatte. Damals hatte ich ihn nicht aus dem Blick verloren, aber ich hatte mein starkes Interesse auf eine schnelle Verhaltensänderung reduziert. Vielleicht würde den aus meiner Sicht „verwunschenen Kugel-Jan" ein Junge aus der Klasse „erlösen". So ist es auch gekommen. Jan-Johann, der mir als Begrüßung anfangs nur Knurrgeräusche entgegengebracht hatte, der fast jedes Gespräch durch (aus meiner Sicht) unangemessene Beiträge erschwert hatte, schöpft aus seinen gewonnenen sozialen Ressourcen und trägt einen Wunsch an mich heran. Das wäre vor Wochen noch völlig undenkbar gewesen. Dahinter steckt die Akzeptanz meiner Arbeit. Er ist völlig gelöst, als wir nach dem Spiel in die Klasse zurückgehen. In der Tür wirkt er so locker, daß ihm Frau L. sogar über den Kopf streicht. Später sagt sie, darüber sei sie selbst überrascht gewesen.

Insgesamt hat eine sehr positive Selbst- und Sozialentwicklung stattgefunden. Die meisten Kinder sind jetzt in der Lage, sich selbst innerhalb der Gruppe wahrzunehmen. Sie können einschätzen, was ihr Tun bei anderen Kindern auslöst. Sie haben ihre Wahrnehmung auf andere Kinder bezogen und auf die gesamte Klasse erweitert. Sie sind bereit und in der Lage, mit ihren Konflikten zu ihren Lehrern zu kommen und sie zu bitten, mit ihnen daran zu arbeiten. Insgesamt sind sie bereit, auch wenn es schwere Auseinandersetzungen gegeben hat, an den Ereignissen zu arbeiten, sie zu rekonstruieren und Formen der Wiedergutmachung zu praktizieren. Das bedeutet einen Zuwachs in dem Selbstbereich, den Stierlin das Parlaments-Selbst (vgl. S. 226) nennt. Es gelingt ihnen auch beim Fußballspiel immer besser, ohne große Komplikationen Mannschaften so aufzustellen, daß es ein spannendes Spiel gibt. Das verweist darauf, daß sie ihre Ressourcen voll nutzen. Ihre vielfältigen und ständigen Inszenierungen haben nachgelassen. Einzelne müssen nicht mehr so oft andere Kinder demütigen, um selbst gut dazustehen. Das ist ein Hinweis auf die Zunahme von Selbstsicherheit. Es bedeutet auch eine Stärkung des Bereiches, der von Stierlin (vgl. S. 231) mit dem Begriff Gemeinschafts-Selbst umschrieben wird. Vor allem ist das provozierende Verhalten gegenüber Frau L. und mir zurückgegangen. Die meisten Kinder haben Vertrauen zu uns entwickelt.

Dieses Vertrauen gründet auf den Erfahrungen, die sie mit uns in den unterschiedlichsten Situationen gemacht haben. Vor allem rechne ich solche Situationen hinzu, die sehr dramatisch waren, in denen sie uns bis an den Rand unserer Handlungsfähigkeit trieben. Die Tatsache, daß wir Lehrkräfte immer wieder gerade in solchen Situationen unsere inneren Turbulenzen bearbeitet haben, gab uns eine innere Stärke, die nach außen ausstrahlte. So konnten wir den Kindern zugewandt bleiben und auch auf der Einhaltung von Regeln bestehen. Wir waren für sie in allem Chaos innerlich und äußerlich Garanten dafür, daß immer wieder Ordnung hergestellt werden konnte und sollte. Sie hatten uns als „Oberbandenchef" (Guggenbühl, 1995) und „Oberbandenchefin" akzeptiert.

16. Episoden im Schulalltag unter dem Gesichtspunkt von Selbst- und Sozialentwicklung

16.1. Schlimme Wörter

In einer sehr schönen Unterrichtsatmosphäre kommt Ramona und sagt, Pauline habe ihr einen Pimmel ins Heft gemalt. Ich gucke mir die Zeichnung an. „Ein Pimmel ist kaum zu erkennen", sage ich. Antonia ergänzt, Frank würde oft einen großen Pimmel an die Tafel malen. Das bestätige ich. Ich schlage vor, die Zeichnung einfach wegzuradieren. Das tun sie, aber das Problem scheint damit nicht gelöst zu sein. Am Ende der Stunde stehen sich die beiden Schülerinnen im Flur gegenüber. Eine Schlägerei steht unmittelbar bevor. Sie bitten mich um Hilfe.

Gespräch:
Ramona: „Pauline hat mich getreten."
Pauline: „Die sagt schlimme Wörter zu mir."
Ich: „Sprich sie aus."
Pauline: „Ramona sagt ‚Fickfrau' zu mir, und da habe ich sie getreten."
Ich: „Sagt euch, was ihr voneinander nicht wollt."
Pauline: „Du sollst nicht Fickfrau zu mir sagen."
Ramona: „Und du sollst mich nicht treten."
Ich: „Schaut euch dabei an." Sie blicken einander an und lachen.

Reflexion:
Eine alltägliche Auseinandersetzung unter Kindern dieses

Alters: Ein Mädchen kritzelt einer Mitschülerin etwas ins Heft. In diesem Fall soll es ein Pimmel gewesen sein. Ich versuche durch meinen Hinweis, den Pimmel wegzuradieren, das Ereignis aus der Welt zu schaffen. Das gelingt nicht. Die Auseinandersetzungen im Flur zeigen, daß es um eine Kränkung geht. Als die beiden Mädchen merken, daß sie allein nicht weiterkommen, bitten sie mich um Unterstützung.

Ich hätte den Verlauf rekonstruieren und über Hintergründe sprechen können. Da es sich um ein sexuelles Thema handelt, ist es mir wichtig, nichts zu dramatisieren. Ich rege an, offen auszusprechen, was gesagt worden ist, und schließe daran den Blick in die Zukunft. Was wünscht ihr euch voneinander? Wie wollt ihr miteinander umgehen? Die Wünsche werden ausgesprochen. Die verfahrene Situation, in die sich zwei Mädchen verhakt hatten, ist aufgelöst. Sie lachen und gehen ihrer Wege.

Was konnte im Hinblick auf die Selbst- und Sozialentwicklung gelernt werden? Eine Schülerin gerät in eine Situation, in der sie ihre Grenze spürt. Sie bittet ihren Lehrer um Hilfe. Das ist ein wichtiger Punkt in der Selbstwahrnehmung. Wie die beiden Mädchen auch immer aneinandergeraten sein mögen, sie spüren eine Eskalation der Ereignisse. Sie merken, daß ihre Ressourcen zur Klärung nicht ausreichen. In der Beziehung zu ihrem Lehrer ist eine Vertrauensbasis vorhanden, sonst würden sie nicht so offen reden. Gleichzeitig erleben sie in ihm ein Selbst, das nicht dramatisiert oder moralisch verurteilt. Das Lehrer-Selbst ist stark genug, die im sexuellen Bereich angesiedelte Problematik sachlich zu einer Klärung zu bringen. Indem die Mädchen gegenseitig einen Wunsch formulieren, lernen sie einen Teil ihres Selbst kennen. Auf dieser Grundlage, die man als den Aspekt des Identitäts-Selbst bezeichnen könnte, blicken sie in die Zukunft. Wenn sie es schaffen, den Wunsch ihrer Mitschülerin zu erfüllen, dann sammeln sie die Erfahrung, daß

188

Wünschen hilfreich sein kann. Anders formuliert: Es bildet sich der Aspekt des Optionen-Selbst aus (vgl. S. 224).

Anmerkung: Oft wird mir in Diskussionen nach solchen Beispielen vorgehalten, das klinge zu schön. Die Lösungen kämen wie aus heiterem Himmel. Etwas könne da nicht stimmen. Vielleicht seien die Probleme der Kinder doch nicht so groß, sonst würden sie nicht lachend auseinandergehen. Ich kann diese Überlegungen gut verstehen. Zunächst war ich gegenüber solchen Lösungsprozessen selbst sehr kritisch eingestellt. Ich konnte es kaum fassen, daß so schnell ein Übergang aus einer sehr dramatischen und oft auch gewalttätigen Situation in eine gelöste Atmosphäre möglich sein würde.

Meine Erklärung lautet: Entscheidend ist, daß ich mich nicht in die Szenen der Kinder verstricken lasse. Ich nehme die Intensität ihrer Auseinandersetzung, ihre inneren und äußeren Verletzungen, die sie sich zufügen, ernst. Ich bin ihnen zugewandt und gleichzeitig distanziert. In dieser Dynamik ist das Geheimnis verborgen. Der Umgang mit dieser Art der Problemlösung kann gelernt werden.

16.2. „Das ist ein wunderschöner Vormittag!"

Diesen Satz finde ich im April in meinem Tagebuch. Die Kinder der Klasse arbeiten selbständig. Schüler, die Probleme haben, kommen zu mir und fragen. Alle Kinder kommen in ihrer Wochenplanarbeit gut voran.

Kurze Zeit später ist erneut Unruhe eingekehrt. Ich suche nach Gründen:

Ich spüre eine intensive Gesprächsdynamik. Es ist laut in der Klasse. Immer wieder schleicht sich der Gedanke ein, die entstandene positive soziale Grundströmung könne noch nicht tragen. Aber diese Unruhe hat nichts mehr mit der aus den ersten Wochen zu tun. Die Schülerinnen und Schüler begrüßen mich freundlich. Es gibt viel zu entdecken. Und damit komme ich auf das Charakteristische für die Zeit ab dem neunten Unterrichtsmonat. Einzelne Kinder treten jetzt immer mehr als Individuen in Erscheinung. Mußten wir vorher darauf achten, eine Grundlage für die Gesamtsituation zu schaffen, so können wir uns jetzt stärker um die Selbst- und Sozialentwicklung einzelner Kinder kümmern. Oft geht es auch darum wahrzunehmen, welche Fortschritte sie gemacht haben.

Sascha:

Besonders freue ich mich über die Begrüßung durch Sascha, der, soweit ich mich erinnern kann, zum erstenmal die Arme hochreißt und so seiner Freude über mein Kommen Ausdruck verleiht. In der Anfangsphase hatte er oft genau dann für Unruhe gesorgt, wenn ich mit meiner Arbeit beginnen wollte. „Hochspannungszerstörer" hatte ich ihn genannt. Über die Provokation seines Lehrers erhoffte er sich wohl Anerkennung bei seinen Mitschülern. Meine Kollegin empfand seine Art als überheblich, und teilweise fühlte sie sich durch sein Verhalten herabgewürdigt. Seine Eltern sagten in einem Gespräch, sie wohnten noch nicht lange in diesem Wohngebiet. Ihr Sohn habe keine Freunde. Es gingen von ihm auch keine Initiativen aus. In der Anfangsphase waren erste Kontakte über den Höhlenbau in der Hecke zu anderen Kindern entstanden. Beim Fußballspiel hatte Sascha große Probleme. Er war nicht so geschickt wie die anderen Jungen. Aber er zeigte ein kontinuierliches Interesse an diesem Spiel. Auch wenn er bei der Mannschaftsaufstellung fast immer als letzter gewählt wurde, er ließ sich nicht beirren. Das hatte großen Eindruck auf mich gemacht. Unter den Aspekten von Selbst- und Soziallernen habe ich kontinuierlich einen Blick auf Saschas Verhalten geworfen. Auf meine Gesten der Beachtung ihm gegenüber reagierte er kaum. Oft schaute er weg, wenn wir uns auf dem Schulhof begegneten. Ich hatte seine mathematischen Fähigkeiten immer gewürdigt. Im Spiel unterstützte ich ihn, so gut es ging. Dennoch blieb er bei seiner Zurückhaltung. Und nun diese Begrüßung! Selbstentwicklung im Zusammenhang mit dem sozialen System Schulklasse ist auf Zeit angelegt. Wo die Ursachen bei Sascha für sein distanziertes Verhalten mir gegenüber zu suchen waren, das konnte ich nur vermuten. Jedenfalls schien er neun Monate zu brauchen, bis ihm dieser Ausdruck von spontaner Offenheit gelang. Nachdem er im Fußballspiel Sicherheit gewonnen hatte, sah ich ihn immer öfter während freier Spielphasen mit drei anderen Jungen in der Hecke spielen. Zu Sören entwickelte sich eine Freundschaftsbeziehung.

Jan-Johann:
Er kommt mit einem neuen Fußballheft zu mir. Auch das ist eine Geste des Interesses und des Vertrauens. Der „verwunschene Jan" war aus seiner Kugel herausgetreten, sprach mich an, zeigte mir Dinge, mit denen er sich beschäftigte. Mit dem Frosch hatte es damals angefangen. Für den Aufbau von Vertrauen als Grundlage tragfähiger Beziehungsstrukturen sind die kleinen Gesten des Alltags nicht weniger wichtig als die spektakulären Ereignisse, die dann zu intensiven Klärungsdialogen führen.

Leo:
Ich werde auf ihn aufmerksam, weil er nun schon öfters seine Hausaufgaben nicht gemacht hat. Ist er überfordert? Später im Teamgespräch mit meiner Kollegin erfahre ich viele Einzelheiten über Leos Lebenssituation. Ihre Schilderung, die ich hier nicht wiedergeben will, eröffnet viele Einblicke in Leos Selbstentwicklung. Wir nehmen uns vor, ab jetzt gemeinsam an seiner Problematik zu arbeiten. Es wird wichtig sein, ihn in seiner Identitätsentwicklung als Junge zu

unterstützen, ihm zu zeigen, über welche Ressourcen er verfügt, und ihn zu motivieren, mehr Initiative zu entfalten.

Julian:
Er hat nur einen Teil seiner Hausaufgaben gemacht. Später spielen wir in der Jungengruppe Fußball. Während dieser Zeit muß er die Aufgaben nacharbeiten. Das macht auf ihn großen Eindruck. Er erlebt, daß sein Lehrer auf die Einhaltung bestimmter Grundregeln achtet. Dazu gehört auch, die Hausaufgaben zu erledigen, wenn man keinen Entschuldigungsgrund hat. Die Beachtung dieses Bereiches durch den Lehrer schafft Selbstsicherheit, auch wenn es in der Situation unangenehm ist. Ein Schüler kann sich ernst genommen fühlen.

16.3. Ich muß einen Schüler festhalten

In der vierten Stunde dieses Tages haben wir Jungen-/Mädchengruppe. Als ich in die Klasse komme, herrscht eine ruhige Atmosphäre. Jungen und Mädchen sind noch gemeinsam mit ihrer Klassenlehrerin im Raum. Die meisten Kinder spielen. Es herrscht eine entspannte Stimmung. Arne und Ferdinand liegen auf dem Boden. Es sieht aus wie ein Rangelei. Ich stehe direkt daneben und werde erst aufmerksam, als Dennis die beiden anfährt, sie sollten aufhören. Arne sitzt auf Ferdinand. Dennis schreit: „Hör auf, Ferdinand bekommt keine Luft!" Ich schalte mich ein. Die beiden kommen vom Boden hoch, und schon geht die Auseinandersetzung hart weiter. Ich muß dazwischengehen, kann aber nicht mehr verhindern, daß Ferdinand seinem Kontrahenten ein Büschel Haare ausreißt. Darüber wird Arne so wütend, daß er mit aller Macht Rache üben will. Ich halte ihn fest. Arne verfügt über kaum zu bändigende Kraft. Er ist wütend. – Während ich ihn halte, rede ich beruhigend auf ihn ein. „Ich halte zu dir", sage ich, „du mußt jetzt nicht schlagen, ich kläre das. Ich halte dich fest, weil ich zu dir halte." Dies beruhigt ihn. Nach einiger Zeit spüre ich, daß seine Wutreaktion nachläßt. Die übrigen Kinder sehen zu.

Interpretation:
Ich weiß nicht, worum es bei dem Streit ging. Aus einer anderen Situation weiß ich, daß ich bei so heftigen Auseinandersetzungen eingreifen und die Kinder festhalten muß. Das habe ich hier getan. Es war erfolgreich. Auch für die übrigen Kinder ist dies wichtig. Sie erleben, daß sich ihr Lehrer nicht nur mit Worten für sie einsetzt, sondern dann, wenn es erforderlich ist, auch Taten setzt. Sie erleben außerdem die Ruhe, in der dies geschehen kann.

Mit den Jungen wollte ich eigentlich Fußball spielen. Aber zunächst muß dieser Konflikt geklärt werden. Ich bitte sie in den Flur und fordere sie auf, einen Kreis zu bilden. So stehe ich mit ihnen eine Weile. Dies hat eine beruhigende Wirkung auf sie.

„Ihr könnt Fußball spielen", sage ich, „aber davor muß ich noch etwas klären. Ferdinand und Arne, über eure Auseinandersetzung kann ich jetzt mit euch sprechen, die anderen Jungen würden dann ohne uns spielen. Wir können den Konflikt aber auch übermorgen klären. (Dazwischen liegt ein Feiertag.) Denkt darüber nach. Wenn ihr euch für übermorgen entscheidet, dann erwarte ich von euch das Versprechen, daß ihr bis dahin jede Auseinandersetzung vermeidet." Sie denken nach und sagen, daß sie das Problem übermorgen klären wollen.

Wir gehen zum Fußballplatz. Ich besorge noch einen Ball. Die Kinder muß ich für eine Weile allein lassen. Ich tue dies mit ruhigem Gewissen, denn ich bin sicher, daß die beiden nicht aneinandergeraten werden. Als ich komme, sind die Jungen schon dabei, über die Mannschaftsaufstellung zu sprechen.

Es folgt ein spannendes Spiel. Zum Abschluß versammle ich alle in der Mitte. Ich erinnere an unsere ersten Spiele, sage, daß sie alle große Fortschritte gemacht hätten. Das bestätigen sie und nennen einzelne Mitschüler, bei denen sie besondere Fortschritte beobachtet haben. Ich erwähne noch, daß ich gerade bei Sascha sehe, mit welcher Kondition und Angriffslust er sich am Spiel beteiligt. Ein Schuß von ihm wird besonders hervorgehoben. Er ging zwar neben das Tor, aber es war ein guter Schuß. Ich freue mich über die Anerkennung, die Sascha von seinen Mitschülern erfährt.

Betrachtet man diese Ereignisse unter den Aspekten der Selbst- und Sozialentwicklung, dann gilt es mehrere Fähigkeiten hervorzuheben:

Es kann nicht Ziel sein, Kinder zu absolut friedfertigem Verhalten anzuleiten. In einer angenehmen Atmosphäre sind die beiden Jungen aneinandergeraten. Ihre Gründe kenne ich nicht. Ihre Auseinandersetzung eskaliert so sehr, daß Ferdinand keine Luft mehr bekommt und sich, kaum daß er aus seiner prekären Situation befreit ist, sofort an Arne rächt, indem er ihm ein Büschel Haare ausreißt. Daran ist die Intensität der Auseinandersetzung zu erkennen. Emotionen von beiden Schülern verschaffen sich Luft. Dies geschieht blitzschnell und trotz der Anwesenheit von zwei Lehrkräften. Dennis erkennt die Situation und reagiert sofort. Er brüllt, was richtig ist, denn so werden wir auf die Schlägerei aufmerksam. Innerhalb der Klasse hat ein Prozeß stattgefunden, bei dem einzelne Schüler ihre Ressourcen, aus denen heraus sie in konkreten Situationen handeln, erweitern. Dennis läßt die Schlägerei nicht geschehen, er sieht die Gefahr und schreitet ein. Trotz der Heftigkeit können meine Kollegin und ich ruhig bleiben. Wir sind innerlich nicht erregt, müssen weder den einen noch den anderen Schüler für sein Tun verurteilen. Die Mitschüler erleben den Ernst der Situation. Sie sehen mein Eingreifen, und meine Ruhe überträgt sich auch auf sie.

Ich bin den beiden Schülern zugewandt und mute ihnen gleichzeitig zu, ihre Schlägerei zu beenden. Ferdinand konnte ich nicht daran hindern, Arne ein Büschel Haare auszureißen. Aber ich kann Arne festhalten, um nicht ebenfalls noch Schaden anzurichten. Daß die Jungen anschließend im Kreis zur Ruhe kommen und danach ein spannendes Spiel spielen, wirft ein gutes Licht auf den Stand der Selbst- und Sozialentwicklung. Sie müssen weder für den einen noch für den anderen Mitschüler Partei ergreifen, es gibt auch keine Debatte über die Schuldfrage. Ihre bisherigen Erfahrungen im Umgang mit solchen Konflikten sagen ihnen, daß es angemessene Formen gibt, sie zu klären. Sie schöpfen aus ihren Ressourcen und würdigen damit auch unsere bisherige Arbeit. Wenn Ferdinand und Arne die Klärung aufschieben, dann tun sie dies nicht nur, um Fußball spielen zu können, sondern weil sie wissen, daß das Ereignis nicht verlorengeht. Es ist zwischen den Schülern und mir eine tragfähige Beziehung entstanden, die auf Vertrauen basiert.

Später, in anderen Situationen, bei denen ein Schüler eine Niederlage erlebt, greift Arne fast immer ein. Manchmal hält er den stärkeren Schüler fest.

Es ist für Schüler und Lehrer wichtig, daß sie bei aufkommenden Konflikten, die es immer geben wird, innerlich und in den sozialen Bezügen das Ereignis so bearbeiten, daß Spannung aus der Situation genommen wird. Wiedergutmachung befreit und schafft die Grundlage für neues, erfolgreiches Handeln. So ist es mir am Ende eines Schuljahres nicht so wichtig, überprüfbare Erfolge in der Selbst- und Sozialentwicklung auf dem Papier nachzuweisen. Entscheidend ist, daß Lehrer und Schüler in neuen Situationen vor dem Hintergrund bisheriger Erfahrungen kompetent handeln können.

16.4. Verabredung im Schwimmbad

Der Monat Mai geht zu Ende. Eine ruhige und ausgeglichene Atmosphäre herrscht in der Klasse. Am Ende einer angenehmen Unterrichtsstunde teilt Dennis für alle gut hörbar mit, daß man sich um 15 Uhr im Freibad treffen werde. Alle, die Lust hätten mitzukommen, seien eingeladen. Es zeigt sich ein großes Interesse bei fast allen Kindern. Schnell werden Absprachen getroffen, wie man das am Nachmittag organisieren solle, damit möglichst viele dabeisein könnten. Auch hier möchte ich an den Anfang erinnern. Die Klasse befand sich in einem desolaten Zustand. Die Kinder waren auf einer imaginären Du-Suche, waren unzufrieden mit sich und mit ihren Mitschülern. Nun hatten sie während der Pause eine Verabredung für den Nachmittag getroffen, und alle sollten mitmachen. Das ist ein schöner Erfolg unserer Arbeit. Das Interesse aneinander ist da, der Wunsch, etwas gemeinsam zu unternehmen (Jungen und Mädchen), ist nicht zu überhören. Sie können offensichtlich etwas miteinander anfangen, sonst käme es nicht zu diesem Treffen. Innerhalb ihrer Selbstentwicklung hat der Aspekt, der auf Gemeinschaft ausgerichtet ist, deutlich zugenommen.

17. Ein tragfähiges Beziehungsnetz nach einjähriger Arbeit – Sommerferien

Zwei Wochen vor dem Ende des Schuljahres möchte ich wissen, ob die Arbeit unter den Aspekten von Selbst- und Sozialentwicklung erfolgreich gewesen ist. Ich setze mich mit den Jungen zusammen und erstelle mit ihnen gemeinsam ein Soziogramm. Auf der rechten Seite in der nachfolgenden Tabelle sind die Ergebnisse der aktuellen Situation eingetragen. Auf der linken Seite stehen die Ergebnisse aus der Mitte des zweiten Schuljahres.

Interpretation:
Das Ergebnis des Soziogramms spricht für sich. Es zeigt ganz deutlich, wie hoch die gegenseitige Akzeptanz und das gegenseitige Verstehen sind. Es hat zwischen Februar und Juni eines Jahres ganz deutlich einen Zuwachs an Selbst- und Sozialbewußtsein stattgefunden. Deutlich ist die Häufung von gegenseitiger Ablehnung bei Julian. Diesem Phänomen werde ich nachgehen. Im Verlauf der Erstellung des Soziogramms war es so, daß meistens ein Schüler seine Ablehnung Julian gegenüber formulierte. Dieser konterte dann seinerseits mit einer Ablehnung. Die Ablehnung geht also deutlich von einigen Schülern aus.

Ich habe mich immer dann geäußert, wenn ein Schüler sagte, daß er sich gut mit mir verstehe. Das ist siebenmal vorgekommen. Die übrigen Schüler haben keine Stellungnahme abgegeben, ich habe dann ebenfalls eine Bekundung unterlassen. Gegen Ende bemerkte Arne, daß da noch etwas

Name	gegebene Bekundung		erhaltene Bekundung		gegebene Ablehnung		erhaltene Ablehnung	
Hendrik	5	10	6	10	1	1	2	1
Arne	6	11	8	10	1	1	1	3
Peter	7	11	7	11	1	1	1	1
Frank	11	13	11	14		1		1
Bastian	7	10	10	10		1		1
Julian	3	6	3	6	3	5	4	5
Thorsten	4	5	6	7	2	1		
Johannes	7	4	4	4	1	2	3	2
Sascha	4	6	4	6	1	1	1	1
Sören	9	8	10	8	1	1		1
Ferdinand	5	3	7	3		3		3
Leo	6	9	6	9				
Jan-Johann	4	9	5	10	1			
Dennis	7	9	8	12	3		3	
Ich	8	7	8	7				
Clemens		8		10				

Tabelle 2

offen war. Er wünschte sich, wie schon im Februar, daß ich mich erklären solle. Die Zeit reichte dazu nicht. So unterblieb es. Ich hätte zu jedem Schüler eine positive Aussage machen können.

Gefreut habe ich mich über eine Geste von Sascha, der am Schluß, als schon fast alle Schüler gegangen waren, noch schnell zu mir kam und sagte: „Ich verstehe mich auch gut mit Ihnen." Ich konnte dieses Kompliment zurückgeben. Das ist schon etwas Besonderes, wenn man noch einmal auf Saschas Provokationen vom Anfang des Jahres zurückschaut. Das war nun anders geworden.

Vor zwei Tagen haben die Sommerferien begonnen. Ich sitze in der Göttinger Fußgängerzone, esse ein Eis, trinke einen Espresso. In einer Woche werde ich mit meiner Familie nach Frankreich reisen. Dann werden die einzelnen Kinder, die mich ein Jahr lang beschäftigt haben, in den Hintergrund treten.

Noch ist die Schule nicht ganz aus dem Blick. Ich denke zurück, überlege, was ich in diesem Jahr erlebt und erreicht habe. Es kommen mir einzelne Situationen aus den letzten Tagen in Erinnerung.

Ich sehe noch einmal ein wildes Fußballspiel der Jungen vor mir. Sie mühen sich, aber es will nicht klappen. Thorsten ist mit der Mannschaftsaufstellung nicht einverstanden. Er brüllt, kann die Situation nicht angemessen verarbeiten. Als er das Spielfeld verläßt, folgen kurze Zeit später Johannes und Ferdinand. Johannes geht mit finsterem Blick vom Feld. Arne, der sich als Schiedsrichter Kompetenz und Respekt erworben hat, gibt die rote Karte. Die drei sitzen auf dem Klettergerüst und feixen. War meine Arbeit umsonst? Was ist mit ihrer Selbst- und Sozialentwicklung, wenn das am Ende eines Schuljahres passiert?

„Es gehört dazu", denke ich. Der Beginn der Ferien steht vor der Tür, und das bedeutet, daß sich für viele Kinder in den nächsten Wochen der Alltag ändern wird. Das kann zu solchen Reaktionen führen. Sie fühlen sich nicht wohl, können nicht sagen, woran es liegt, und zeigen eine Überreaktion. Am letzten Schultag setze ich mich noch einmal zu Thorsten, spreche diese Ereignisse an, übe auch Kritik an seinem Verhalten, frage, was denn losgewesen sei. Er wisse es auch nicht, entgegnet er. Es ist nicht das Ziel meiner Arbeit, daß jedes Kind zu jeder Zeit kompetent handeln muß. Viel wichtiger ist es, immer wieder so an den Konflikten zu arbeiten, daß eine Atmosphäre entsteht, die für die künftige

Zeit trägt. So war es mir wichtig, noch einige Worte mit Thorsten über sein Verhalten zu sprechen. Die Basis des Gesprächs bleibt für die Zeit nach den Ferien erhalten.

Eine andere Begebenheit geht mir durch den Kopf. Ich bitte vor Beginn eines Fußballspiels Julian, der oft sehr jähzornig war, zu mir, sage ihm, er möge doch versuchen, nicht sofort so ärgerlich zu werden, und einen Tip hätte ich noch für ihn: abgeben, den Ball auch einmal einem anderen Schüler zuspielen. Beide Ratschläge beherzigt er. Es gelingt ihm. Das ist doch ein Erfolg! Oder?

Vielleicht glauben einige Leserinnen und Leser, ich machte es mir mit solchen Hinweisen zu leicht. Natürlich hätte ich in einem begrenzten Umfang einen Test entwickeln und anwenden können, der etwas genauere Auskünfte über die Selbst- und Sozialentwicklung der Kinder im Verlauf eines Schuljahres geben würde. Meine Perspektive sieht so aus:

Als Lehrer muß ich täglich – und dies über ein Schuljahr verteilt – handlungsfähig sein. Dazu gehört es, ohne wissenschaftliche Unterstützung, ohne Berater die Situationen wahrzunehmen, zu interpretieren und Folgerungen für das pädagogische Handeln zu ziehen. Es gilt, den Alltag zu meistern, die Entwicklung des einzelnen Kindes und die der Klasse im Blick zu haben. Mit der Kompetenz, in der ich dies tue, schließe ich nun auch das Schuljahr ab. Meine Ebene ist die des subjektiven Rückblicks, der in Teilen durch Gespräche mit Kolleginnen das Niveau einer intersubjektiven Untermauerung erhält.

Die Schritte der Menschen in der Fußgängerzone werden langsamer. Der Feierabend ist eingekehrt. Neben meinem Espresso liegt das Wörterbuch „Deutsch-Französisch". Die Kassette wird mir vor der Reise die Sprachklänge meines Urlaubslandes vermitteln. Die Ferien haben begonnen, doch die Gedanken gehen immer wieder zurück zu den Kindern in der Schule, von denen nun auch schon viele unterwegs sind.

Ich zahle mein Eis und den Espresso, packe mein Wörterbuch und die Sprachkassette in meinen Rucksack und mache mich auf den Heimweg.

Er freue sich schon auf die Zeit nach den Ferien, hatte mir Lukas zum Abschied gesagt, er freue sich aber auch auf die Reise. So geht es mir auch. Ich freue mich sehr auf den Urlaub und kann mir gut vorstellen, nach den sechs Wochen wieder mit den Kindern zu arbeiten. Darauf kommt es eigentlich an. Es ist nicht nur die Frage, welche fachlichen Lernziele am Ende eines Schuljahres erreicht sind. Es geht in der Langzeitperspektive auch darum, ob eine Beziehungsbasis geschaffen worden ist, die eine tragfähige Grundlage für das Miteinander-Leben und das Miteinander-Lernen bildet, welche Optionen für die Zukunft eröffnet.

18. Experimente des Miteinander von Jungen und Mädchen

Die ersten Schultage nach den Sommerferien liegen hinter mir. Es hat gut begonnen. Noch weiß ich nicht, daß sich eine neue Grundströmung innerhalb der Klasse anbahnt. Das läßt sich nur aus der Rückschau hier schon einmal erkennen. Sie läßt sich als intensives Interesse von Jungen und Mädchen aneinander beschreiben. Zunächst kommt es zu einem Konflikt, bei dem ich assoziiere: „Altes Spiel, Wiederholung einer längst bekannten Szene bei Johannes."

Aber diese Szene weist schon auf die neue Tendenz hin.

18.1. Altes Muster – neue Grundströmung

Situation:
Während ich einige Gedanken in mein Tagebuch schreibe, sehe ich, daß Johannes seinen Platz verläßt und zu Arne und Bastian hinübergeht. Dann bemerke ich, daß eine Auseinandersetzung ansteht. Bevor ich eingreifen kann, stößt Bastian Johannes so mit der Nase auf die Tischplatte, daß die Nase blutet. Empörung und Wut steigen in mir auf. Beide Empfindungen beziehen sich auf Bastian. Zum Glück besinne ich mich auf kontrolliertes Verhalten in solchen Situationen. Ich gehe zu den Jungen, reiche Johannes ein Taschentuch. Später kläre ich im Gespräch, daß der Ablauf so gewesen sei: Johannes habe zu Arne gesagt, Bastian ginge mit Antonia. Daraufhin sei Bastian wütend geworden und habe Johannes' Kopf auf die Bank gestoßen. Er habe Johannes nicht so verletzen wollen, sagt Bastian noch.

Interpretation:

Johannes demütigt einen Mitschüler, indem er eine Verliebt-heitssituation zwischen Bastian und Antonia konstruiert und dies gegenüber Arne ausdrückt. Ein alltäglicher Vorgang, den ich unbeachtet gelassen hätte, wäre da nicht die Überreaktion von Bastian gewesen. Außerdem wird Johannes' altes Muster sichtbar. Er muß einen Mitschüler demütigen, und dies tut er gegenüber Arne, von dem er unbedingt Anerkennung erlangen will. Ein fatales Unterfangen. Soweit meine damalige Interpretation. Heute, fast ein Jahr später, weiß ich, daß zu dieser Zeit eine intensive Auseinandersetzung zwischen Jungen und Mädchen begann. Einige Jungen trauten sich, nicht nur ruppige Kontakte, sondern auch freundliche und zugewandte Gesten gegenüber den Mädchen offen zu zeigen. Das irritierte vor allem die Jungen, deren Identitäts-Selbst erst schwach ausgebildet war. Teilweise waren sie neidisch auf Mitschüler, die offen ihre Zuneigung Mädchen gegenüber zeigten. Dies gelang erst wenigen Jungen. Viele mußten das aufbrechende Interesse noch verbergen. Eine Fundgrube für andere, sie in „unangenehme" Situationen zu bringen. Natürlich stellte Bastians Verhalten eine Überreaktion dar. Aber ich kann wenigstens verstehen, in welchem Zusammenhang es steht.

18.2. Die Schulrealität ist sehr komplex

Situation:

Nele und Elena kommen mir entgegen, sagen, daß sie von Julian geärgert worden seien, und ersuchen um Klärung. Nach der Einführung in den Unterrichtsstoff bitte ich die drei Kinder in den Gruppenraum.

Gespräch:

Nele: „Julian, du sollst nicht immer sagen: ‚Nele und Elena = Sex.' Das sollst du sein lassen."

Julian: „Wenn ich ins Klo laufe, kommt ihr hinter mir her."
Elena: „Ihr Jungen kommt bis ins Mädchenklo."
Ich: „Julian, Nele hat einen Wunsch geäußert."
Julian: „Ich lasse es."
Nele: „Das hast du schon oft gesagt. Du hältst dich nicht daran."
Elena: „Wir spielen gerne Fangen mit den Jungen, das ist klar. Aber nicht, wenn sie so etwas sagen."
Nele: „Julian hat gesagt, daß es ihm Spaß macht."
Julian: „Weil es mir Bock macht."
Ich: „Was?"
Julian: „Na, so was zu sagen mit Sex."
Nele: „Ich würde gern mit Julian spielen, aber er soll nicht solche Sachen sagen."
Elena: „Ich auch."
Nele: „Wir wären sehr bereit, mit dir zu spielen."
Elena: „,Jungen fangen die Mädchen', das klappt sehr gut. Aber wenn Julian keine Lust mehr hat, dann fängt er solche Sachen an."
(In der Klasse gibt es Unruhe, ich muß mich darum kümmern. Zu Julian sage ich):
„Überlege bitte, ob du den Wunsch der beiden Mädchen erfüllen kannst. Ich möchte nicht, daß du hier ja sagst und hinterher das alte Spiel spielst. Überlege, ob du da etwas ändern kannst."
(In der Zwischenzeit kümmere ich mich um einen Konflikt in der Klasse, danach komme ich zurück.)
Julian: „Ich will es lassen."

Meine Gefühlslage:
Als mich die beiden Mädchen mit dem Problem konfrontieren, spüre ich zunächst eine innere Abwehr. Julian ist oft in Konflikte verwickelt, ebenso wie Elena. Ein Wiederholungsproblem, denke ich. Gleichzeitig spüre ich, daß ich mich lieber meinem vorbereiteten Unterrichtsinhalt widmen möchte.

Wieder einmal müssen die Schülerinnen und Schüler eine Weile ohne mich auskommen, ich habe auf zwei Spuren zu agieren. Nun kommt aber mitten in den Klärungsprozeß eine Störung aus der restlichen Klasse.

Ein Problem im Problem:
Die Bearbeitung eines weiteren Problems wird mir zuviel. Konnte ich eben noch ruhig und zugewandt reagieren, merke ich nun, wie ich ärgerlich werde.

Schnell gehe ich in die Klasse hinein, sehe, daß es zwischen Ramona und Peter einen Konflikt gibt. Sie streiten um einen Bleistift. Bei einigen Mitschülern führt dies zu Heiterkeit und Unruhe. Die Arbeitsatmosphäre ist gestört.

Ich: „Was soll das? Warum seid ihr nicht auf euren Plätzen?" Das sind meine kurzen Fragen.

Ohne eine Antwort abzuwarten, füge ich hinzu: „Ich möchte sofort und schnell wissen, wer diese Unruhe ausgelöst hat. Arne und Johannes sagen wie aus einem Munde: „Peter". Nun frage ich Ramona, was vorgefallen sei. Peter sei zum Papierkorb gegangen, dabei habe er ihr den Stift entrissen und mitgenommen. Sie sei nur hinter ihm her, um sich den Stift wieder zu holen. Peter fügt hinzu: Das sei richtig, aber zuvor habe sie ihn berührt, als er an ihr vorbei zum Papierkorb gegangen sei. Das streitet Ramona ab. Den genauen Vorgang kann und will ich in der Situation nicht klären.

Ich fühle mich überfordert. Im Gruppenraum bin ich gerade in der Schlußphase eines Klärungsgesprächs, da bricht in der Klasse ein Konflikt aus, in den ich erregt hineingehe. Ich habe nicht die Ruhe, das Gesamtgeschehen auf der Bühne des Raumes zu überschauen, zu interpretieren und angemessen zu handeln. (Es wäre gut, wenn jetzt noch eine weitere Lehrkraft anwesend wäre. Es ist müßig, auf dieses Problem Zeit zu verschwenden.) Ich bitte die Kinder, auf ihre Plätze zu gehen und zu arbeiten. Bei mir stellt sich eine innere

Unzufriedenheit ein. Möglicherweise hängt diese damit zusammen, daß sich der Eindruck verstärkt, ich könnte mich überfordern, mein Konzept könnte eben doch nicht der Schulrealität standhalten.

In meinem Kopf kommt es zu einer Blitzinterpretation und auch zu einer schnellen Entscheidung für mein weiteres Vorgehen. Ich setze die Priorität für die weitere Bearbeitung des begonnenen Klärungsdialoges. Bevor ich in den Gruppenraum gehe, bleibe ich noch eine Weile in der Tür zum Klassenraum stehen. Meine Haltung signalisiert, daß ich im Klassenraum Ruhe haben möchte. Dabei lasse ich möglicherweise einen wichtigen Vorgang unbearbeitet, oder ich greife durch mein Verhalten unangemessen stark in einen interessanten Prozeß ein.

Interpretation am Schreibtisch:
Wahrscheinlich geht es bei dem Problem innerhalb der Klasse um nichts anderes als das gegenseitige Ärgern und Necken unter Jungen und Mädchen. In diesem Fall findet es zwischen Peter und Ramona statt. Dabei ist die Grenze zwischen Spielerei und unangemessenem Verhalten fließend. Ich hätte dem Vorgang kaum Beachtung geschenkt, wenn mich das Gesamtgeschehen nicht von meiner Klärungsarbeit im Flur abgehalten hätte. Vor allem aber bringt mich die Inszenierung aus meiner Balance. War ich im Gespräch mit Elena, Julian und Nele den Kindern zugewandt und an den Ereignissen und einer potentiellen Lösung interessiert, so ist es hier der pure Ärger, der mich packt. Erst im Verlauf merke ich, daß die Situation ein neutrales Verhalten erfordert hätte. Denn plötzlich erkenne ich, daß Arne und Johannes sich offensichtlich darüber freuen, Peter eins auswischen zu können. Er sei es gewesen. Das ist ihre schnelle Antwort auf meine Frage. Erst vor zwei Tagen hatten sie sich über Peter lustig gemacht.

War denn Peters Verhalten etwas anderes als der Versuch,

sich mit Ramona zu necken? Für mich war es ein ungünstiger Zeitpunkt. Für Peter war meine Abwesenheit eine günstige Voraussetzung für sein Handeln. Er hatte aus der Schülerperspektive einen guten Zeitpunkt gewählt. Im Sinne seines Selbstkonzeptes hatte er eine Option im Blick auf einen Kontakt mit Ramona umgesetzt. Daß sein Verhalten zu großer Unruhe führte, hängt sicher damit zusammen, daß in jener Lebensphase der Schülerinnen und Schüler das gegenseitige Interesse aneinander besonders groß war. Sie durften dies aber nicht offen zugeben. Ihre Gefühle waren ambi- und polyvalent. Im Flur befaßte ich mich doch mit genau dem gleichen Thema. Da ging es um Ärgern, um Verletzungen der unterschiedlichsten Art. Früher war Ramona Johannes' Freundin gewesen. Inzwischen distanzierten sich beide in der Schule voneinander. Johannes wollte Arne gegenüber als richtiger Junge erscheinen. Er hielt Abstand zu den Mädchen. Arne hat Schwierigkeiten in der Anerkennung durch Mädchen. Nun machte Peter den beiden hier etwas vor. Er wagte es vor aller Augen, Ramona zu necken, sie zu berühren und ihr einen Stift zu entreißen. Auf diese Annäherung reagierte Ramona sofort. Peter stand durch seine Neckerei mit einem Mädchen im Mittelpunkt. Ich vermute, daß er von Arne und Johannes beneidet wurde. Irgendwie bin ich durch meine Reaktion allen nicht gerecht geworden. Ich habe jedenfalls Peter seinen „Triumph" vermasselt. Der Verlauf des Gesprächs war in keiner Weise aggressiv. Weil ich die Situation nicht überblickte und mich überfordert fühlte, habe ich diesen Prozeß zuungunsten von Peter beendet. Immerhin bin ich, durch meine Reflexion der Bedeutung des Konflikts etwas näher gekommen.

Interpretation des Klärungsgespräches im Flur:
Da haben zwei Mädchen mit meiner Hilfe einem Jungen gesagt, was sie gerne miteinander spielen möchten und wo für sie die Grenzen des Spiels liegen. Es war aus meiner Sicht

207

dem Jungen möglich, ohne „Gesichtsverlust" sich der Auseinandersetzung zu stellen und zu sagen, daß er das von den Mädchen nicht gewünschte Verhalten lassen wolle. Ich war über den Verlauf und das Ergebnis sehr froh.

Ein Schlüssel zum Verständnis:
Was steckte hinter den Einzelereignissen? Worin bestand die Dynamik innerhalb der Klasse? Eine mögliche Erklärung reifte langsam. Es schien so, als spielten drei Grundströmungen eine wichtige Rolle: Macht, Kontakte mit Mädchen, Zufriedenheit in einer Kleingruppe.

Für einzelne Schüler geht es um Anerkennung, Ansehen, Macht. Sie sehen auch eine gewisse Chance, diese Anerkennung von Mitschülern zu erhalten. Daraus erwächst Energie, die zur Umsetzung und zur Aufrechterhaltung von Anerkennung und Macht benötigt wird. Solche anerkennungssuchenden Aktivitäten sehe ich bei Arne, Johannes, Dennis, Frank, Peter. Diese Aktivitäten gehören zur Entwicklung des eigenen Selbst, und sie benötigen einen oder mehrere andere Schülerinnen und Schüler, gegenüber denen sie ihre Selbstdarstellung demonstrieren können. Einerseits brauchen sie Mitschüler, die sie demütigen können, damit ihre Macht bei einem solchen Vorgang für andere Mitschüler sichtbar wird. Oft gerät dabei immer wieder derselbe Schüler in ihre Macht und in die Opferrolle. Meistens reicht die Initiative eines Schülers, damit andere Schüler sich an dieser Aktion beteiligen. Die Chance für gemeinsames Tun ist dann besonders groß, wenn der Initiator auf Resonanz stößt. Diese ergibt sich oft aus dem gemeinsamen Thema, das innerhalb der Klasse herrscht. Zur Zeit scheint es bei den Jungen um Annäherungsversuche gegenüber den Mädchen zu gehen. Für die Stabilisierung des eigenen Selbst benötigt der Initiator das Gefühl von Macht über einen Mitschüler und die Zuarbeit und das Mittun weiterer Schüler. Der lockere und neckische Umgangston ist ihm fremd. Konkret heißt dies: Es hat den Anschein, als folge Arne bei seiner Selbstentwicklung einer Grundströmung, die auf Machtausübung ausgerichtet ist. Dabei hat er Johannes als treuen Gefolgsmann, der alles tut, um Arnes Anerkennung zu finden. Arnes Machtstreben wird durch die Aktivitäten anderer Schüler begrenzt. So stellt Frank für ihn einen Rivalen dar. Frank ist größer, stärker, geschickter als er. Vor allem genießt Frank eine fast umfassende Anerkennung durch seine souveräne Art des Umgangs mit Mitschülerinnen und Mitschülern und auch mit seinen Lehrerinnen und seinem Lehrer. Frank ist sehr offen, erzählt gern von sich und seiner Familie, strahlt Freude, Kraft und Liebenswürdigkeit aus. Er ist charmant. Arne ist dagegen ein „harter Arbeiter", der um seine Anerkennung kämpft. Ich hatte oft Schwierigkeiten mit seiner Art, sein Selbstbewußtsein aufzubauen. Im Verlauf der Zeit bekam ich immer mehr Achtung vor seinem Bemühen. Zwischen ihm und mir hat sich Sympathie entwickelt. Ich freue mich sehr darüber. Gerade beim Fußballspiel wird sehr deutlich, daß Frank als ungekrönter Ballkünstler die Anerkennung aller Schüler als bester Spieler genießt. Arne muß einen großen Einsatz erbringen, um nur annähernd diese Leistungen zu erbringen. Oft übernimmt er die Rolle eines Schiedsrichters. Es ist sein Versuch, auch dadurch Anerkennung zu erhalten. Ich sehe die großen konstruktiven Leistungen, die hinter Arnes Aktivitäten liegen. Ich kann dies sehr positiv bewerten.

Die zweite Grundströmung, die ich in den Auseinandersetzungen erkenne, ist die der Kontakte zwischen Jungen und Mädchen. Es sind Experimente des Miteinander.

Nach meinem jetzigen Erkenntnisstand gehen diese wichtigen Versuche von Peter und Julian aus. Beide sind dabei unterschiedlich erfolgreich. Während Julian eher zu einer harten Auseinandersetzung neigt, gelingt es Peter, auf charmante Art mit einzelnen Mädchen Kontakt aufzunehmen, auch zu Ramona. Überfordert ist Peter offensichtlich durch das Agieren von Antonia, die in ihrer überschwenglichen Art (sie küßt gern Jungen) jede Distanzierungsmöglichkeit ausschließt. Es ist bei diesen Kontakten folgendes zu berücksichtigen: Jungen dürfen ihren Wunsch nach Nähe und Zuneigung zu Mädchen nicht offen zugeben. Es könnte sonst leicht geschehen, daß sie von anderen Jungen lächerlich gemacht werden. Das Lächerlichmachen hat wiederum Neid als Hintergrund. Ich bin sicher, daß Arne ein starkes Bedürfnis nach Anerkennung oder Zuneigung durch Mädchen hat. Er darf sich dieses Gefühl aber nicht eingestehen. Wenn er nun mit ansehen muß, wie ungeniert Peter seine Kontakte zu den Mädchen spielen läßt und ganz offensichtlich auch von ihnen gemocht wird, dann muß er eine Demütigung des so erfolgreichen Peter inszenieren.

Eine dritte Grundströmung nenne ich das Gefühl von Zufriedenheit in einer überschaubaren Kleingruppe. Dazu gehören in dieser Klasse: Sascha, Sören, Hendrik und Leo oder Nele und Elena. Die vier Jungen spielen überwiegend gemeinsame Spiele. Sie haben noch kein Interesse an Mädchen. Sie spielen draußen meistens gemeinsam in der Hecke, während die übrigen Jungen Fußball spielen. Diese Konstellation hält über eine Zeitraum von sechs Monaten an. Sie ist auch heute noch zu beobachten. Nele und Elena kommen gut miteinander aus. Sie machen vieles gemeinsam und suchen auch Kontakte zu Jungen. Hier gibt es Konflikte, es muß sie auch geben, und sie sind ein wichtiger Teil in der Entwicklung zur geschlechtlichen Identität der Kinder.

So gibt es in der Klasse das Gegeneinander, das Nebeneinander und das Miteinander. Das Miteinander von Jungen und Mädchen ist ohne ein Gegeneinander nicht zu haben. Der Prozeß verläuft auch nicht geradlinig aufsteigend, sondern ist voller Dynamik. Jede Gruppe braucht das Nebeneinander, und darin besteht die Balance, auf die wir als Lehrer achten müssen. Wenn die Gefahr besteht, daß das Gegeneinander die Oberhand gewinnt, dann müssen wir ebenso

regulierend eingreifen wie in einer Phase, in der ein gleich-
gültiges Nebeneinander abläuft. Es besteht zur Zeit keine
Gefahr, daß das Gegeneinander überwiegen könnte.

18.3. Es geht über Tische und Bänke –
„Was für ein Leben!"

Zu Beginn der zweiten Stunde komme ich in die Klasse.
Arne, Antonia, Elena und Nele spielen Fangen. Es geht über
Tische und Bänke. „Was für ein Leben!", denke ich.

Sie spielen ein wildes und zärtliches Spiel. Wie lange hat
es gedauert, bis Arne dahin gekommen ist!

19. Bilanz eines gemeinsamen Weges

19.1. Grundströmungen im Rückblick

Ich überarbeite das Manuskript und erlebe gleichzeitig in der Schule die Kinder dieser hier beschriebenen Klasse.

Wir begrüßen einander freundlich. Ich wünsche ihnen und sie mir ein frohes und gesundes neues Jahr. Es herrscht eine wunderschöne Atmosphäre. In der zweiten Stunde sind meine Kollegin und ich gleichzeitig in der Klasse. Wir schlagen Gesellschaftsspiele vor. Die Kinder bilden die unterschiedlichsten Gruppen. Einige versammeln sich um Frau L., einige spielen mit mir zusammen, und wieder andere stellen eine Kippsteinbahn auf. Meine Kollegin und ich genießen die Situation und die Kinder ebenso. Dieses Erlebnis wäre vor eineinhalb Jahren nicht denkbar gewesen. Die Grundströmung ist bestimmt durch Freundlichkeit und Offenheit. Die Kinder sind einander und auch uns zugewandt. Sie verhalten sich kooperativ und kommunikativ. Dabei sind sie konfliktbewußt. Wenn sie allein einen Konflikt nicht lösen können, bitten sie uns um Hilfe. Der Umgang unter Jungen und Mädchen ist selbstverständlich geworden. Sie akzeptieren sich gegenseitig. Es ist ein Wir-Gefühl entstanden.

In der Entwicklung der einzelnen Kinder und der Gruppe herrschten im Lauf der Zeit unterschiedliche Grundströmungen vor. Anfangs gab es eine intensive Strömung der

- „Schülerinnen und Schüler gegen die Lehrer." Es folgte eine Strömung:
- „Alle gegen einen." Dies waren die härtesten Zeiten. Es schloß sich eine Veränderung zu ersten Gruppenbildungen an:

- „Ich und einige Mitschüler." Es bildeten sich kleine Zweier- und Dreiergruppierungen. Dann folgte eine Strömung, in der es um eine
- starke „Abgrenzung zwischen Jungen und Mädchen" ging. Diese Phase konnte von uns konstruktiv durch die Arbeit in Jungen- und Mädchen-Gruppen begleitet werden.
- Nun begannen über wilde Spiele „Experimente gegenseitiger Kontaktaufnahme zwischen Jungen und Mädchen".
- In der jetzigen Phase wollen einige Jungen und Mädchen nebeneinander sitzen. Dies sprechen sie offen aus. Sie zeigen es. Und Dennis kann offen formulieren: „Ich sitze neben Antonia, ist doch schön, ist doch menschlich." Antonia antwortet: „Ist doch schön, so zu sitzen."
Und Arne, der so oft seine Macht ausspielen mußte, springt mit Nele, Elena und Antonia über Tische und Bänke. Welch eine Entwicklung, welch eine Freude!

19.2. Die Ergebnisse sprechen aus den Geschichten

Es ist sicher aufgefallen, daß ich im gesamten Buch das sachorientierte Lernen kaum erwähnt habe. In der Dreispurpädagogik geht es natürlich auch um das Lernen in festgelegten Lernbereichen oder Fächern. Darüber ist allerdings so viel geschrieben, gelesen, gelehrt und gelernt worden, daß ich hier, ohne eine Lücke zu hinterlassen, darauf verzichten konnte. Nicht unerwähnt lassen möchte ich allerdings, daß die Kinder auch in den traditionellen Lernbereichen eine hohe Lernmotivation und auch einen hohen Lernstand haben. Ich habe dieses Buch aus der Perspektive eines Lehrers geschrieben, der das Fach Mathematik unterrichtet, aber den Prozessen der Selbst- und Sozialentwicklung mindestens einen gleichen Rang bei der konkreten Arbeit einräumt. Den Leserinnen und Lesern, die nun fragen, ob die Kinder bei dieser Arbeit in Mathematik auch etwas gelernt haben, will ich den Lernstand der Klasse so mitteilen:

76 Prozent der Kinder erhalten in Mathematik die Noten: sehr gut, gut oder befriedigend. Insgesamt haben die Kinder dieser Klasse auch in den anderen Lernbereichen hervorragende Ergebnisse erzielt. Die Kinder mit Lernproblemen kennen wir, und wir wissen auch, wo ihre spezielle Problematik liegt. Im Rahmen einer angenehmen Klassenatmosphäre werden wir ihnen, so ist unsere Hoffnung, auch bei Teilproblemen helfen können. Die intensive Arbeit an den sozialen Bezügen der Kinder, die ich natürlich nicht allein geleistet habe, sondern die vor allem von der Klassenlehrerin erbracht worden ist und die im Kern auf unsere Teamarbeit zurückgeht, hat sich gelohnt.

• Wie sieht die Arbeit aus der Sicht der Schüler aus?

„Was war während meines Unterrichts im letzten halben Jahr für euch so wichtig oder interessant, daß ich es in euer Zeugnis schreiben sollte?" Diese Frage stellte ich allen Schülerinnen und Schülern. Ich bat sie, ihre Antworten aufzuschreiben. 90 Prozent der Kinder schreiben: Die Arbeit in der Jungen-/Mädchengruppe. 75 Prozent der Kinder nennen Mathematik. 55 Prozent erwähnen ihr Interesse am Fußballspiel, und 40 Prozent erwähnen andere Spiele. Auch dieses Ergebnis verweist darauf, daß Beziehungsklärung, die die Arbeit an der sexuellen Identität der Kinder nicht vernachlässigt, eine enorme Bedeutung hat.

Die Entwicklung der Kinder in ihren Prozessen der Selbst- und Sozialentwicklung habe ich an keiner Stelle über einen Test abgefragt. Die Ergebnisse unserer Arbeit sind aus den Geschichten, die ich erzählt habe, zu erkennen.

214

• Schüler kommen und Schüler gehen

Einen sehr wichtigen Aspekt, die Fluktuation unter den Kindern, habe ich nicht ausführlicher dargestellt. Zu Beginn unserer Arbeit besuchten 22 Schülerinnen und Schüler die Klasse. Im Verlauf von eineinhalb Jahren haben sechs Kinder die Schule verlassen, weil ihre Familien umgezogen sind. Fünf Kinder sind neu hinzugekommen. Ein solches Ereignis hat immer Auswirkungen auf die Prozesse der Selbst- und Sozialentwicklung in der Klasse. Es gilt, Abschied zu nehmen, was bei einigen Kindern wieder eigene Trennungserfahrungen wachruft. Jedes neu in die Klasse kommende Kind ermöglicht neue Kontakte. Das kann auch bedeuten, daß dadurch eine bestehende Freundschaft gestört wird. Auch die Machtverhältnisse im Gefüge der Klasse müssen oft neu emotional und rational bearbeitet werden. Zur Zeit besuchen vierzehn Jungen und sieben Mädchen die Klasse. Dieses Verhältnis hatte und hat natürlich auch seine Bedeutung für die Prozesse der Selbst- und Sozialentwicklung. Es gibt starke Mädchen in der Gruppe. Das ist ein Gewinn für sie selbst und auch für die Jungen, denn nur durch intensive Auseinandersetzungen können beide Seiten ihre Identität als Junge oder Mädchen ausbilden.

19.3. Ein Blick auf wichtige Arbeitsthemen

Zusammen mit meiner Kollegin freue ich mich über die Ergebnisse, die wir erreicht haben. Mindestens so wichtig aber ist es uns, daß wir morgen und in den nächsten Jahren mit Interesse und Energie unsere pädagogische Arbeit leisten können. Insofern hat die intensive Beziehungsarbeit auch positive Auswirkungen auf unsere physische und psychische Stabilität. Durch die Beachtung und Bearbeitung unserer Gefühle, welcher Art sie auch immer sein mochten, konnten

wir eine Grundhaltung erwerben, die uns schließlich be-
fähigte, in den Turbulenzen des Alltages nicht zusammen mit
den Kindern unterzugehen.

Im Verlauf dieser Zeit haben wir uns mit folgenden Projek-
ten befaßt:

- gegenseitige Hospitationen
- Parallelbesetzung im Unterricht
- Planungsabsprachen
- Analyse von Konfliktsituationen
- Überprüfung des eigenen Verhaltens bei der Klärung von
  Konflikten
- Wissenserweiterung hinsichtlich verschiedener Erklä-
  rungsansätze (konstruktivistischer, psychoanalytischer,
  systemischer Ansatz)
- Erweiterung der Interpretationskompetenz
- Bearbeitung eigener Sozialisationsprozesse (Erinnern der
  eigenen Entwicklung vom Jungen zum Mann, vom Mäd-
  chen zur Frau)
- Reflexion des Zusammenspiels von Emotion, Vernunft
  und konkretem Handeln in kritischen Situationen
- Wahrnehmen und Verstehen der Szenen der Kinder
- Beachtung des Zusammenhangs von äußeren Abläufen
  und inneren Verarbeitungsstrukturen in Gewaltsituationen
- Erkennen bestimmter Figuren des intrapsychischen Ver-
  arbeitens wie Projektion und verzerrte Realitätswahrneh-
  mung
- Betrachtung der Einzelereignisse in einem Zusammenhang von Selbst- und Sozialentwicklung
- Beachtung der wichtigsten Aspekte von Selbst- und Sozialentwicklung

IV. Das Selbst als Grundlage für Beziehungen

1. Selbstkonstrukte und Schulrealität

Besonders schwer ist es, die Selbst- und Sozialentwicklung der Schülerinnen und Schüler zu fördern, wenn man eine neue Klasse übernimmt, die Kinder noch nicht kennt und auch nichts über die Dynamik in der Klasse weiß. Eine solche Situation habe ich oben beschrieben. Meine Kollegin und ich standen vor der interessanten Aufgabe, die einzelnen Kinder in ihrem Selbst und in ihren sozialen Bezügen kennenzulernen. Aus langjähriger Erfahrung wußten wir, daß Unruhesituationen mit Verunsicherungen zu tun haben. Wenn es uns gelänge, das Selbstbewußtsein der einzelnen Kinder zu stärken, dann, so war unsere Annahme, würde dies positive Auswirkungen auf das soziale Klima in der Klasse und generell auf das Lernvermögen und die Lernfortschritte der Kinder haben.

Obwohl wir immer gut vorbereitet in die Klasse kamen, gerieten wir doch oft durch die von den Kindern ausgelöste Unruhe, ihr Desinteresse, ihre Störungen, ihre Unkonzentriertheit und ihre Provokationen in Turbulenzen. Meine Kollegin und ich, um im Bild zu sprechen, waren Kapitän und Kopilot im „fliegenden Klassenzimmer". Hatten wir genügend Informationen über die Hintergründe der Turbulenzen, über ihr Ausmaß und verfügten wir über eine ausreichende Erfahrung, um zusammen mit unseren Passagieren in ruhigere Zonen zu gelangen?

Wichtige Hintergrundinformationen für unsere Arbeit erhielten wir unter anderem durch Helm Stierlins „Selbstkonzept" (1994). In seinem Buch *Ich und die anderen* bezeichnet er das Selbst als ein Konstrukt, dem er sechs Sub-

Selbste zuordnet. Wir folgten diesem Ansatz, der uns oft Lichtblicke eröffnete, wo wir in der alltäglichen Beanspruchung unterzugehen drohten. Ich skizziere im folgenden die Selbstaspekte und erläutere an Beispielen, wie ich sie für meine pädagogische Arbeit umgesetzt habe. Sie stellten bei der Vielfalt der alltäglichen Ereignisse Orientierungen für mich dar. Würde ich sie bei meiner Arbeit im Blick behalten, so war meine Annahme, könnte die erzieherische Aufgabe gelingen.

2. Aspekte des Selbst

- Das identitätsverbürgende Selbst (Identitäts-Selbst)
- Das Selbst als Subjekt und Objekt von Geschichten (Geschichten-Selbst)
- Das Selbst als Entdecker und Initiator von Optionen (Optionen-Selbst)
- Das Selbst, verstanden als inneres Parlament (Parlaments-Selbst)
- Das Selbst als innere Schatzkammer von Lösungen (Ressourcen-Selbst)
- Das Beziehungen organisierende Selbst (Gemeinschafts-Selbst)

Das so bezeichnete Selbstkonstrukt hat relativ feste Bestandteile, die immer wiederkehren, und enthält gleichzeitig Veränderungspotentiale, die Selbstentwicklung überhaupt erst möglich machen.

2.1. Das Identitäts-Selbst

Es sorgt für Stabilität und Selbstbeständigkeit. Nehmen wir einmal an, es hat eine Schlägerei unter Schülern gegeben. Wenn ein Schüler einem Mitschüler nach einem Klärungsgespräch das Versprechen gibt, ihn nicht mehr zu schlagen, dann ist es für die Zukunft beider Schüler wichtig, ob sie sich auf diese Aussage verlassen können. Der Schüler, der das Versprechen gibt, wird dabei seine bisherigen Erfahrungen im Umgang mit seine Kontrahenten berücksichtigen. Erweist sich ein Schüler in seiner Aussage als verläßlich, dann hat dies eine stabilisierende Wirkung nicht nur für sein Selbst und das Selbst der anderen, sondern es hat auch Auswirkungen auf die Atmosphäre in einer Klassengemeinschaft. Dieser Aspekt des Selbst muß immer wieder neu konstruiert werden: Ein Schüler muß neue Erfahrungen prüfen, verarbeiten und in sein Handeln einbeziehen.

Beispiele:

• Ein Schüler, ich nenne ihn Olaf, geht morgens zur Schule. Er hat Erwartungen, eventuell Befürchtungen, aufgrund seiner bisherigen Schulerfahrung. Schon auf diesem Weg konstruiert Olaf sein Selbst. Er beschäftigt sich mit seinen Erwartungen und Befürchtungen, überlegt eventuell Strategien, wie er sich verhalten könnte. Diese Überlegungen können sich auf einen sozialen Konflikt mit einem Mitschüler beziehen oder darauf, wie er seinem Lehrer erklärt, warum er seine Hausaufgaben nicht gemacht hat. Wenn ich morgens die Schülerinnen und Schüler vom Anstellplatz abhole und einen Blick auf Olaf werfe, dann ist er zwar in seiner äußeren Erscheinung der Junge mit dem blauen Anorak, den kurzen Haaren und dem gelben Ranzen, gleichzeitig begegnet mir in Olaf ein Junge, der sich in seinem Inneren auf die Anforderungen der Außensituation einstellt. Er richtet sich auf die Realsituation ein, nimmt mögliche Entwicklungen voraus, oder er muß sofort reagieren, wenn ihn zum Beispiel ein Mitschüler hart an die Schulmauer drückt. So hat jedes Kind schon lange vor Betreten des Klassenzimmers einen intensiven Prozeß der Selbst-Konstruktion hinter sich gebracht. Offen ist, welche Entwicklungen der neue Tag bringt. Für Olafs Mitschüler ist es wichtig, ob sie Olaf in seinen Aktionen und Reaktionen so einschätzen dürfen wie an jedem Tag.

- Jan bezeichnet Erik immer wieder als schwul, obwohl es dafür keine Anhaltspunkte gibt. Jan verweist mit dieser Szene auf ein eigenes Problem, das als Identitätsunsicherheit bezeichnet werden könnte. Mit seiner Projektion versucht er möglicherweise, von einer eigenen sexuellen Identitätsunsicherheit abzulenken. Oder er benutzt die Formulierung, um einen Mitschüler zu kränken.

2.2. Das Geschichten-Selbst

Olafs Freunde werden sein Zuhause kennen. Die überwiegende Zahl seiner Mitschüler und auch die meisten seiner Lehrerinnen und Lehrer machen sich ein Bild von Olaf über die Geschichten, die er erzählt. Geschichten sind nach Stierlins Auffassung „Sprachkonstruktionen, die Lebenserfahrung bändigen, ordnen oder aufbewahren, dabei Sinn stiften und im Lichte solchen Sinnes Verhalten anleiten. Sie sind ein Stoff – vielleicht sogar der Stoff –, der es einem Selbst ermöglicht, sich sowohl auf Dauer seiner Identität zu versichern als auch diese Identität durch neue Erfahrungen in Frage zu stellen, zu verändern und zu bereichern." (Stierlin, 1995, S. 95)

Es kommt nicht selten vor, daß sich ein Kind auf eine Geschichte festlegt, die es dann an einer Weiterentwicklung hindert. Oft ist zu beobachten, daß Kinder immer wieder bestimmte Ereignisse aus ihrem Leben inszenieren.

Beispiele:
- Lisa ist neu in die Klasse gekommen. Es entstehen erste Kontakte zu ihrer Mitschülerin Lena. Ich freue mich darüber, daß offensichtlich sehr schnell eine Beziehung zwischen den beiden Mädchen entstanden ist. Aber dann kommt es zwischen ihnen zu so heftigen Auseinandersetzungen, daß ich mich einmischen und klären muß. Der

Erfolg meiner Bemühungen hält nur einen Tag an. Lena wendet sich von Lisa ab. Sie sucht nun wieder Anschluß an ihre bisherigen Freundinnen. Lisa bringt innerhalb weniger Wochen alle Mädchen gegen sich auf. Danach legt sie sich mit den Jungen an. Ihre Klassenlehrerin und ich bemühen uns gemeinsam um Konfliktklärungen. Dabei haben wir keinen Erfolg. In einem Gespräch mit der Mutter erfahren wir, daß Lisa ein nicht geliebtes Kind ist. Nun wissen wir etwas über den Hintergrund und die möglichen Ursachen für Lisas Inszenierungen. Sie muß offensichtlich immer wieder ihre Ablehnung inszenieren. Sie spielt uns eine wichtige Erfahrung aus ihrem Leben vor und gibt uns so Einblick in einen Teil ihrer individuellen Lebensgeschichte.

• Simon schreit in die Klasse, daß Jochen abschreibt. Diese Szene sagt mehr über sein Identitäts- und Geschichten-Selbst als über Jochen aus.

Szenen sind Teilinszenierungen des Geschichten-Selbst. So ärgerlich die Bemerkungen auch in der Unterrichtssituation sein mögen, sie offenbaren wichtige Aspekte aus dem Leben eines Kindes. Für Lehrerinnen und Lehrer stellt sich die Aufgabe, diese Szenen wahrzunehmen, sie aus einer Fülle von chaotischen und oft lautstarken Ereignissen herauszufiltern, zu betrachten, zu interpretieren und daraus pädagogisches Handeln abzuleiten. Szenen können Arbeitsvorlagen für die Arbeit am Selbst und am sozialen Verhalten sein.

2.3. Das Optionen-Selbst

Im Verlauf eines Schulvormittages erleben wir eventuell, wie Olaf versucht, neue Kontakte zu einem Mitschüler zu knüpfen. „Wollen wir miteinander spielen?", könnte er fragen.

Wenn er merkt, daß er eine Aufgabe nicht lösen kann, könnte er einen Mitschüler bitten, ihm zu helfen. Innerhalb eines Streites am Gruppentisch könnte er einen Lösungsvorschlag machen. Olaf wäre als Entdecker und Initiator von Optionen tätig. Vielleicht inszeniert er eine Lehrerprovokation, um von Mitschülern als mutig angesehen zu werden.

Hinsichtlich seiner Innenaktivitäten kann man es so formulieren: Das Selbst öffnet sich Optionen oder hält sich Optionen offen. Dabei geht es um Neugier, Risiko, Erfolg, Akzeptanz und Wertschätzung. Für die Verwicklung in harte Auseinandersetzungen heißt das, daß ein Kind weder immer Opfer noch immer Täter sein muß. Es gilt, Verantwortung für das eigene Handeln zu übernehmen und zu erkennen, daß dieses Handeln Folgen hat. Das eigene Erleben, Wohlergehen oder Leiden kann nicht einfach auf andere abgewälzt oder schlimmen Erfahrungen in der Kindheit zugeschoben werden. Solche potentiellen Erfahrungen werden nicht geleugnet. Aber die Aufgabe von Lehrkräften besteht darin, mit den Kindern an der Gegenwart zu arbeiten. Konflikte bilden eine ausgezeichnete Möglichkeit für Selbst- und Sozialerfahrungen. Dabei kommt es darauf an, die Kinder nicht sich selbst zu überlassen, sondern ihnen Hilfestellungen zu geben. So ist es zum Beispiel bei der Klärung von Gewaltsituationen nicht nur wichtig, die äußeren Abläufe zu rekonstruieren und über die Gefühle der beteiligten Kontrahenten zu sprechen, sondern gemeinsam mit den Kindern Entwürfe in die Zukunft zu machen. Es geht auch darum zu klären, wie sie aus einem Streit oder einer Schlägerei konstruktiv herauskommen können, damit für die nächsten Stunden, Tage und Wochen ein Miteinander möglich ist. Formen der Wiedergutmachung gehören zu diesem Prozeß ebenso wie Entwürfe aus der Zukunft in die Gegenwart. „Was müßte geschehen, damit du nicht immer andere verpetzen mußt? Wie kannst du aus diesem Wiederholungsproblem herauskommen?"

2.4. Das Selbst als inneres Parlament (Parlaments-Selbst)

Täglich erleben wir in den unterschiedlichsten Situationen Kinder in ihrem Übermut, ihrer Freude, ihrer Wut, ihrer Unruhe, Niedergeschlagenheit oder Trauer. Oft sind konkrete äußere Anlässe der Grund für diese intensiven Gefühle.

Beispiele:

- „Manchmal wirkst du traurig", sage ich zu Daniel, „dann verpetzt du andere Kinder oder prügelst dich mit ihnen. Was ist los?" Nach langem Schweigen antwortet Daniel: „Irgendwie klappt das alles nicht mehr. Seit Moritz weggezogen ist, habe ich meinen besten Freund verloren." „Das liegt doch schon zwei Jahre zurück", entgegne ich. „Ja", sagt Daniel, „aber ich muß immer noch daran denken, und dann werde ich manchmal traurig und manchmal wütend."

- Jens sitzt mit hochrotem Kopf in einer kleinen Gesprächsrunde von Jungen und Mädchen. Er wirkt äußerst geladen, die Wut sprüht ihm aus den Augen. Beide Arme hält er vor dem Körper verschlungen, als wolle er sich davor schützen, wieder loszuschlagen. Denn das hatte er auf dem Schulhof getan. Von der aufsichtführenden Lehrerin war er ermahnt worden. Er fühlt sich ungerecht behandelt, so viel ist zu erkennen. Das, was er äußerlich erlebt hat, führt in seinem Inneren zu Turbulenzen. Er ist dabei, seine Gefühle und Gedanken irgendwie zu bändigen. In seinem Inneren geht es zu wie in einem Parlament. Hier treten noch einmal die am Konflikt beteiligten Personen auf, Jens hört ihre Stimmen, sieht und erlebt, was sie tun. Man könnte auch von einer inneren Bühne sprechen. Im gemeinsamen Gespräch werden die Spieler der inneren Bühne aufgerufen. Hier ist ein ganz entscheidender Ansatz für die Selbst- und Sozialentwicklung der Kinder zu erkennen. In der Situation ist es wichtig, daß Jens eine erwachsene Person in seiner Nähe hat, die ihm hilft, die Stimmen der Akteure in seinem Inneren zur Sprache zu bringen. Im Klärungsdialog kommt heraus, daß sein Freund Andreas von einigen Mädchen immer wieder geärgert worden war. Schließlich hatten sie ihn auch geschubst und getreten. Andreas war unterlegen gewesen. In dieser Situation hatte Jens seinen Freund unterstützt. Er hatte zugeschlagen. Die Mädchen waren zur Lehrerin gerannt, und Jens hatte eine kräftige Ermahnung erhalten.

Für die am Konflikt beteiligten Kinder ist es wichtig, daß nicht nur jemand den äußeren Ablauf mit ihnen rekonstruiert, sondern auch ihre Gefühle in die Arbeit mit einbezieht. Jens darf in der Situation bockig und wütend sein. Es kommt darauf an, daß ihm sein Lehrer hilft, seinen inneren Diskurs nach außen zu tragen. „Ich bin wütend auf ... Ich könnte noch einmal zuschlagen ... Warum haben die das gemacht? ... Ich wollte doch meinem Freund ... Und warum kriegen die Mädchen recht? ..." So oder so ähnlich könnte der intrapsychische Prozeß bei Jens ablaufen. Gelingt es, die inneren Akteure zum Aussprechen ihrer Empfindungen zu bringen, und gelingt es, diese unterschiedlichen Erlebnisse und Erfahrungen auszuhalten, dann ist das eine wichtige Grundlage für die Ausbildung eines „inneren Parlaments". Auf diesem Weg lassen sich auch Kompromisse finden. So entsteht ein inneres demokratisches Parlament.

Schenkt man diesen Vorkommnissen und ihrer Klärung nicht die erforderliche Zeit, Geduld und Beachtung, dann passiert es sehr leicht, daß sich im inneren Parlament schließlich nur ein Akteur durchsetzt. Ich will ihn einmal den Rechthaber-Akteur nennen, der, gerade weil er sich ungerecht behandelt fühlt, nun glaubt, besonders auf seiner Position beharren zu müssen. Wenn es Lehrer versäumen, lösende Prozesse einzuleiten, besteht die Gefahr, daß sich im Inneren eines Kindes ein „Parlament" entwickelt, das diktatorische Züge trägt. Wie man diesen inneren Verarbeitungsprozeß auch benennen mag, im Kern geht es um ein Ausbalancieren ambivalenter Gefühle. Wo dies gelingt, wo Kompromisse gesucht und über sie Entscheidungen herbeigeführt werden, da bildet sich ein starkes Selbst nach innen aus, das sich auch entsprechend im Außen vertreten kann. Im Verlauf unseres Beispiels konnten die beteiligten Schülerinnen und Schüler ihre Ansichten über den Ursprung und Verlauf des Konfliktes vortragen. Jens konnte aussprechen, was er getan und warum er es getan hatte. Schließlich löste er seine verschränkten Arme, seine normale Gesichtsfarbe kehrte zurück, sein Sprechen wurde freier und er selbst gelöster. Nach einem heftigen Schlagabtausch kehrt nun durch die Bearbeitung in einer Klärungssituation wieder ein Gleichgewicht ein. Die Kinder können sich in die Augen schauen. Sie wenden sich wieder der Bearbeitung mathematischer Aufgaben zu. Wenn es ein Kind versteht, Probleme in seinem inneren Parlament zu lösen, dann ist ein Neben- und Miteinander in der Klasse gut möglich. An diesem Beispiel wird auch gut sichtbar, wie Prozesse der Selbst- und Sozialentwicklung miteinander verbunden sind.

2.5. Das Ressourcen-Selbst

Mit dieser Bezeichnung sind die Erfahrungen gemeint, die ein Mensch in seinem Leben gemacht hat, die guten ebenso wie die schlechten. Es gehören auch die Erfahrungen dazu, die man am liebsten vergessen möchte, die man eventuell ins Unterbewußte entlassen hat. Unsicherheit, Angst, Unkonzentriertheit, Gewalttätigkeiten, Lernblockaden können als

Symptome von traumatisierten Erfahrungen aus der frühen Kindheit aufgefaßt werden. In psychoanalytischer Sichtweise und in den meisten psychotherapeutischen Verfahren werden beim Auftreten von Problemen die Ursachen in der Vergangenheit gesucht und in diesem Zusammenhang auch bearbeitet. Dieses Vorgehen ist in vielen Fällen sicher richtig und hilfreich. Die Erfahrungen und Erklärungsversuche aus den genannten Disziplinen können auch für den pädagogischen Umgang mit verhaltensauffälligen Kindern bedeutsam sein. Allerdings kann es im Rahmen schulischer Pädagogik nicht um therapeutische Interventionen gehen. Ausgangspunkt für pädagogisches Handeln bei der Entwicklung von Selbst- und Sozialkompetenz sind die Situationen der Gegenwart. An ihnen kann und sollte gearbeitet werden. Dabei sollten die Pädagogen ein offenes Ohr für Lösungsansätze haben, die Kinder aus ihrem Erfahrungsschatz der Vergangenheit anzubieten haben.

Beispiel:
- Ich war gut erholt aus den Ferien zurückgekommen. Viele Kinder freuten sich, daß die Schule wieder anfing. Es herrschte eine angenehme Atmosphäre. Nur Sven störte. Er machte Geräusche, unterhielt sich laut mit anderen Kindern, lachte und dachte gar nicht daran, seine Aufgaben zu machen. Ich merkte, daß Ärger in mir aufstieg, und war von meinem plötzlichen Wutausbruch ebenso überrascht wie die Schülerinnen und Schüler. Mein inneres Parlament hatte nicht sauber gearbeitet. Was ich im Innen hätte bearbeiten müssen, stürzte unkontrolliert nach außen und traf Sven. Ich brüllte ihn an, sagte noch relativ laut, daß ich mir diese ständigen Störungen nicht gefallen ließe. Als ich mich dann etwas beruhigt hatte, bat ich ihn zu einem Gespräch in den Gruppenraum. Ich eröffnete ihm, daß er die nicht erledigten Aufgaben zu Hause nacharbeiten müsse und daß ich mit seiner Mutter reden würde.

Nach einer Pause fügte ich hinzu: „Ich habe mich über dich geärgert. Du hast mich durch dein Verhalten bei meiner Arbeit gestört." Es trat eine Pause ein, dann antwortete Sven: „Frau K. schnippt immer so mit den Fingern. Das ist das Zeichen, daß ich aufpassen muß. Kannst du das nicht auch machen?" „Ja", sagte ich, „das kann ich auch machen." Erst zwei Tage später konnte ich Svens Reaktion richtig würdigen. In der damaligen Situation war ich noch zu sehr mit meiner Enttäuschung über sein störendes Verhalten befaßt. Sven hatte aus seinem Ressourcen-Selbst geschöpft. Er hatte eine wichtige Erfahrung, die er in ähnlichen Situationen mit seiner Klassenlehrerin gemacht hatte, mobilisiert und höflich angefragt, ob ich nicht auch mit dem Finger schnippen könnte. Sven hatte in seinem Inneren verarbeitet, was auf der Außenebene passiert war, und er machte einen Vorschlag, um in Zukunft die Situation nicht so eskalieren zu lassen.

Dies ist ein Beispiel dafür, wie ein Kind aus den eigenen Erfahrungen schöpfen und eine Option entfalten kann. Ich kenne viele Einzelheiten aus Svens Leben und weiß, mit welchen Problemen er sich herumschlagen muß. Aber dieses Wissen hat mir nicht geholfen, meine aufkommende Wut zu bändigen. Ich freue mich, daß ich mit Sven am Gegenwartsereignis arbeiten konnte. Wir beide hatten Anteil an der problematischen Situation. Für die Zukunft sind wir beide an einer besseren Beziehung interessiert. In den folgenden Tagen blieben Störungen aus. Ich half Sven bei Sachproblemen, die sich aus der Aufgabenstellung ergaben. Das vereinbarte Zeichen mußte ich nicht anwenden. Sven hatte mich ernst genommen, und er konnte sich von mir ernst genommen fühlen. Wir haben beide auf der Grundlage einer reflektierten Gegenwart einen Zukunftsentwurf gemacht, dabei spielten Svens Erfahrungen aus der jüngeren Vergangenheit eine wichtige Rolle.

2.6. Das Gemeinschafts-Selbst

Selbstentwicklung ist nur als eine Entwicklung möglich, die sich auf einen oder auf mehrere andere bezieht. Das Wort „bezogen" bringt das Wort „wir" mit in das Blickfeld. In diesem Zusammenhang sind die Elemente Nähe und Abgrenzung von Bedeutung. Die Selbstentwicklung eines Menschen vollzieht sich mit dem anderen und auch gegen ihn. Ich muß das *Mit* und das *Gegen* erkennen, erfahren und in mein Wahrnehmen, Interpretieren und Handeln einbeziehen.

Dies will ich einmal auf den Schüler Olaf beziehen. Bei seiner Selbstentwicklung, die täglich in der Schule stattfindet, sind unterschiedliche Aktionsverknüpfungen immer wieder von Bedeutung. Sein Wahrnehmen, Interpretieren und Handeln geschieht jeweils in Verknüpfungen, bei denen rationale Anteile, emotionale Anteile und Handlungsanteile eine Rolle spielen. Was sich auf der interaktionalen Ebene abspielt, hat immer eine Entsprechung im intrapsychischen Verarbeitungssystem, und umgekehrt spielt sich im Außen das ab, was im Innen vorbereitet und bearbeitet worden ist. Für das Gelingen dieser Prozesse, die ja in den seltensten Fällen konfliktfrei verlaufen, stellen die folgenden Erfahrungen eine gute Grundlage dar.

Um zum Beispiel Vertrauensbrüche und Enttäuschungen überstehen zu können, ist es für jeden Menschen wichtig, daß er irgendwann in seinem Leben einmal das Erlebnis eines Vertrauensbeweises hatte. Wenn ein Kind Interesse am Leben eines Mitschülers oder einer Mitschülerin nehmen soll, ist es eine gute Voraussetzung, einmal erlebt zu haben, daß es für eine nahe Person ebenfalls interessant und begehrenswert war. Ebenso ist es von Bedeutung, daß ein Kind seine Mutter „idealisieren" und sich in ihr „spiegeln" konnte. Diese Erfahrung ist die Voraussetzung dafür, daß es sich in seinem So-Sein, mit seinen Möglichkeiten, Grenzen und

Mängeln akzeptiert. Auf dieser Erfahrungsgrundlage kann es dann auch andere Menschen in deren Anderssein annehmen und akzeptieren.

Um selbst mit anderen Kindern gelingende Beziehungen aufbauen zu können, ist es wichtig, in der Vergangenheit Verläßlichkeit und Vorausschaubarkeit erlebt zu haben. Um in Beziehungen Konflikte relativ angstfrei erleben und durchstehen zu können, ist es wichtig, früher erfahren zu haben, daß Konflikte notwendig sind, um Dauerverletzungen und Dauerverstimmungen zu bewältigen.

3. Selbstentwicklung im schulischen Alltag

Für ihre Selbstentwicklung bringen die Schüler unterschiedliche Voraussetzungen mit. Für die Schule besteht die Aufgabe darin, an diese anzuknüpfen und die Entwicklung und Förderung des kindlichen Selbst als eine wichtige Aufgabe zu verstehen.

3.1. Identitätsaktivitäten

Für Olafs Selbstentwicklung ist es wichtig, daß er sich selbst und seine Mitschüler und Lehrer ihn als eine Person erleben, deren Handlungen man einschätzen kann. Er selbst, seine Mitschüler und Lehrer wissen, wie er sich in bestimmten Situationen wahrscheinlich verhalten wird. Von ihm erwartet man, daß er vor Freude die Arme hochreißt, wenn den Schülern die Möglichkeit zu Ringkämpfen eingeräumt wird. Felix zeigt seine Begeisterung, wenn er mit den anderen Fußball spielen kann. Arne freut sich, wenn er durch einen Mathematik-Test herausgefordert wird. Jörn erinnert seinen Lehrer immer rechtzeitig an das Frühstück, weil er vor der Schule nichts essen kann. Sandra legt Wert darauf, daß ihre Hausaufgaben auch beachtet werden.

Doch dann kommt der Tag, an dem Sandra keine Hausaufgaben hat. Sie erinnert ihren Lehrer auch nicht daran. Auch an den folgenden Tagen hat sie nichts vorzuweisen. Zunächst sieht es so aus, als habe sie die für sie so wichtige Sache nur vergessen. Erst bei einem Gespräch mit ihrer Mutter wird deutlich, daß Sandra in einer Identitätskrise steckt.

233

Ihr Vater sei Alkoholiker, berichtet die Mutter unter Tränen. Er mache in letzter Zeit die Tochter für alle Probleme in der Familie verantwortlich.

Für unsere pädagogische Arbeit ist es hilfreich, schnell einen wichtigen Hinweis für Sandras Befindlichkeit zu bekommen. Gemeinsam mit der Mutter und meiner Kollegin überlegen wir, welche Schritte man gehen könnte. Für Sandra ist es wichtig, daß sie ihr Problem vor ihrer Klassenlehrerin und ihrem Fachlehrer nicht mehr verbergen muß. Allein das gemeinsame Wissen um ein grundlegendes Problem, das von einer Schülerin nicht zusätzlich zu der übrigen Belastung auch noch gegenüber ihren Lehrern verborgen gehalten werden muß, entlastet sie zumindest an dieser Stelle. Für die Arbeit an Sandras Identitäts-Selbst ist es wichtig, daß wir ihr verständnisvoll begegnen, ihr zugewandt sind und dennoch die Forderung nach Erledigung der Hausaufgaben aufrechterhalten.

Wenn die Möglichkeit zu gemeinsamen Ringkämpfen besteht, erklärt Stephan jedesmal, er wolle zuschauen. Er braucht ein Jahr, bis er sich an den Ringkämpfen der Jungengruppe beteiligt. Akzeptanz und Geduld sind wichtige Verhaltensweisen der Lehrer, denn Stephan befindet sich hinsichtlich seiner Identitätsentwicklung in einem Prozeß, der noch nicht so weit gediehen ist, daß er aufstehen und einen Mitschüler zum Kampf herausfordern kann. Seine zurückhaltende Art gehört zu seinem Identitäts-Selbst. Bis schließlich der Tag kommt, an dem er den Finger hebt und den Wunsch äußert: „Ich möchte gegen Lukas kämpfen."

3.2. Abgrenzungsaktivitäten

Olaf wie jedes andere Kind erlebt seine Gefühle, seine Phantasien, seine Träume, seine Erwartungen, seinen Körper und seine Bedürfnisse in Abgrenzung zu anderen. Mitschüler und Lehrer können ihn bei diesen Aktivitäten dadurch unterstützen, daß sie entsprechende Äußerungen als solche von Olaf und zu ihm gehörig akzeptieren und gegebenenfalls auch so benennen. Sie helfen ihm auch dadurch, daß sie manchmal sagen: „Ich sehe das aber anders als du."

In einer Situation sagte ein Junge, nachdem es zwischen ihm und einer Mitschülerin zu einer Prügelei gekommen war: „Ich mag dich nicht, laß mich doch bitte in Ruhe." Eine solche Feststellung kann als Abgrenzungsversuch gewertet werden. So hart eine solche Mitteilung auch ist, darauf können sich Schülerinnen und Schüler einstellen. Sie können sich aus dem Weg gehen, bevor es zu einer Häufung von Gewalttätigkeiten unter den beiden Kindern kommen muß.

Eine wichtige Aufgabe des Lehrers besteht darin, für die Akzeptanz unterschiedlicher Abgrenzungsbemühungen zu sorgen.

3.3. Öffnungsaktivitäten

Olaf erlebt sich als eine Person, die fähig ist, mit anderen Schülern und mit seinen Lehrern zu sprechen, Wünsche zu äußern, Fragen zu stellen. Er ist zu Intersubjektivität fähig. Diese klingt sehr einfach, ist aber für manche Schüler aus unterschiedlichen Gründen sehr schwer. „Die wollen ja doch alle Fußball spielen", sagte ein Junge enttäuscht, als wir überlegten, welche Spiele draußen gespielt werden könnten. Er wollte gern mit anderen zusammen in der Hecke spielen. Von der Vergeblichkeit seines Wunsches war er so sehr überzeugt, daß er nur wahrgenommen hatte, daß acht von zwölf Jungen Fußball spielen wollten. Daß drei andere Jungen auch in der Hecke spielen wollten, war ihm gar nicht aufgefallen. Im Verlauf unserer Arbeit haben wir gemerkt, wie wichtig Entwürfe in die Zukunft sind.

Bei der Erörterung von Konfliktsituationen ist es nicht immer sinnvoll, alle Zusammenhänge bis ins Detail zu erörtern. Wichtiger ist es, auf der Grundlage einer Wiedergutmachung Optionen für die Zukunft zu entwickeln.

Ich erinnere mich an eine Situation, in der zwischen zwei Jungen ein heftiger Streit entbrannte. Zunächst beschimpften sie einander, dann schlugen sie zu. Ihre Auseinandersetzungen waren so heftig, daß ich dazwischengehen mußte. Es war im Klärungsdialog nicht mehr genau auszumachen, wie alles angefangen hatte. Arschloch und Sau hätten sie zueinander gesagt, erzählen sie. Dann hätte Philipp „Hurensohn" geschrien. Daraufhin habe Thorsten nur noch um sich geschlagen. Er habe auch nicht mehr aufhören können. Jetzt habe Thorsten auch Hurensohn geschrien und dann auch zugeschlagen. „Ihr macht doch auch viele Dinge gemeinsam, ihr sitzt nebeneinander und spielt miteinander", sagte ich. Beide nickten bestätigend. „Was erwartet ihr voneinander?", lautete meine in die Zukunft weisende Frage an die Jungen. „Philipp soll nicht Hurensohn zu mir sagen", lautete Thorstens Wunsch. „Und Thorsten soll mich nicht mehr schlagen", das ist Philipps Wunsch. Meine Frage, ob sie sich das versprechen könnten, bejahten beide. Sie gingen gelöst auseinander. Das ist gemeint, wenn es darum geht, für Öffnungsaktivitäten zu sorgen.

3.4. Aggressionsaktivitäten

Aggression bedeutet unter anderem auch, auf den anderen zugehen und ihn mit Wünschen konfrontieren. Dies kann einem Schüler nur gelingen, wenn er über genügend Energie verfügt und auch bereit ist, eine gewisse Risikobereitschaft an den Tag zu legen.

Beispiele:

- Drei Jungen haben ihrem Tischnachbarn Lars den Stift weggenommen. Lars beschwert sich bei mir über seine Mitschüler. Ich bitte ihn, deutlich darauf zu bestehen, daß sie ihm den Stift zurückgeben. Lars geht auf seinen Platz, sagt mit leiser Stimme, er möchte den Stift wiederhaben. Die drei Jungen grinsen. Lars legt den Kopf auf den Tisch und gibt auf. Er ist in dieser Situation allein nicht in der Lage, seine berechtigte Forderung durchzusetzen. Hier braucht er die Hilfe seines Lehrers.

- Aufgeregt kommen die Schüler aus der Pause zurück. Es gebe ein Problem. Sie bräuchten meine Hilfe, sagen sie. In den letzten Tagen war es immer wieder zu Konflikten mit einem Mädchen gekommen. Die Klassenlehrerin und ich hatten uns Zeit genommen, hatten mit den beteiligten Schülern geredet. Nun war ein Punkt erreicht, wo es nicht mehr so weitergehen konnte. Ich könne nicht jeden Tag an einem ihrer Wiederholungsprobleme arbeiten, sagte ich. Da meldete sich Jonas zu Wort: „Herr Gebauer, das ist kein Wiederholungsproblem. Wir haben ein richtiges Problem mit zwei Schülern aus der 6. Klasse. Die haben uns bedroht und geschlagen. Alexander haben sie gewürgt, und Malte haben sie Schläge auf dem Heimweg angedroht." Das war eine klare Aussage. Die betroffenen Jungen brachten ihren berechtigten Wunsch klar zum Ausdruck. Sie hatten bemerkt, daß ich ihre Situation falsch eingeschätzt hatte, und ließen sich nicht davon abbringen, ihr Anliegen vorzutragen. Dazu brauchten sie auch das, was mit Aggressionsaktivitäten gemeint ist.

3.5. Verantwortlichkeitsaktivitäten

Ein Schulvormittag ist permanent von Verantwortlichkeitsaktivitäten der einzelnen Schüler ausgefüllt. Sie müssen sich vergewissern, ob sie einen Sachverhalt so verstanden haben, daß sie ihn anschließend selbständig bearbeiten können. Es geht aber nicht nur darum, Verantwortung für selbständiges Lernen zu übernehmen. Es gilt, die Klassenregeln einzuhalten und die Schulordnung zu beachten. Wenn es nun zu Konflikten kommt, müssen die Schüler blitzschnell entscheiden, ob sie das Problem allein lösen können oder Hilfe brauchen. Martin, der sich seine Federmappe, die ihm Mitschüler weggenommen haben, zurückholt, ohne vorher den Lehrer um Hilfe zu bitten, und dabei lautstark oder mittels Körperkraft aktiv wird, sorgt möglicherweise für Unruhe, die dem Lehrer nicht ins Konzept paßt. Vielleicht wird er gerügt. Er könnte dann erklären, wie und warum es zu dieser Situation gekommen ist. Verantwortlich ist er in jedem Fall. Er ist verantwortlich dafür, seinen Stift zurückzubekommen. Er ist auch verantwortlich für die Unruhe, die er damit verursacht. Schließlich ist er für seine Rechtfertigung gegenüber dem Lehrer verantwortlich. Dies ist ein sehr einfaches Beispiel. Verantwortlichkeit wird vor allem relevant, wenn ein Schüler permanent und nachhaltig stört oder andere Kinder schlägt und verletzt. Verantwortlichkeitsaktivitäten setzen eine genaue Wahrnehmung der Zusammenhänge voraus.

3.6. Ambivalenz- und Polyvalenzaktivitäten

Viele Ereignisse eines Vormittags rufen bei den Kindern Ambivalenz- oder Polyvalenzgefühle hervor. Es ist wichtig, diese Erlebnisse aussprechen zu können.

Ich erinnere mich noch genau an eine Gesprächssituation in einer Jungengruppe, in der es um Gefühle und Verhaltensweisen gegenüber Mädchen ging. „Es ist merkwürdig", sagte ein Schüler, „eigentlich liebe ich Angela – und dann schlage ich sie wieder. Das verstehe ich nicht."

In solchen Gesprächssituationen können Lehrer ihren

Schülern etwas von der Vielfalt und Komplexität unserer Gefühle vermitteln.

In der heutigen Zeit beginnt bei Jungen und Mädchen in einem Alter von acht bis neun Jahren ein gegenseitiges Interesse. War es ihnen bisher möglich, miteinander zu spielen, ohne wesentliche Gedanken darauf zu verschwenden, ob der Spielpartner ein Junge oder Mädchen ist, so ändert sich dies jetzt. Sie beginnen, sich in ihrer Geschlechtlichkeit wahrzunehmen, und mit aller Heftigkeit setzen Suchbewegungen in Richtung der eigenen sexuellen Identität ein. Ein typisches Spiel in dieser Phase heißt: „Jungen fangen die Mädchen – Mädchen fangen die Jungen." Meistens spielen es einige Kinder aus der Klasse während der Pausen, und fast immer führt dieses Spiel zu heftigen Auseinandersetzungen. Es gelten folgende Regeln: Ein „Gefängnis" wird markiert. Wer beim Fangen angeschlagen wird, muß mit in das Gefängnis kommen. Wer nicht freiwillig mitkommt, wird unter körperlichem Krafteinsatz dorthin geschleppt. Das Gefängnis wird bewacht. Mitspieler können die „Gefangenen" durch Handschlag befreien. Wenn uns Kinder um Hilfe bitten, weil es wieder einmal zu wild zugegangen ist, dann kann das Ergebnis eines Gesprächs so an der Tafel zusammengefaßt werden:

> Wilde Spiele? Ja!
>
> Aber: Regeln beachten
>
> • Nicht würgen.
>
> • Nicht in den Bauch treten.
>
> • Nicht an den Haaren ziehen.

Nun habe ich mich bei den Äußerlichkeiten aufgehalten, wo es doch um ambivalente und polyvalente Gefühle gehen sollte. Die äußere Vorgabe ist erforderlich, damit ich nun innere Erlebnismöglichkeiten aufzeigen kann.

Es geht in diesem Spiel ganz entscheidend um sexuelle Identitätsfindung. Es ermöglicht sowohl den Jungen als auch den Mädchen, sich auf kraftvolle Weise voneinander abzugrenzen. Lehrkräfte sollten froh darüber sein, wenn ihre Schülerinnen und Schüler dieses oder ein ähnliches Spiel spielen, denn Identitätsfindung geschieht nur zu einem geringen Teil über intellektuelle Auseinandersetzungen. Neben Krafteinsatz ermöglicht dieses Spiel Nähe und Distanz in gleicher Weise. Sowohl Mädchen als auch Jungen dürfen es sich noch nicht eingestehen, daß sie auch ineinander „verknallt" sind. Sie werden von diesen Gefühlen überrascht. Das macht sie unsicher. Diese Unsicherheit hat mehrere Facetten. So kann ein Junge diese Unsicherheit bei sich selbst, gegenüber den anderen Jungen und auch den Mädchen gegenüber verspüren. Umgekehrt geht es einem Mädchen nicht anders. Die neuen – so noch nicht gekannten – Gefühle müssen zunächst noch verborgen werden. Damit die übrigen Schülerinnen und Schüler nichts davon merken, werden diese Gefühle im Spielverlauf gerade durch ein besonders ruppiges Verhalten überdeckt. Die Gefühle schwirren, um im Bild zu sprechen, ungebunden im Inneren hin und her. Der Umgang mit ihnen ist noch sehr ungewohnt. So möchte ein Junge vielleicht einem Mädchen seine Zuneigung durch einen Anflug von körperlicher Zärtlichkeit zeigen und muß schon im nächsten Augenblick wieder hart reagieren, weil er sich von einem Mitschüler ertappt fühlt. So kann ein sehr zartes Empfinden plötzlich in aggressive Handlungsweise umschlagen. Oft kommen dann die Mädchen, die sich als Opfer betrachten, zur Lehrerin gerannt und fordern Unterstützung. Unsensible Reaktionen der Lehrkraft können nun bei einem Jungen in dieser Situation dazu führen, daß er sich ungerecht behandelt fühlt. Er muß sich nach außen hin für etwas verteidigen, was in seinem Inneren in einem ganz anderen Zusammenhang steht: Polyvalenz der Gefühle. Unter dem Thema „Die Entdeckung der Geschlechtsidentität und der

Aufbau des kindlichen Ichs" beschreibt Edith Jacobson die inneren Entwicklungsschritte (Jacobson, S. 82 ff.). Für Lehrerinnen und Lehrer ergibt sich die Notwendigkeit, die äußeren Ereignisse wahrzunehmen, mit den Kindern über ihr Spiel zu sprechen, gelegentlich auch zuzuschauen und bei ihren Reaktionen zu bedenken, daß im Inneren der Kinder sehr dramatische Wendungen stattfinden.

3.7. Aktivitäten zur Akzeptanz von Abhängigkeiten

Der Schüler Olaf zum Beispiel erlebt, daß er von vielen inneren und äußeren Gegebenheiten abhängig ist. Da gibt es Müdigkeit, die mit seinem Körper zu tun hat. Da gibt es Lautstärke, die mit den vielen Kindern im Klassenzimmer zu tun hat. Da gibt es Erschöpfungszustände, die mit Krankheit zu tun haben. Olaf erlebt sich als einer, der nicht permanent gleichmäßig und unabhängig von inneren und äußeren Gegebenheiten handeln kann. Insofern sind Hinweise, die sich auf eingeschränktes Verhalten wegen einer Krankheit beziehen, sehr wichtig. An dieser Stelle ist so manche Aktivität von Eltern kritisch zu betrachten. Es kommt immer wieder vor, daß einzelne Eltern ihr krankes Kind in die Schule schicken. Andere wollen im Krankheitsfall ihres Kindes möglichst umgehend die zu erledigenden Hausaufgaben haben. Hier mangelt es an Rücksicht gegenüber dem eigenen Kind. Häufen sich solche Vorkommnisse, dann kann ein Kind den wichtigen Bereich der Akzeptanz von Abhängigkeiten nicht ausreichend entwickeln.

4. Überlegungen zur Professionalisierung

Lehrerinnen und Lehrer, die bei ihrer Arbeit mit Kindern diese Aspekte in unterschiedlichen Situationen berücksichtigen, tragen entscheidend zur Selbstentwicklung bei. Wenn ein Kind über seine ambivalenten Gefühle sprechen kann und sprechen darf, muß es weniger als andere Kinder unangenehme Teile seines Selbst auf andere projizieren. Auch die Erfahrung des Nicht-Könnens oder Noch-nicht-Könnens darf ausgesprochen werden. Sie muß nicht verdrängt und auf einen anderen Schüler projiziert werden. Wenn die Selbstentwicklung eines Kindes vom Lehrer wohlwollend begleitet wird, muß das Kind auch nicht fortwährend in szenischen Darstellungen innere Spannungen ausagieren. Allerdings sollten Lehrerinnen und Lehrer, die bei ihren Schülern die Selbstentwicklung in diesem Sinne begleiten und fördern wollen, darauf achten, daß sie sich nicht überfordern. Die Aufgaben, die hier zu bewältigen sind, lassen sich nicht in ein Programm pressen. Sie setzen eine gründliche Vorbereitung und die kontinuierliche Reflexion in einem Team voraus. In der täglichen Praxis ist darauf zu achten, welche Aspekte in der Selbstentwicklung eines Kindes durch eine bestimmte Aktivität benötigt oder gefördert werden. Bei dieser Arbeit war für mich Stierlins Selbstkonzept von großer Bedeutung. Auf diese Weise konnte ich viele Situationen, die zunächst sehr verwirrend oder komplex erschienen, besser durchschauen. Ich fand Ansätze für Interpretationen und konnte auf dieser Grundlage pädagogische Handlungsperspektiven entwickeln. So konnte ich Situationen, die ich als Störung bei meiner inhaltlich bestimmten

Unterrichtsarbeit erlebte, durch eine geistesgegenwärtige Spontaninterpretation in ihrer Bedeutung für die Selbstentwicklung eines Kindes erkennen. Der aufkommende Ärger wegen der Störung verwandelte sich im Verlauf der Interpretationsarbeit in ein konstruktives Interesse an den Vorgängen.

Ein wesentliches Ziel unserer erzieherischen Aufgabe besteht darin, die Persönlichkeit des einzelnen Kindes zu bilden. Dabei ist zu beachten, daß sich personale und soziale Identität miteinander ausbilden. Während bei der Herausbildung der personalen Identität die Kontinuität des Erlebens im persönlichen Lebenslauf stärker in den Vordergrund rückt, geht die soziale Identität oder der Aspekt des Gemeinschafts-Selbst stärker auf das Selbsterleben in der Auseinandersetzung mit den sozialen Gruppen zurück. „Die Ausbildung einer stabilen Identität gleicht einem Balanceakt"(Büeler, 1996, S. 188). Diesen Satz finde ich allerdings erst während der Überarbeitung meiner Tagebuchnotizen. In diesem Zusammenhang postuliert Büeler, im Zentrum erzieherischer Bemühungen müsse der „unablässige Versuch stehen, durch erzieherische Kommunikation die Handlungskompetenz, das Selbstkonzept und die Identität der Kommunikationspartner zu fördern ... Auf beiden Seiten müßte ... der Anspruch bestehen, die Organisation des Systems Person als auch jene des Systems Erziehung weiter zu entwickeln" (Büeler, 1996, S. 188).

V. Beziehungen als Grundlage für Selbstentwicklung

1. Sozialkonstrukt und Schulrealität

Eine Pädagogik, die mit systemischen Vorstellungen arbeitet, wird das konkrete Handeln, in den Vordergrund rücken. In Anlehnung an Helm Stierlins Darstellung zum Selbst und seinen Sub-Selbsten führte ich für die Dynamik innerhalb des Systems Schulklasse den Begriff des Sozial ein. In der konkreten Auseinandersetzung mit anderen Menschen müssen wir unser Selbst immer wieder neu konstruieren. So verhält es sich auch mit dem Sozial. Es gibt keine von außen gesetzten sozialen Bezüge. Beziehungen müssen immer wieder in der Auseinandersetzung mit anderen Menschen konstruiert und realisiert werden. Innerhalb dieses dynamischen Vorgangs spielen die einzelnen Selbste mit ihren Erfahrungen, Ressourcen und Optionen eine wichtige Rolle. Ähnlich wie beim Selbstkonstrukt kann man von Sub-Sozialen ausgehen. Das sind wichtige Teile des Sozial, die in konkreten Prozessen wirksam werden. Sie werden in verschiedenen Situationen von unterschiedlicher Bedeutung sein.

2. Aspekte des Sozial

- Das identitätsverbürgende Sozial (Identitäts-Sozial)
- Das Sozial als Subjekt und Objekt von Geschichten (Geschichten-Sozial)
- Das Sozial als Entdecker und Initiator von Optionen (Optionen-Sozial)
- Das Sozial als Parlament der Auseinandersetzungen (Parlaments-Sozial)
- Das Sozial als Schatzkammer von Lösungen (Ressourcen-Sozial)
- Das Sozial, das die einzelnen Selbste berücksichtigt (Selbst-Sozial)

Damit sind Bestandteile des Sozialkonstrukts beschrieben. Sie enthalten Veränderungspotentiale, die Entwicklungen überhaupt erst möglich machen.

2.1. Das Identitäts-Sozial

Es sorgt für Stabilität und Beständigkeit. Wenn die Kinder morgens zur Schule kommen, dann stellen sie sich auf die Art und Weise der Begegnung mit ihren Mitschülern ein. Einzelne Kinder und Gruppen innerhalb der Klasse achten darauf, wie diese Begegnungen verlaufen. Spielt innerhalb dieses Rahmens ein Kind seine Szene, dann reagieren die übrigen Kinder oft auf die allen geläufige Weise. In der Routine der täglichen Begegnungen kann ein Konfliktfall zum Ausgangspunkt für eine potentielle Veränderung in den Verhaltensweisen führen. Veränderte Verhaltensweisen einzelner Kinder führen wiederum zu einer Veränderung des Identitäts-Sozial.

Eine neue Freundschaftsbeziehung kann auch dazu führen, daß sich Veränderungen im gesamten Gefüge ergeben. Wenn innerhalb eines solchen Prozesses um eine Freundschaft gerungen wird, wird oft eine bereits bestehende Freundschaft tangiert, manchmal gestört oder beendet. Hier kann es zu Rivalitäten mit starken Auswirkungen auf das gesamte Sozialgefüge kommen.

Zum Identitäts-Sozial einer Schulklasse gehören auch die Regeln, die innerhalb der Klassengemeinschaft gelten. Sie unterliegen Veränderungsprozessen. Wichtig ist in diesem Zusammenhang die Stabilität der Regeln. Es braucht die einzelnen Selbste, die für sich an der Einhaltung arbeiten. Hier tritt, wie natürlich auch an vielen anderen Stellen, das Lehrer-Selbst in Aktion. Der Lehrer mit seinen unterschiedlichen Aufgaben ist Teil des Identitäts-Sozial einer Klasse. Die Art, wie Lehrerinnen und Lehrer Unterrichtsinhalte vermitteln, Konflikte zusammen mit den Kindern klären und für die Einhaltung der Regeln sorgen, verweist auf einen inhaltlichen Aspekt des Identitäts-Sozial. Es ist wichtig, ob die Lehrkräfte für eine zugewandte und klare Beziehungsrealität sorgen oder eher für eine distanzierte und kalte Realität stehen.

Dabei spielt der Aspekt der Verläßlichkeit eine Rolle.

2.2. Das Geschichten-Sozial

Mit der Klassen-Bildung einer Klasse beginnt auch deren Geschichte. Hierzu zählen die vielen Einzelereignisse eines Tages ebenso wie die Feste, Ausflüge und Veranstaltungen, die im Verlauf der Jahre wiederkehren. Die konkreten Ereignisse auf Wanderungen und bei Schullandheimaufenthalten bilden die Grundlage für Erzählungen der Kinder und ihrer

Eltern. Ebenso wirksam sind die Ereignisse eines Schulvormittags, die von den Kindern aufgenommen und Mitschülern aus anderen Klassen erzählt werden. Der „Ruf", den eine Klasse genießt, hat mit den Geschichten zu tun, die über diese Klasse erzählt werden. Diese Geschichten müssen nicht identisch sein mit der Realität einer Klasse. Aber der Effekt im positiven wie auch im negativen Sinne kann außerordentlich groß sein.

Inszenierungen der Kinder innerhalb der Klasse sind ein Teil des Geschichten-Sozial.

Beispiele:

- In einer Klasse forderte Susanne immer wieder die Jungen heraus. Die Spiele konnten für sie gar nicht wild genug sein. Fast regelmäßig kam es dann aber zu Konflikten. Wenn sich Susanne im Verlauf eines Spieles verletzte, dann begann ein großes Geschrei. Sie beschuldigte regelmäßig einen der Jungen. Oft setzten sich Aufsichtskräfte für Susanne ein, verurteilten die Jungen. So entstand in der Klasse die Erzählung von Susanne, der Sirene, die provozierte und sofort heulte, wenn sie sich bei ihren wilden Spielen ein Verletzung zuzog. Immer wenn Susanne heulte, hieß es in der Klasse: „Ach ja, die Sirene." Natürlich ist dies nicht allein Susannes Geschichte. Sie findet mit ihrem Verhalten in dieser Klasse Resonanz, während sie damit in einer anderen Schulklasse vielleicht überhaupt nicht beachtet würde.

- Natürlich gibt es die unterschiedlichsten Erzählungen in einer Klasse und auch über sie. So sagte Julian auf dem Weg zu einem Klärungsgespräch nach dem Ende des Unterrichts, als eine Mitschülerin schnell zum Essen nach Hause wollte: „Das ist jetzt viel wichtiger als Mittagessen." Diese Erzählung ist ein Teil der Erfahrung, die Julian in dieser Klasse bei der Klärung von Konflikten gewonnen hat.

- Ausflüge, Feste und Feiern bilden den Fundus an gemeinsamen Geschichten einer Klasse.
- Beim Anschauen von Bildern aus der gemeinsamen Schulzeit wird etwas sichtbar vom Geschichten-Sozial einer Schulklasse.
- Bei Klassentreffen nach vielen Jahren werden immer wieder die „alten Geschichten" aus und über diese Klasse erzählt.

Die vielen Episoden in diesem Buch über Ereignisse in einzelnen Klassen sind Teil des Geschichten-Sozial. Die Erfahrungen, die in ihnen gemacht und tradiert werden, sind wesentlicher Bestandteil der Identität einer Klasse.

2.3. Das Optionen-Sozial

In den einzelnen Schulklassen sind Problemlösefähigkeiten, wenn es um Klärungsdialoge oder um die Bewältigung einer Aufgabenstellung geht, unterschiedlich ausgebildet. Das hängt von den Optionen ab, die einzelne Kinder für sich auf dem Hintergrund von Erfahrungen entwickeln können. Äußerungen wie: „Der stört immer wieder", „Der nimmt mir meine Federtasche weg", „Der will immer bestimmen, wer in welcher Mannschaft spielt", verweisen auf eine angebliche Festlegung in Verhaltensweisen, die einzelnen Kindern zugeschrieben werden.

Dann sagt ein Junge: „Herr Gebauer, können Andreas und ich einmal eine Mannschaftsaufstellung für das Fußballspiel mit Ihnen besprechen? Wir haben eine Idee, wie man die Mannschaften so aufstellen könnte, daß sie gleich stark sind." Wenn Kinder mit einer solchen Option zu ihrem Lehrer kommen, gibt dieses Verhalten Auskunft über die Ausprägung ihres individuellen Optionen-Selbst. Gleichzeitig wird diese Fähigkeit nun wirksam im Blick auf das Optionen-Sozial. „Wir haben doch Möglichkeiten, unser Fußball-spiel so zu gestalten, daß es für beide Seiten spannend wird", das steht als Denk- und Erfahrungsmodell hinter solchen Überlegungen. Wenn Kinder nun gemeinsam dieses Modell konkretisieren und schließlich in der Praxis erproben, dann gehört das zum Optionen-Sozial. Die Fähigkeit eines einzel-nen Schülers, der einen Blick in die Zukunft wirft und ihn formuliert, reicht nicht aus. Mit-Denken und die Bereit-schaft zur Umsetzung durch Mitschüler sind erforderlich.

Wenn der Lehrer sagt: „Überlegt einmal, wie ihr aus dieser schwierigen Situation, in der ihr euch beschimpft, bespuckt und geschlagen habt, so herauskommt, daß ihr wieder mit-einander leben und lernen könnt", dann spricht diese Auf-gabe die Entwicklung des Optionen-Selbst der beteiligten Kinder an und trägt zur Förderung des Optionen-Sozial bei. Je mehr Kinder immer wieder in und nach Konfliktsituatio-nen tragfähige Lösungsmöglichkeiten entwickeln, desto stär-ker bilden sich das Optionen-Selbst und das Optionen-Sozial aus.

2.4. Das Parlaments-Sozial

Hiermit ist nichts anderes gemeint als die verbale Auseinan-dersetzung der Schülerinnen und Schüler einer Klasse oder von Untergruppen. Je stärker Lehrerinnen und Lehrer ihren Schülerinnen und Schülern Mitspracherechte einräumen, de-sto eher können diese ihre Argumente und Gegenargumente vortragen und schließlich zu einer Entscheidung kommen. Geduld im Umgang miteinander und Zutrauen in das Ge-lingen sind wichtige Voraussetzungen für alle Beteiligten.

Die Fähigkeit, niveauvolle Debatten zu führen, wächst mit den genutzten Gelegenheiten. Besonders zur Klärung von Konfliktsituationen sind solche Fähigkeiten erforder-lich. Sie können aber nicht theoretisch gelernt, sie müssen in der Praxis erworben werden. Hier ein Beispiel aus der Schlußphase eines 2. Schuljahres:

Die Kinder hatten zusammen mit mir aus vielen Situationen gelernt, wie man einen Konflikt in seinem Ablauf rekonstruiert, die Aktivitäten der Beteiligten beschreibt, die Gefühle thematisiert, den Vorgang eventuell bewertet und schließlich Formen der Wiedergutmachung praktiziert.

Beispiel:

- Eine männliche Aufsichtskraft packt einen Schüler am Kragen und hebt ihn vom Boden ab.

„Ich muß da etwas mit dir besprechen", hatte meine Kollegin in der Pause gesagt. „Da hat es einen Vorfall zwischen Herrn M. und einigen Kindern aus meiner Klasse gegeben." Ich spreche kurze Zeit später mit den Kindern.

Rekonstruktion:

Zunächst berichtet Peter nur zögerlich. Dann wird er immer sicherer. Herr M. habe ihn während der Pause am Hemdkragen gepackt und richtig vom Boden hochgehoben, nur weil er ihm etwas habe erklären wollen. Und dann rekonstruieren wir gemeinsam den Vorfall. Ich fasse zusammen: Während der Pause haben einige Jungen und Mädchen Fangen gespielt. Dabei ist Antonia gestolpert und hingefallen. Sie hat danach behauptet, Arne habe sie gestoßen. Brüllend sei sie zu Herrn M. gerannt, der Aufsicht hatte. Dieser habe Antonia einfach geglaubt und die Jungen beschuldigt. Da sei Peter eingeschritten und habe sagen wollen, es sei alles gar nicht so gewesen. Aber da habe ihn Herr M. bereits am Kragen gepackt und hochgehoben. Es sei nicht in Ordnung, wenn so viele Jungen auf ein Mädchen losgingen, habe er noch gesagt. Man habe mit ihm nicht weiter reden können.

Ich verspreche den Kindern, daß ich mich darum kümmern und ein Gespräch mit Herrn M. führen werde. Als ich ihn dann anspreche, kann er sich zunächst nicht erinnern.

Das kann ich verstehen, denn es gibt während der Pausen immer wieder Konflikte, die schnell gelöst werden müssen. Möglicherweise ist es auch nicht so gewesen, wie es die Kinder berichten. Er ist damit einverstanden, daß wir ein gemeinsames Gespräch führen.

In der Klasse bitte ich darum, daß nur die Kinder am Klärungsdialog teilnehmen, die unmittelbar beteiligt waren. Es sind zwei Mädchen und drei Jungen. Antonia will nicht mitkommen. Sie müsse nach Hause, sagt sie, ihre Familie wollte an diesem Tag verreisen. Nele möchte auch nicht dabei sein. Sie müsse pünktlich zum Mittagessen zu Hause sein. (Daß wir das Klärungsgespräch nach Unterrichtsschluß führen, gehört zu den Ausnahmen. Diese Gespräche sind sonst Teil des Unterrichtsgeschehens.) Die Jungen bestehen darauf, daß Antonia teilnimmt, denn sie habe die ganze Sache ausgelöst. Das Gespräch hatte bisher ergeben, daß sie Arne zu Unrecht beschuldigt und damit zur Eskalation des Konflikts beigetragen hatte. Während wir zu meinem Büro gehen, versucht Nele, das Mittagessen vorzuschieben. Hier kontert Julian mit dem Hinweis: „So etwas ist viel wichtiger als Mittagessen." Das sagt ein Junge, der oft in Konflikte verwickelt war und die heilsame Wirkung von Klärungsdialogen erlebt hat.

In der Gesprächssituation erklären die Jungen Herrn M. nun den Verlauf, und Peter sagt: „Ich wollte Ihnen doch nur sagen, daß Arne Antonia nicht geschubst hat. Sie macht das immer so. Sie spielt mit uns, und wenn sie hinfällt, dann beschuldigt sie uns. Ich habe genau gesehen, wie alles war. Das wollte ich Ihnen sagen. Und dann haben Sie mich am Hemd gepackt und hochgehoben."

Das ist bis dahin eine mutige Darstellung und läßt etwas von den Erfahrungen der Schüler sichtbar werden, die sie in Klärungssituationen gewonnen haben. In der Realsituation erlitt Peter zunächst mit den Fähigkeiten seines Parlaments-Selbst Schiffbruch, denn Herr M. hörte nicht nur nicht auf ihn. Er beschuldigte ihn obendrein eines doppelten Fehlverhaltens. Er gehöre zu den Jungen, die Antonia geschubst hätten und nun würde er auch noch in ungebührlicher Weise auftreten. Die Quittung dafür ist eine körperliche Maßregelung. Das geht alles blitzschnell.

Zum Glück haben die Kinder ein Ressourcen-Selbst ausgebildet, das ihnen die Fähigkeit verleiht, diesen Vorgang nicht auf sich beruhen zu lassen. Sie schildern ihn ihrer Klassenlehrerin. So kommt das Ereignis zu mir und führt schließlich dann zur Bearbeitung in der nun zu schildernden Form. Bisher wird das Zusammenwirken von Ressourcen-Selbst, Parlaments-Selbst und Optionen-Selbst sichtbar. Nun agiert Peter nicht allein, er findet Unterstützung durch seine Mitschüler und durch seinen Lehrer. Damit werden Teile des Klassen-Sozial wirksam. Es ist die Rekonstruktion, die durch die Mithilfe mehrerer Kinder geschieht. Sie haben Vertrauen in ihren Lehrer und entwickeln mit mir zusammen (Optionen-Sozial) nun den weiteren Verlauf. Unter ihren Argumenten ist eines besonders bedeutsam: So etwas sei wichtiger als Mittagessen.

Reaktion des Kollegen M.:
Als er die Kinder sieht, kann er sich zunächst nicht erinnern. Während sie erzählen, wird er nachdenklich, langsam fällt ihm die Situation wieder ein. Er sieht sie schließlich vor Augen und sagt:

Herr M.: „Ja, das Mädchen ist zu mir gekommen, es hat geweint und gesagt, ‚die Jungen haben mich geschubst‘. Ich fand es unfair, daß mehrere Jungen ein Mädchen so mißhandeln.“

Peter: „Ich wollte Ihnen doch nur sagen, daß das gar nicht stimmt, was Antonia Ihnen erzählt hat. Ich hab doch gar nicht mitgespielt. Ich hatte aber gesehen, was passiert ist. Außerdem weiß ich, daß Antonia oft sagt, die Jungen hätten sie geschubst. Das wollte ich Ihnen sagen.“

Herr M.: „Hab ich dir weh getan?"
Peter: „Nein."
Herr M.: „Es war auch keine böse Absicht."
Peter: „Aber das wußte ich in der Situation nicht."
Herr M.: „Es tut mir leid. Da bitte ich dich um Entschuldigung. Also das wollte ich nicht."
Ich: „Peter, kannst du das akzeptieren?"
Peter: „Ja."

Alle gehen erleichtert auseinander. Vor der Tür hatten einige Mitschüler gewartet. Einer sagt: „Ach, das habt ihr geklärt. Das ist doch schon so lange her."
Ich antworte ihm: „Es geht nichts verloren."
Für mich ist es ein Beispiel, das etwas über die soziale Kompetenz und die Selbstkompetenz der Schülerinnen und Schüler aussagt. Im Sinne des hier vertretenen Modells heißt es, daß das Parlaments-Selbst zusammen mit dem Ressourcen-Selbst und dem Optionen-Selbst wirksam wurde. Bezogen auf die soziale Dimension heißt das, daß es zu einem Zusammenwirken von Parlaments-, Ressourcen- und Optionen-Sozial gekommen ist.

2.5. Das Ressourcen-Sozial

Damit wird die Fähigkeit beschrieben, in aktuellen Situationen aus bisherigen Erfahrungen zu schöpfen, die Ereignisse angemessen darzustellen, zu interpretieren, nach Lösungen zu suchen und diese schließlich umzusetzen. Ich gehe davon aus, daß sich diese Fähigkeit durch die Bearbeitung von unterschiedlichen Konfliktsituationen ausbildet. Es handelt sich, wie bei allen anderen Aspekten, nicht um eine gleichbleibende Fähigkeit. Sie muß immer wieder aktiviert werden, weil sie als Prozeß aufzufassen ist. Das gilt in gleichem Maße für Schüler und Lehrer. Es gibt auch Situationen, in denen das Ressourcen-Sozial der Schüler für den Lehrer eine große Hilfe darstellt. Dazu ein Beispiel:

- Im Treppenhaus informiert mich meine Kollegin mit wenigen Worten, es habe eben eine heftige Auseinandersetzung unter den Jungen gegeben. Arne und Johannes seien beteiligt gewesen. Die Schüler hätten im Schnee gespielt, ihre Schuhe, Strümpfe und Hosen seien dabei naß geworden. Peter habe seine Hose zum Trocknen auf die Heizung gelegt und sich in der Turnhose auf seinen Stuhl gesetzt. Sein Anblick habe Arne zu bissigen Bemerkungen verleitet. Er habe Peter so lächerlich gemacht, daß dieser nun weinend auf dem Sofa sitzt.

Wahrnehmung meiner Gefühle:
Ich ärgere mich, daß schon wieder die Namen Arne und Johannes fallen. „Es geht wieder alles von diesen beiden Jungen aus", denke ich. Mit diesem Ärger gehe ich in die Klasse. Ich fordere die Jungen auf, mit mir am Problem zu arbeiten. Die Situation ist voller schriller Mißtöne. Laute Sätze fliegen quer durch den Raum. Ich kann nicht erkennen, wie diese Dynamik zustande kommt. In einer Blitzinterpretation komme ich zu dem Ergebnis, daß meine bisherige Art, solche Situationen zu klären, indem ich mich mit den Jungen in einen Kreis setze und mein Tagebuch herausnehme, nicht weiterhelfen würde. Die Unruhe ist zu intensiv. Ich rege einige Körperübungen an, versuche auf diese Weise, zusammen mit den Jungen zur Ruhe zu kommen. Ich bin enttäuscht und sehr verärgert. Die Unterrichtsstunde am Vortag war so harmonisch verlaufen, daß ich mich darauf eingestellt hatte, diese Harmonie weiter zu genießen. Hier beginnt meine Enttäuschung. Ich treffe eine andere Situation an als diejenige, welche ich erwartet habe. Ich kann meine Inhalts- und Spielabsicht nicht umsetzen.
Ich fordere die Jungen auf, sich einen freien Platz im Raum

zu suchen und mit mir gemeinsam einige Balance- und Kraft-
übungen zu machen. Sie kommen nach einer Weile zur Ruhe.
Die Körperübungen geben mir Gelegenheit, Überlegungen
anzustellen, wie ich die Situation bearbeiten könnte.

Ich sage zu den Kindern: „Frau L. hat mich auf der Treppe
informiert, daß es ein Problem gibt. Ich vermute, daß es ein
Wiederholungsproblem ist. (Dabei denke ich vor allem an
Arne und Johannes.) Ich will nicht jeden Tag mit euch immer
wieder an den gleichen Problemen arbeiten, deswegen bitte
ich euch, über folgendes nachzudenken: Wo liegt in eurer
Gruppe das zentrale Problem?" Das möchte ich mit eurer
Hilfe herausfinden und mit euch daran arbeiten.

Erster Arbeitsschritt:
Die Jungen nennen Namen der Mitschüler, mit denen sie in
ein wiederkehrendes Problem verwickelt sind. Acht Namen
werden genannt: Jan-Johann, Frank, Dennis, Arne, Johannes, Peter, Thorsten, Julian. Da ruft Sascha: „Bin ich der
einzige, der in kein Problem verwickelt ist?". Also werden
noch die Jungen benannt, die anscheinend mit niemandem
ein Problem haben: Sascha, Leo, Achim, Hendrik.

Zweiter Arbeitsschritt:
Ich bitte nun zu sagen, wer mit wem ein Problem hat. Die
Namen schreibe ich an die Tafel. Die Jungen, die ein Problem miteinander haben, werden in Beziehung gebracht. Es
entstehen fünf Beziehungsgefüge:

1. Jan-Johann	Dennis	o o
2. Arne	Johannes	o
3. Arne	Peter	o o o o o
4. Julian	Peter	o o o
5. Frank	Johannes/Thorsten	o

Danach wird unter dem Gesichtspunkt gewichtet, welches
wohl das zentrale Problem sei. Jeder hat einen Punkt zu

vergeben. Das Ergebnis zeigt, daß die Jungen die Auseinandersetzung zwischen Arne und Peter als stark ansehen.

Bearbeitung meiner Gefühle:
Während dieser Phase versuche ich erneut, meine Gefühle zu bearbeiten. Ich war verärgert in die Situation gegangen und hatte gehofft, die Beziehung von Arne und Johannes werde nun ins Zentrum gerückt. Dies geschieht nicht. Ich spüre, wie es mir guttut, die Jungen bei der Arbeit zu sehen, bei ihrem ernsten Bemühen, das Problem zu erkennen und zu benennen. Ich ertappte mich dabei, wie ich fast meinem Vorurteil aufgesessen wäre. Ich kann akzeptieren, daß die Jungen das Problem zwischen Arne und Peter als zentral ansehen, ich kann mit ihnen daran arbeiten. Ich verzichte an dieser Stelle auf die Schilderung der Bearbeitung. Ich will zeigen, daß meine innere Unsicherheit, die durch falsche Einschätzung der Situation, Ärger und Fehlinterpretation gekennzeichnet ist, durch die bei den Schülern vorhandenen Ressourcen stellenweise ausgeglichen werden kann. Während ich noch in meinem Ärger gefangen bin und einer subjektiven und vorurteilsbestimmten Interpretation nachhänge, sind sie schon sachlich bei der Arbeit. Ich kann in der Situation erfolgreich mit meinen Affekten umgehen und dann angemessen mit den Schülern an ihrem Problem arbeiten.

Damit sind die Potentiale beschrieben, die es einer Gruppe von Kinder möglich macht, vor dem Hintergrund bisheriger Erfahrungen, eine aktuelle Problemlösung zu praktizieren.

2.6. Das Selbst-Sozial

Gemeint ist mit diesem Aspekt die Rolle, die der einzelne Schüler, die einzelne Schülerin innerhalb einer Gruppe spielt. Die beschriebenen Beispiele geben darüber Auskünfte. Innerhalb der Gruppe und zusammen mit der Klassenlehrerin wird darüber geredet, daß es einen Vorfall gegeben hat, bei dem einem Jungen Schaden zugefügt wurde. Es gibt mehrere Kinder, die das so ernst nehmen, daß sie es mit ihrer Klassenlehrerin ansprechen und schließlich auch dafür sorgen, daß ich mich mit der Situation beschäftige. Der einzelne Schüler ist mit dem, was ihm zugefügt wurde, einigen Mitschülern nicht gleichgültig. Sie kümmern sich um eine Klärung der Situation. Im letzten Beispiel wurde sichtbar, daß die Kinder in der Lage sind, die Schwere der Verwicklung in einen Konflikt abzuschätzen. Sie können eigene Interessen zurückstellen zugunsten der Klärung eines Konflikts, der sehr massiv ist. Sie haben eine Sozialkompetenz erworben, die es ihnen ermöglicht, den Blick auf den einzelnen in der Gruppe zu richten. Die Beispiele sagen etwas drüber aus, in welcher Weise und mit welcher Kompetenz eine Gruppe einen einzelnen nicht fallen läßt.

3. Umsetzung des Selbst- und Sozialkonzepts im Rahmen einer Fortbildung im Kollegium

Abschließend möchte ich einige Anregungen geben, wie das vorgestellte Selbst- und Sozialkonzept in die Schulpraxis Eingang finden könnte. Ich schildere ein Verfahren, das ich in Lehrergruppen mehrfach praktiziert habe. Ich stelle eine Kurzfassung dar, die so von Kollegen für ihre Fortbildung genutzt werden kann.

Erörterung der Grundgedanken:
Für die Beachtung und Förderung von Prozessen der Selbst- und Sozialentwicklung ist es wichtig, eine Vorstellung von den wichtigsten Aspekten dessen zu haben, was man fördern möchte. Oft wird die Sozialentwicklung nur als ein Aspekt der Persönlichkeitsentwicklung angesehen. Dabei gerät leicht aus dem Blick, daß mit Sozial auch das Gesamt der Prozesse einer Gruppe gemeint ist. Das Sozial beschreibt alle Aspekte, die für die Herausbildung eines sozialen Gefüges von Bedeutung sind. Innerhalb dieser Vorstellung sind die einzelnen Personen (Selbste), die in einem System wirken, ein Teil desselben. Schulische Pädagogik muß sich um die Persönlichkeitsentwicklung einzelner Schülerinnen und Schüler kümmern, und sie muß das Gesamt (Sozial) einer Klasse im Blick haben.

Verfahren:
In einem assoziativen Verfahren werden die sechs Selbst- und Sozialaspekte in den Blick genommen: Identität, Geschichte, Optionen, Parlament, Ressourcen und Gemein-

schaft und der einzelne innerhalb der Gemeinschaft. Die Teilnehmer stellen sich ein Kind vor, oder sie wählen eine Klasse aus. Der Leiter der Übung führt die Teilnehmer über die folgenden Fragen an die Thematik heran.

Überlegungen zu Aspekten des Selbst:
Ich bitte Sie, die folgenden Fragen jeweils auf ein Kind zu beziehen. Sie sollten einen Wechsel auf ein anderes Kind möglichst vermeiden. Wählen Sie ein Kind aus Ihrer Klasse aus. Stellen Sie sich das Kind genau vor.

- Sie sehen das Kind auf dem Pausenhof. Wie geht es zusammen mit den anderen in die Klasse? Wo sitzt es? In welcher Weise beteiligt es sich am Unterricht? Erinnern Sie sich an ein Gespräch mit dem Kind? Wie geht es auf andere Kinder zu? Welche Situationen fallen Ihnen spontan zu diesem Kind ein? Mit welchem Wort würden Sie dieses Kind charakterisieren? Würde eine Kollegin das Kind auch so wahrnehmen und beschreiben? (Identitäts-Selbst)
- Gehen Sie in Gedanken ein Stück mit dem Kind nach Hause. In welche familiäre Situation kommen Sie? Wie groß ist die Wohnung? Was wissen sie über Vater, Mutter, Geschwister, Hausnachbarn? Erinnern Sie sich an Geschichten, die Ihnen das Kind erzählt hat? Was könnte für das Kind besonders wichtig sein? (Geschichten-Selbst)
- Zurück in die Schule: Wie verhält sich das Kind, wenn es einem Lernproblem gegenübersteht? Wendet es sich an Mitschüler, an den Lehrer, setzt es Hilfsmittel ein? Hat es Ideen, wenn es um die Lösung sozialer Konflikte geht? Kann es selbst für sich sorgen, zum Beispiel Entspannungsübungen machen, wenn es müde und unkonzentriert ist? (Ressourcen-Selbst)
- Kann es sich kurzfristig auf eine andere Aufgabenstellung einlassen? Macht es Vorschläge, wie es selbst oder ein anderes Kind aus einer Konfliktsituation herauskommen kann? Beteiligt es sich an Planungen für den nächsten Tag,

für ein Fest, für einen Ausflug. („Ich habe eine Idee" …
„Ich habe einen Vorschlag" … „Ich wünsche mir" …)
(Optionen-Selbst)
- Wissen Sie etwas darüber, wie das Kind Konflikte bearbeitet? Spricht es mit Ihnen über seine Gefühle, auch über
ambivalente Gefühle? („Manchmal bin ich froh, dann bin
ich wieder traurig …"; „Ich möchte mit ihm spielen, dann
ärgere ich ihn wieder …") Spricht das Kind mit einer Kollegin über seine Gefühle? Können Sie sich darüber aus-
tauschen? (Parlaments-Selbst)
- Zeigt das Kind Interesse an seinen Mitschülern? Kümmert
es sich darum, daß auch andere Kinder bei der Gestaltung
der Sitzordnung mit dem neuen Platz zufrieden sind?
Zeigt es Empathie? Macht es Vorschläge zum Zusammenleben in der Klasse? Werden die Vorschläge von den Mitschülern angenommen? (Gemeinschafts-Selbst)

Überlegungen zu Aspekten des Sozial:
Konzentrieren Sie sich nun auf Ihre Klasse.
- Wie erleben Sie die Kinder der Klasse, wenn Sie auf den
Pausenhof gehen und sie vom Anstellplatz abholen? Wel-
che Atmosphäre teilt sich Ihnen auf dem Weg zum Klas-
senraum mit? Stellen Sie sich jetzt den Unterrichtsbeginn
vor. Sie sehen die Kinder beim Lernen in unterschied-
lichen Lernbereichen: Lesen, Schreiben, Mathematik,
Musik, Sport, Sachunterricht. Erinnern Sie sich an einen
Konflikt in der Klasse. Mit welchem Wort würden Sie
Ihre Klasse kennzeichnen? Sieht Ihre Kollegin die Klasse
auch so? (Identitäts-Sozial)
- Erinnern Sie sich an einen Ausflug mit der Klasse. Denken
Sie an ein Fest, das Sie gefeiert haben. Denken Sie zurück
an die Anfänge, an die ersten Tage und Wochen in der
Klasse. Es sind Kinder dazugekommen und Kinder weg-
gegangen. Überlegen Sie, wie stark das Interesse der Eltern
an der Klasse ist. (Geschichten-Sozial)

- Werden die Regeln, die in der Klasse gelten, auch beachtet? Ist die Bereitschaft vorhanden, die Regeln bei Bedarf zu reflektieren und eventuell auch zu verändern? Welche Energien strömt die Klasse aus, wenn es um das Lösen von Aufgaben geht? Gibt es eine Lernmotivation, die von dieser Klasse ausgeht? Über welche Erfahrungen verfügen die Kinder der Klasse, wenn Sie eine Ausflug planen, ein Fest vorbereiten? Kennen die Kinder Arbeitsformen, bei denen unterschiedliche Inhalte und Tätigkeiten nebeneinander stattfinden? Können die Kinder selbständig arbeiten, wenn Sie mit einigen Kindern einen Konflikt klären? Haben Sie Arbeitsformen entwickelt, mit denen die Kinder auch selbständig Konflikte klären können? (Ressourcen-Sozial)
- Lassen sich die Kinder auf Alternativen ein, wenn ein geplantes Ereignis nicht stattfinden kann? Machen sie selbst Vorschläge für Unterrichtsereignisse, Feste, Ausflüge, Projekte? Haben die Kinder Interesse an der Atmosphäre in der Klasse? Entwickeln sie Vorschläge, die zur Lösung von klasseninternen Konflikten beitragen? (Optionen-Sozial)
- Nehmen die Kinder unterschiedliche Darstellungen von Konflikten wahr? Zeigen sie Interesse an einer Klärung? Bringen sie die eigene Meinung ein? Können sie unterschiedliche Meinungen anhören und nebeneinander stehen lassen? Wägen sie die Meinungen gegeneinander ab? Sind sie dabei, eine Streitkultur aufzubauen? (Parlaments-Sozial)
- Haben die Kinder (oder kleinere Gruppen) Interesse am Wohlergehen einzelner Mitschüler? Achten sie darauf, daß die Interessen der einzelnen gewahrt werden, daß auch die Schüler-Lehrer-Beziehung durch Klarheit gekennzeichnet ist? Erkennen und benennen die Kinder Beschuldigungen oder Ablehnungen durch Lehrkräfte, denen ein Kind hilflos ausgesetzt sein kann? Ist der „Geist" der Klasse so, daß Kinder in ihrer Individualität akzeptiert

werden? Herrscht eine Atmosphäre, in der ein Neben- und Miteinander möglich ist und ein Gegeneinander die entsprechende Form der Auseinandersetzung findet? Ist ein Gespür für Mobbingprozesse, die sich gegen einzelne richten, vorhanden? Sind die Kraft und Fähigkeit ausgeprägt, wenn einzelnen Kindern Unrecht geschieht, dies auf die Tagesordnung zu bringen? (Das Selbst-Sozial)

Gespräche in der Lehrergruppe:
Die Erfahrung zeigt, daß über dieses Verfahren wichtige Aspekte des Selbst- und Sozialkonzeptes praxisnah erarbeitet werden können. Dies wird vor allem deutlich in den Gesprächen über die Erlebnisse während des vorgestellten Verfahrens.

Ausblick

Die Arbeit in der Grundschule der Gegenwart ist komplex und intensiv. Soll sie gelingen, so ist ein voller Einsatz erforderlich. Geistesgegenwart und flexibles Handeln in den unterschiedlichen alltäglichen Situationen ist gefragt. Gespräche im Team können helfen, die Komplexität der Arbeit und die psychischen und physischen Belastungen zu thematisieren. Abschließend nenne ich einige wichtige Gesichtspunkte, die ich als Leitfaden meines Handelns ansehe.

- Ich bemühe mich um einen wachen Blick für komplexe Situationen und hoffe, daß mein Interesse an der Klärung von Konflikten anhält. Dabei will ich auf Neutralität achten.

- Ich versuche, die oft problematischen Ereignisse eines Tages selbst als Quelle von Problemlösekraft zu sehen. Ich bin davon abgekommen, daß sie nur das Belastende aus dem Leben offenbaren. Auch Kinder können aus der „Weisheit ihrer Erfahrungen" schöpfen. Dabei brauchen sie die Hilfe von Erwachsenen.

- Ich versuche mehrere Optionen für die Erklärung von Problemen offen zu halten. In vielen Fällen liegen die Ursachen in einer familiären Problematik. Hier bemühe ich mich um konstruktive Gespräche mit den Eltern. Oft sind es aber auch die Situationen und die Konstellationen in einer Klasse, die die Problementstehung fördern. Dabei achte ich darauf, ob ich nicht selbst dazu beitrage, daß ein Konflikt entsteht oder gar eskaliert.

- Ich versuche, meine eigenen Emotionen wahrzunehmen und an ihnen zu arbeiten. Ich habe mir angewöhnt, einfallsreiche Bezeichnungen für ein Problem zu suchen. Oft führt dieses kreative Verfahren zu einem angemessenen Verhältnis von Distanz und Nähe zu den Schülern und schafft die Voraussetzung zur Bearbeitung eines Problems. In der Bezeichnung kann oft schon die Lösung liegen. Dabei will ich den Humor nicht vergessen.

- Ich habe einen Lösungspfeil eingeführt, der aus immer wiederkehrenden Situationen in die Zukunft zeigt. In den vergangenen Monaten habe ich eindrucksvolle Erfahrungen damit gemacht, wenn ich den Kindern die Aufgabe gab, Zukunftsvisionen zu entwickeln. Seit dieser Zeit haben alle Klärungsgespräche die Schlußfrage: „Wie könnt ihr so aus der Situation herauskommen, daß ihr wieder gut neben- oder miteinander leben und lernen könnt? Welche Wünsche habt ihr aneinander?" Dies sind Entwürfe in die Zukunft.

- Ich versuche, auf die kleinsten Erfolge meines pädagogischen Handelns zu bauen. Das ist eine Lebensweisheit. Ihre Umsetzung fällt allerdings oft sehr schwer.

- Teamarbeit ermöglicht es, Probleme aus verschiedenen Perspektiven zu sehen, die unterschiedlichsten Erklärungen zu finden und auch mehrere Lösungsmöglichkeiten zu erkennen und zu erproben. Teamarbeit kann vor allem dazu beitragen, daß eine innere Entlastung von den vielen Alltagsproblemen erfolgt.

Literatur

Bettelheim, B. (1982): Erziehung zum Überleben. Zur Psychologie der Extremsituation, München.

Bettelheim, B. (1987): Ein Leben für Kinder. Erziehung in unserer Zeit, Frankfurt a. M.

Bockhorst, E. (1996): Beruf doch hoch im Kurs. Bericht über eine repräsentative Umfrage des Hessischen Institutes für Lehrerfortbildung, in: *Frankfurter Rundschau*, 1. 8. 1996.

Breuer, I. (1995): Die Unbehaustheit unserer Körper. Gespräch mit Richard Sennet, in: *Frankfurter Rundschau*, 23. 12. 1995.

Büeler, X. (1994): System Erziehung. Ein bio-psycho-soziales Modell, Bern.

Combe, A./Buchen, S. (1996): Der Mythos von Sisyphos. Neue Untersuchungsergebnisse zur beruflichen Belastung von Lehrkräften, in: *Erziehung und Wissenschaft*, Niedersachsen, 12/1996.

Dettling, W. (1996): Was heißt Solidarität heute?, in: *DIE ZEIT*, 27. 12. 1996.

Furman, B./Ahola, T. (1995): Die Zukunft ist das Land, das niemandem gehört. Probleme lösen im Gespräch, Stuttgart.

Gebauer, K. et. al. (1991): Was ist bloß mit den Kindern los?, in: *Grundschulzeitschrift*, 11/1996, 47 ff.

Gebauer, K. (1996): Ich hab sie ja nur leicht gewürgt. Mit Schulkindern über Gewalt reden, Stuttgart.

Gebauer, K. (1996): Die Förderung von Selbst- und Sozialentwicklung bei Schülerinnen und Schülern, in: *Deutsche Lehrerzeitung*, 21. 3. 1996.

Gebauer, K. (1997): Bearbeitung von Gewalthandlungen im Rahmen eines pädagogischen Konzeptes von Selbst- und

Sozialentwicklung – Oder: Mit Schulkindern über Gewalt reden, in: *Praxis der Kinderpsychologie und Kinderpsychiatrie*, 3/1997, S. 182 ff.

Goleman, D. (1996): Emotionale Intelligenz, München.

Guggenbühl, A. (1995): Die unheimliche Faszination der Gewalt. Denkanstöße zum Umgang mit Aggression und Brutalität unter Kindern, München.

Heinemann, E., Rauchfleisch, U., Grüttner, T. (1992): Gewalttätige Kinder. Psychoanalyse in Schule, Heim und Therapie. Frankfurt a. M.

Jacobson, E. (1978): Das Selbst und die Welt der Objekte, Frankfurt a. M.

Leber, A. (1986): Psychoanalyse im pädagogischen Alltag. Vom szenischen Verstehen zum Handeln im Unterricht, in: *Westermanns Pädagogische Beiträge*, 11/1986, 26 ff.

Nuber, U. (1995): Die Wiederentdeckung der Geborgenheit, in: *Psychologie Heute*, 11/1995, 26 ff.

Prengel, A. (1990): Der Beitrag der Frauenforschung zu einem anderen Blick auf die Erziehung von Jungen, in: *Sozialmagazin*, 7/1990.

Redl, F., Wineman, D. (1990): Kinder, die hassen, München. 4. Auflage.

Redl, F., Wineman, D. (1990): Steuerung des aggressiven Verhaltens beim Kind, München. 4. Auflage.

Reich, K. (1996): Systemisch-konstruktivistische Pädagogik. Einführung in Grundlagen einer interaktionistisch-konstruktivistischen Pädagogik. Neuwied.

Schlippe, A. von, Schweitzer, J. (1996): Lehrbuch der systemischen Therapie und Beratung, Göttingen.

Stierlin, H. (1994): Ich und die anderen. Psychotherapie in einer sich wandelnden Gesellschaft. Stuttgart.

Howard Gardner:
Der ungeschulte Kopf
Wie Kinder denken

Aus dem Amerikanischen von Malte Heim
3. Aufl. 1996. 371 Seiten, gebunden, ISBN 3-608-95889-4

Kinder wissen zwar nicht, wie der Blutkreislauf funktioniert.
Aber sie haben erfahren, daß es aus der Haut blutet, wenn man
sich verletzt. Kinder machen sich ihre eigenen Vorstellungen
darüber, wie es im Körper unter der Haut aussieht. Sie schaffen
sich ihre eigene Theorie über biologische Vorgänge.

Howard Gardner zeichnet ein faszinierendes Bild dessen, was im
Kopf eines Kindes geschieht. Es ist bekannt, wie wenig Schüler
aller Altersstufen eigentlich vom Stoff verstanden haben, der
ihnen von der Schule nähergebracht werden soll. Gardner stellt
die Behauptung auf, Kinder entwickelten groß angelegte, wenn
auch primitive Theorien, um sich einen Reim auf ihre Umwelt zu
machen. Diese frühen Vorstellungen werden niemals wirklich
vergessen. Sogar Studenten kehren zu ihren frühen
Vorstellungen zurück, wenn sie ihr Wissen im Alltag umsetzen
müssen.

»Diese Entwicklungspsychologie vom Kleinkind bis zum
Adoleszenten liest sich gut und ist das Vorspiel zu Gardners
pädagogischen Vorschlägen. Er plädiert zum Beispiel für
Kindermuseen, Workshops, Videotheken, Installationsecken und
Ausflüge in die Welt der Praxis, um Kindern die ›Fakten‹ aus
möglichst vielen Perspektiven zu zeigen.
Rundherum ein empfehlenswertes Buch.«
Psychologie heute

Klett-Cotta

Maria Montessori:
Kinder sind anders

Aus dem Italienischen von Percy Eckstein und Ulrich Weber.
13. Auflage 1993. 303 Seiten, gebunden, ISBN 3-608-95500-3

Jeder, dem Kinder anvertraut sind, wird erschrocken und beglückt sein, wenn Maria Montessori ihn mit neuen Augen sehen lehrt. Dieses Buch ist Hymnus und Anklage, ist Aufruf zu einem Umgang mit Kindern, der zuerst Selbsterziehung sein muß – Aufruf der ganzen Gesellschaft zu wahrhafter Liebe, die hellsichtig macht für die vielen Versäumnisse selbst wohlmeinender Erzieher.

»Was die große Pädagogin, der ein Nobelpreis für Erziehung gebührt hätte, schon auf wenigen Seiten ihres Buches unvergeßbar einprägt, wiegt dicke Bände hochgelehrter pädagogischer und psychologischer Forschung auf.«
Deutsche Rundschau

»Eines der wichtigsten Bücher für Eltern und Erzieher. Es gibt Erleuchtungen und Impulse für die Erkenntnis der Kinderseele, eine tiefe humane Lehre, die nicht auf einer Idee basiert, sondern auf einer offenbarten Erkenntnis.«
Südwestfunk

Klett-Cotta